旅游业管理

(第二版)

张　红　张春晖 等　编著

教育部人文社会科学规划基金项目(10YJA790243)
陕西师范大学旅游管理重点学科建设经费　　资助

科 学 出 版 社
北　京

内 容 简 介

本书以中国古代管理思想与现代西方经营管理理论和方法的有效结合为出发点，集管理理论、方法与核心业务管理于一身，通过有限的篇幅，对中国旅游业经营管理的环境特征、理论运用及实践方法进行了探索。本书由“旅游业管理理论”“旅游业管理方法”“旅游业核心业务管理”三个板块构成系统体系，以“厚理论基础、重实践应用、兼时代特色”为基本原则，注重管理学基本理论和旅游行业实践的交融与契合。全书汲取中国古代传统管理思想与西方现代管理思想之精华，通过分析、解读与评析典型案例，以“解剖麻雀”式的实际演练，将理论学习与实际运用相结合。

本书可作为旅游管理、工商管理、经济管理、地理科学、城市规划等专业本科生教材，亦适合作为各级旅游主管部门的研究人员与管理人员，旅游饭店、旅行社、旅游景区、主题公园、旅游交通等旅游企业的管理决策人员在职培训及高等职业院校教师的参考书。

图书在版编目（CIP）数据

旅游业管理/张红等编著. —2 版. —北京：科学出版社，2019.7
ISBN 978-7-03-061096-6

Ⅰ. ①旅…　Ⅱ. ①张…　Ⅲ. ①旅游业-经营管理　Ⅳ. ①F590.6

中国版本图书馆 CIP 数据核字（2019）第 079230 号

责任编辑：杨　红　郑欣虹 / 责任校对：樊雅琼
责任印制：张　伟 / 封面设计：陈　敬

科学出版社 出版
北京东黄城根北街 16 号
邮政编码：100717
http://www.sciencep.com
北京厚诚则铭印刷科技有限公司 印刷
科学出版社发行　各地新华书店经销
*
2006 年 8 月第　一　版　开本：720 × 1000　1/16
2019 年 7 月第　二　版　印张：12
2023 年 7 月第五次印刷　字数：242 000

定价：48.00 元

（如有印装质量问题，我社负责调换）

第二版前言

处于共享经济的今天，我们需要农耕文明下的脚踏实地，更需要仰望星空、探索广袤的宇宙。知识与信息已经在生产要素中占有绝对的地位，一个思维碰撞的创意便可引起世界范围内的“蝴蝶效应”。

探索与发现，就是要冲破生活中的桎梏，去粗取精、去伪存真、由此及彼、由表及里地“拆”掉旧眼光，看见真规律。看得见的是市场，看不见的是市场规律，展现看得见的东西容易，揭秘看不见的“道”则需要情怀。

作为增长最快和最具发展前景的产业之一，旅游业在牵动经济增长和创造更多就业机会方面的优势日益凸显，正成为世界经济复苏的“曙光”。旅游业带动系数大，能够最大程度保持并发挥生态环境优势的特点，使其成为全球新的亮点。

旅游业需要摆脱困境、打破瓶颈、在竞争中谋生存、在产品雷同化日益严重的形势下求发展、求创新。旅游就是不断发现的过程，发现自然之美、人文之美。旅游管理更需要发现，发现游客之所需、所求、所想，运用科学的管理方法，在满足游客各种需求的基础上，运用超前的视角，捕捉新形势下的新旅游，为游客提供意想不到的新、奇、异的特色旅游产品。

随着中国市场经济体制的不断完善，“管理出人才、管理出效益、管理促和谐、管理促创新、管理促发展”的理念已经成为旅游界同仁的共识。

旅游业管理，是旅游管理研究的业内人士所面临的重大课题，是旅游行业管理部门的主导业务，也是全体旅游从业人员的基本实践，体现着理论与实践的结合，凝结着改革与创新的智慧。

本书集作者 30 余年来教学和科研的实践经验，凝结着同行的集体智慧。全书由十个章节构成，分为“旅游业管理理论”、“旅游业管理方法”和“旅游业核心业务管理”三大部分，其中旅游业顾客资产管理、旅游产业链的优化整合、旅游产业的人力资本管理、旅游企业的成长性与管理效率等内容是本书全新的探索。

参与本书相关工作、撰写部分章节初稿的人员分别为：第一章，邢丹丹、张一妹、赵华富、许振山；第二章，李婧(上海)、赵洁、李娜、许振山；第三章，李红辉、薛瑞芳、杜鹃、李亚妮；第四章，王迪、于少游、靳亦耕、李亚妮；第五章，李亚妮、包富华、莎加(Baliuginova Saglara)、施成成；第六章，张彩红、董楠、陈培、杨小露；第七章，周文娟、董楠、杜雪楠、邬雪；第八章，徐曼、石婷婷、张俊丽、郭莹；第九章，张俊丽、冯小霞、高媛媛、徐曼、李婧、王璟；第十章，许振山、郑秋婵、于凤、刘妍、蒋怡斌。在此对他们辛勤的工作表示衷心的感谢。

本书力图包容国内外最新的研究成果和著名学者的观点与论述，限于篇幅，引文出处未能一一列出，作者怀着十分钦佩的心情对这些专家学者表示衷心的感谢！

由于作者水平有限，本书的体系编排、内容取舍、观点引用可能存在一些应深入商榷之处，挂一漏万之处恳请读者操利斧以正之，特致谢忱。

作 者

2019 年元旦

第一版前言

随着中国市场经济体制的不断完善，“管理出人才、管理出效益、管理促和谐、管理促创新、管理促发展”的理念已经成为旅游界同仁的共识。

旅游业管理，是旅游管理研究的业内人士所面临的重大课题，是旅游行业管理部门的主导业务，也是全体旅游从业人员的基本实践，体现着理论与实践的结合，凝结着改革与创新的智慧。

在旅游业的改革与创新发展过程中，依然存在很多问题，需要我们进一步深入研究和分析，探索中国旅游业切实可行、符合长远发展规律的道路，使中国的旅游业真正能够持续稳定发展。

本书以有限的篇幅，集管理理论和管理业务于一身，宏观至整个行业，微观至一个具体旅游企业；不苛求深奥而着意深入浅出，不贪大求全而力求突出实用。旨在抛砖引玉、开拓思路，为高等旅游院校的学生、旅游行业的管理工作者和即将从事旅游业经营管理工作的有志之士，提供一本学习旅游经营管理、提高自身专业素养的基本教材或参考资料。

本书是作者 20 余年来教学和科研的实践总结，凝结着我的导师李天顺教授的智慧。全书由旅游业管理理论、旅游业管理方法、旅游业管理业务及实践三篇构成一个框架体系。主要内容包括：旅游业管理的内容与功能、中外旅游业管理体制比较、旅游业宏观管理理念与微观旅游企业管理理念、旅游业管理的职能和原理、国学中儒家和道家文化对现代旅游业管理的借鉴与启示、旅游经营目标管理、旅游信息与电子商务、旅游预测和决策管理方法、旅游企业全面质量管理、旅游项目设计与运作管理、旅游投资项目的选择与效益评估、旅游业人力资源规划与人才素质测评、旅游体验策划及其过程管理、旅游危机预警机制的建立、现代旅游企业制度与治理结构、旅游目的地项目布局与游客管理、旅游行政管理等。特别是中国国学经典儒家、道家等管理思想对现代旅游业经营管理的借鉴和启示，旅游项目管理、旅游目的地管理、旅游体验管理、旅游危机管理和旅游行政管理等内容都是本书全新的探索。

本书注重理论和实践的结合，借鉴国际惯例，引入了案例实践过程与解读评析，每章均选有典型案例供对比、剖析、论证之用，以期通过“解剖麻雀”演练实践能力，全书突出学习研究旅游管理有效性的实践功能。

本书第一章至第八章由席岳婷负责完成，第九章至第十五章由张红负责完成，全书由张红统稿。参与本书有关工作、撰写部分章节初稿的还有(按章节先后排序)：

张社教、薛瑞芳、杨敏、赵华富、李娜、崔晓明、石婷婷、孙晋芳、石峰、段增学、万苗苗、林君飞、王雅萍、石永祥(第十二章、第十五章)、杨舒丹、李永梅、杜娟、鲍清晓、韩燕妮、辛健、兰青秀、聂萧燕、李阳等。作者对他们的才华颇为欣赏，在此对他们辛勤的工作表示衷心的感谢。

本书力图包容国内外最新的研究成果和著名学者的观点与论述，限于篇幅，引文出处未能一一列出，作者怀着十分钦佩的心情对这些专家学者表示衷心的感谢。

由于水平有限，本书的体系编排、内容取舍、观点引用都存在一些应深入商榷之处，挂一漏万及谬误之处恳请读者操利斧以正之，特致谢忱。

张　红

2006年仲春于古城西安

目　　录

第一章　绪　　论

什么是管理？在斯蒂芬·P. 罗宾斯看来，对于所有的组织，无论组织规模的大小、组织的层次，无论组织的工作领域是什么，无论这个组织位于哪一个国家，管理都是绝对必要的。就旅游业而言，我国旅游发展进入快车道，逐步实现了对发达国家的追赶和超越，不论是对世界经济的贡献还是对国内经济的拉动，中国近些年都走在了世界的前列。面对这种迅猛发展的趋势，面对发展过程中出现的许多不“协调”因素及各种各样的机遇和挑战，对旅游业进行科学管理势在必行。本章首先从理论上介绍了旅游业的构成及旅游业管理的性质和原则，然后通过实际分析中外旅游管理模式特点，探讨国外旅游管理模式对国内旅游管理的启示。

第一节　旅游业的构成与发展

一、旅游业的概念

关于旅游业的概念，许多专家、学者和旅游部门从不同视角，对其做出了不同的诠释。联合国贸易和发展会议在 1971 年对旅游业的定义是：“旅游部门或旅游业从广义上可表达为生产全部或主要由外国游客或国内旅游者消费的产品或服务的工业和商业活动综合的体现。”我国学者董观志在《旅游管理原理与方法》一书中对旅游业的定义为：“旅游业是以旅游资源为凭借，以旅游设施为条件，为旅游者的旅行游览提供各种有形物质产品与无形服务的社会经济产业部门。”借鉴以上对旅游业的阐述，笔者认为：旅游业是指以资源为依托，以旅游设施为基础，以旅游产品为手段，以旅游市场为对象，通过提供旅游服务满足旅游消费者多样化需求的综合性行业。旅游业是一个综合性的动态概念，随着时间和环境的变化不断解构，又不断重组。

二、旅游业的构成

根据为旅游者提供产品和服务的重要程度和关系密切程度，可将旅游业分为三个层面：直接旅游业、相关旅游业和间接旅游业。

1. 直接旅游业的组合——狭义旅游业的构成

直接旅游业包括旅行社业、住宿业和交通业。旅行社作为整个过程的中间商，在个体与旅游商家之间起到桥梁和纽带作用。而交通业则是决定区域通达度的重要因素，同时也为游客提供了外出旅行的方式。之所以将其归为直接旅游业，是因为旅游者和它们接触得最多。

2. 相关旅游业的组合——广义的旅游业构成

相关旅游业包括餐饮、娱乐、旅游吸引物、旅游购物、金融、保险、旅游管理机构等。它们的存在可为旅游者提供更完善的服务和更丰富的产品。

3. 间接旅游业的组合——大旅游业构成

大旅游业是以传统旅游业为龙头，包括会展、休闲、商贸、文化及其他社会资源中能与旅游互动的产业集群，主要包括供水、供电、电信、道路、医院、边检、教育、科研、文化、信息等一切为旅游者和旅游业提供支持、协调和整体环境的部门。

三、旅游业的特点

旅游业是伴随着社会、经济发展而成长壮大的新型产业，其突出特点如表 1-1 所示。

表 1-1　旅游业的特点

特性	特征
综合性	旅游业是集吃、住、行、游、购、娱等为一体的综合性行业
联动性	旅游业的发展，必然带动其他相关行业的发展
涉外性	旅游业是涉外性很强的经济产业
开放性	旅游业的发展必然要实行对外开放的政策
劳动密集性	旅游业进行生产主要依靠大量使用劳动力，对技术和设备的依赖程度较低
依赖性	旅游业是综合性产业，对自然环境、社会环境具有较强的依赖
季节性	旅游业有旅游流向、流量集中于一年中相对较短时段的趋势

具体来说，旅游业具有以下基本特征。

1. 旅游业是资源和设施依托性产业

旅游资源是旅游者游览的对象和客体，是旅游业赖以生存和发展的凭借和依据。旅游设施是指为保障旅游供给、满足旅游需求而设立的机构、组织、建筑物及其备件等系统的总和，是旅游者实现旅游的手段和工具。

2. 旅游业是劳动密集型服务产业

旅游业作为劳动密集型产业，呈现出就业容量大、门槛低和方式灵活等特点，表现出较强的就业弹性。据 2015 年国家旅游数据中心测算：中国旅游就业人数占总就业人数的 10.2%。

3. 旅游业是综合性和交叉性产业

旅游是一系列相关产业活动的综合体，是各个行业和众多部门通力协作的结果。从这个意义上说，旅游业是一个出售自然风光、风景名胜、民俗风情、特色服务、美食和旅游纪念品等多种产品的大产业，在产业结构上具有高度的综合性和交叉性，产业界限十分模糊。

4. 旅游业是一个国际化的服务性行业

在全球经济一体化的格局下，旅游业的产业化和国际化程度日益提高，只有实行有效的管理，才能保证国际旅游和国内旅游的持续、稳定发展。

四、旅游业的发展趋势

（一）中国旅游业的发展趋势

1. 出境旅游与国内旅游共同发展

近些年，随着我国国内旅游市场的不断完善和发展，每年的法定假日，国内游人次环比不断攀升，不但拉动了国内旅游市场的发展，还为地方经济做出了巨大贡献。不仅如此，由于我国经济平稳发展，我国每年向世界旅游市场输送超过一亿人次的游客。为了吸引中国人赴泰旅游，泰国政府从 2016 年 12 月至 2017 年 8 月，将中国游客的落地签费用从 2000 泰铢减少到 1000 泰铢。

2. 旅游业竞争与区域环境竞争并举

旅游业的发展不仅取决于地方旅游产业的繁荣，还和地方环境有着密切的关系，即离不开其区域内各部分的和谐。原因有两点，一是旅游业的大发展除了需要地方经济、政策和法律支持，还需要有足够的条件和基础设施来支撑，旅游业的大发展、大繁荣不是一蹴而就的，而是逐渐积累的；二是旅游业的发展也间接带动了区域内其他产业的发展。旅游不仅能吸引更多资金来加快地方通达度、基础设施和服务设施的建立，还能增强目的地居民的主人翁意识，使得旅游业的发展变得可持续；也可结合当地特色，开发出极具地方特色的旅游产品。

3. 旅游业发展与生态环境保护并重

旅游业发展的终极目标是将经济效益与社会效益、生态效益有机结合。在旅游业发展的初级阶段，可能会对社会文化或生态环境造成一定的破坏，但这绝不是发展旅游的初衷。不能为了发展旅游而破坏生态环境，要深入理解“绿水青山就是金山银山”，贯彻和落实国家政策，这需要多方的不懈努力。

4. 危机处理能力增强与旅游业健康发展同步

自然灾害、流行性疾病、战争，金融危机等状况，都会对旅游业产生较大的冲击。为减少旅游业的波动和危机事件的影响，需建立完善的旅游业危机预警机制，同时，应确定科学合理地应对危机事件的应变制度和应急程序，有效地解决危机带来的各种问题。

5. 旅游业相关法规不断完善与旅游业快速发展并进

为了保证旅游业的快速发展，旅游业相关法规的完善工作尤为重要，它是旅游者保护自身权益的有力武器。现阶段实行的旅游基本法，见证了旅游法律法规的从无到有、从有到全的演变过程。我国的旅游立法需要借鉴英美日等国旅游法的立法宗旨，需要和国际旅游产业标准接轨，需要更加严格的法律条文来保障国内外游客的合法权益。

(二) 国际旅游业发展的趋势

1. 度假旅游将成为世界旅游业的主流产品和重要支柱

度假旅游产品、专项旅游产品、个性化旅游产品将是发展的主流趋势。一些传统旅游度假胜地，如地中海沿岸、加勒比海地区仍将是国际旅游者集中的旅游胜地。但是，随着世界旅游重心由传统市场逐渐向新兴市场转移，以中国为代表的度假旅游市场将开始兴起(蒋艳霞，2013)。到21世纪末，泰国、夏威夷将会取代中国香港、新加坡成为东亚、太平洋地区第一位和第二位的旅游接待地。

2. 旅游市场多极化和区域化

旅游消费规模的迅速扩大，必然要求旅游产品的加速开发。所以，在世界范围内，那些具有良好发展条件的国家和地区，必将成为旅游业新的增长极，旅游空间布局将呈现多极化的趋势。因为区域合作、资源整合和客源市场共享，能给区域旅游发展带来极大的效益，所以国家之间开展旅游合作，推动产业一体化、市场一体化、交通一体化、形态一体化，建立互利互惠的无障碍区域旅游协作区，将成为世界旅游业发展的必然趋势。

3. 旅游企业集团化和现代化

为了促进旅游业的快速发展，越来越多的国家允许国际跨国公司和外国公司在本国以合资、独资等各种形式开办旅游企业。这样，国际上一些实力强大的企业，通过各种方式进入旅游行业，并与国际航空公司、饭店和旅游批发商进一步联合、合并成大型跨国集团，从而具有更强的能力在全球旅游市场推出大规模、多样化的旅游产品。所以旅游企业在走向集团化的同时，必须实现现代化，以便增强实力、降低成本、提高市场竞争力。

4. 旅游营销网络化和科技化

为提升旅游企业的核心竞争力，高科技在旅游业中将得到广泛应用。旅游营销网络化和科技化将提高旅游产品的科技含量，实现网络化、品牌化营销，推动新型旅游产品市场的成长，促进旅游业规模的加速扩张和旅游产业竞争格局的快速重组，实现旅游业向科技型、质量型和效益型方向发展。

5. 旅游管理法制化和规范化

为了优化市场环境，提高服务质量，各国的旅游法律法规和行业管理制度将日趋完善，执法行为更加规范。依法治旅、优胜劣汰的竞争机制和良好的市场秩序、旅游发展环境将逐渐形成。旅游发展规划将更加系统科学，旅游业将逐渐步入有序化、规范化、法制化的轨道。

第二节　旅游业管理的性质与原则

一、旅游业管理的性质

旅游业管理是指为发展旅游事业，按照客观规律的要求，综合运用社会科学、自然科学和工程技术科学的原理和方法，选择最优的方案而进行的计划、组织、领导和控制的活动与过程。其包括自然、社会和经济三个属性。

1. 旅游业管理的自然属性

旅游业管理的自然属性是指旅游业管理在不同的社会制度和意识形态中所表现出来的共性，不以人的意志为转移，也不因社会制度和意识形态的不同而有所改变，完全是一种客观存在。旅游业管理的自然属性具体表现在以下三个方面。

(1) 旅游业管理因旅游活动的特点而产生，是旅游活动的客观要求。

(2) 旅游业管理是随着旅游经济的不断发展，在社会分工中产生的一种特殊职能。

(3) 旅游业管理也是生产力。旅游管理是构成旅游生产力的重要因素，它不以社会制度为转移，属于自然属性的范畴。

2. 旅游业管理的社会属性

旅游业管理的社会属性是指旅游管理在自身发展过程中，也离不开一定的生产关系，它是旅游经营活动中生产关系的体现。在不同的社会制度和意识条件下，旅游业管理为不同的统治阶级服务。在社会主义社会，旅游业管理的目的是在科学组织生产力、推动旅游业在竞争中自然发展的同时，正确处理人与人、企业与企业、地区与地区、国家与企业，以及国家与国家之间的旅游经济关系，充分调动各方面的积极性，以取得最佳的经济效益和社会效益，为社会绝大多数人谋求福利。旅游业管理者和被管理者之间是共同进退的合作关系。旅游业管理在社会属性上体现出服务性的特征。

3. 旅游业管理的经济属性

旅游业管理的经济属性是指旅游管理本身就是一种目的性很强的经济活动。从自然属性的角度考虑，旅游业管理是推动旅游经济增长的必然选择；从社会属性的角度考虑，旅游业管理的目的是为生产资料的所有者带来经济效益。具体而言，旅游业管理的经济性表现在以下方面。

(1) 旅游业管理对经济效益目标的预期影响管理的效能。制定旅游业发展的经济目标是旅游业宏观管理的一项重要内容。经济效益目标的预期是否合理将极大影响旅游业管理的效能。

(2) 衡量旅游业管理水平的重要标准是旅游业管理达成旅游经济目标的有效性。在科学制定了旅游发展目标后，经济效益目标能否实现成为衡量旅游业管理水平的重要标准。

二、旅游业管理的原则和内容

(一) 旅游业管理的基本原则

旅游业管理原则，是指在旅游管理过程中观察、思考和处理各种问题时必须遵循的行为规范和规则，它不仅是确定旅游业管理目标、管理制度和管理方法的基础，而且对旅游业管理的实践活动具有重要的指导作用。在现代旅游业管理中，应遵循以下五方面的基本原则。

1. 经济效益原则

提高经济效益既是旅游业管理的任务，又是旅游业管理必须遵循的重要原则。经济效益原则，要求一切旅游活动都必须以尽可能少的劳动消耗取得尽可能多的成果。经济效益原则贯穿于旅游活动和旅游业管理的各个方面。在旅游活动中，要求建立以提高经济效益为中心的旅游经营管理系统，并带动相关产业的发展，从而获得更多的经济效益。

2. 管理动力原则

管理需要动力，这不仅是对管理者提出的新要求，同时，被管理者也需要一定的激励措施，来保证管理者的决策有效传达。通过管理动力的机制作用，组织内的运行效率得到显著的提升。

3. 集权与分权结合原则

集权是现代管理的必要条件，分权是新型管理的内在要求。集权能够使组织的资源、人员达到空前的统一，实现组织目标；分权则能给予员工最大限度的自主权力，减少因为层层管理而带来的信息缺失和信息不对称，有利于激发员工创新。所以，在现代旅游经营管理中，集权与分权各自独立地完成所承担的职能和任务。

4. 社会效益原则

社会效益表现在方方面面，通过对当地旅游资源进行有效的整合和利用，能够增加地方旅游资源的影响力和知名度。同时，当地居民也能从中获得益处，如享用新建设的基础设施、因旅游开发而增长见识等，还能在一定程度上保护地方文化的多样性。

5. 生态效益原则

生态效益原则是旅游可持续发展的重要原则。一个旅游地要想长期发展，依赖的不是外来资金和宣传力度，而是旅游资源本身，只有保护好旅游资源，旅游地才能长期稳定地发展下去。持久的发展和好的指导思想分不开，要有效贯彻生态效益原则，就必须坚持正确的旅游开发和管理的思想。

(二) 旅游业管理的内容

为了构建符合我国社会主义市场经济的旅游管理体系，我们将旅游业管理的内容划分为旅游者活动管理、旅游企业管理、旅游市场管理和旅游业宏观管理四个层面。

1. *旅游者活动管理*

旅游者活动管理是指围绕旅游者活动而进行的管理。包括两个层面：一方面，通过了解和掌握旅游者活动的内容、过程、类型和特征，分析旅游者的旅游需求、动机和行为，从而进行科学的指导和管理。另一方面，根据旅游者的需求，掌握旅游服务的内容和特征，加强旅游过程中的服务质量管理、诚信管理和安全管理等，以保证旅游者活动能够顺利有效地进行。

2. *旅游企业管理*

旅游企业管理是指根据不同类型旅游企业的经营特点，有效利用各种资源和生产要素开展旅游经营活动，实现旅游企业目标的管理过程。从旅游企业管理的共性看，旅游企业管理包括企业的发展管理、战略管理、经营管理、产品开发管理等。

3. *旅游市场管理*

旅游市场管理包括对旅游市场体系、竞争结构和市场机制运行的了解，掌握旅游市场开拓和促销的目的、方法与手段，不断开拓和扩展旅游市场；同时，还包括如何有效地发挥旅游市场机制作用，如何科学地规制旅游市场秩序，如何有效地监管市场，如何充分发挥旅游行业组织的作用，为旅游者活动和旅游经营活动提供良好、规范的市场环境，促进经济持续健康的发展。

4. *旅游业宏观管理*

旅游业宏观管理是旅游管理组织从促进旅游经济发展的角度，对旅游活动和旅游经济运行所进行的管理。包括两个方面：一方面，根据经济社会发展的需要，制定有关的旅游法规、政策和发展规划，引导和管理旅游者活动和旅游企业经营行为，不断完善和规范旅游市场，促进旅游活动和旅游企业的发展；另一方面，根据旅游经济运行的状况，运用法律、行政、经济等方法和手段，对旅游经济运行进行宏观调控和管理，保证旅游者活动和旅游经营活动的方向和目标，能够与旅游产业的发展目标相一致，促进旅游目的地经济社会的发展。

三、旅游业管理的学科体系与研究方法

(一) 旅游业管理研究对象

管理学的研究对象是管理活动的基本规律和方法。旅游业管理是多学科相互渗透形成的一门综合性学科，研究对象具有多属性的特点，包括理论与实践两个层面、宏观与微观两个视角。

1. 理论方面

旅游业管理是将生产力、生产关系和上层建筑三个方面统一起来，研究其在旅游业管理中的内在规律，包括以下三方面。

(1) 研究生产力方面的内容：研究如何把旅游设施和旅游服务人员科学有效地组织起来；如旅游网点的布局，旅游项目的设立，旅游人才的培养、招聘、考核等。

(2) 研究生产关系方面的内容：研究旅游部门与国家的关系，旅游业内部门与部门、旅游经营活动中人与人之间的关系等。

(3) 研究上层建筑方面的内容：研究国家关于旅游业的方针、政策；旅游部门的计划、规章、管理体制和制度等。

2. 实践方面

旅游业管理研究的是旅游吸引力、旅游接待能力、旅游业管理体制和制度等诸多方面的问题。具体包括研究人、财、物、信息等资源的市场运行机制，研究投入产出和经济效益，研究各因素的相互作用、相互影响，研究现代科学技术的应用，研究旅游管理的自身发展与完善等。

(二) 旅游业管理学科体系

旅游是在一定社会经济条件下产生的一种社会经济文化现象，并随着社会经济的发展而不断变化发展。与此同时，旅游管理实践也在发生着日新月异的变革创新，因而，旅游业管理学是一门不断探索与发展的新兴学科，它的研究内容与学科体系在旅游业不断发展的实践中逐步得以明确和完善。这里着重介绍的是旅游业管理的学科体系，它一共包含三个大类：旅游业管理理论与方法、旅游业管理核心业务和旅游业管理的实现途径，如表 1-2 所示。

表 1-2　旅游业管理学科体系

旅游业管理学	旅游业管理理论与方法	旅游业管理的概念与理念 旅游业管理的原理与方法 人工智能与旅游物联网
	旅游业管理核心业务	旅游项目与投资管理 旅游产业链整合与优化 旅游人力资本与顾客资产管理 旅游企业成长性与管理效率 旅游目的地游客安全管理
	旅游业管理的实现途径	旅游业的产业化发展 旅游业的可持续发展

(三) 旅游业管理学的研究方法

旅游是一个复杂的综合性系统，它涉及社会、经济、文化甚至政治和外交，所以旅游业管理也是一个复杂的综合体系。因此，旅游业管理研究的学科背景是多元的，也决定了旅游业管理研究方法的多元化。随着我国旅游业发展的不断深化和旅游业管理学科发展的不断成熟，我国旅游业管理研究的方法也不断更新进步，主要分为两方面：一方面是宏观的研究方法，包括哲学的方法论和一般方法；另一方面则是具体的研究方法，分为定性和定量两种，如表 1-3 所示。

表 1-3 旅游业管理研究常用方法

<table>
<tr><td rowspan="4">旅游业管理研究方法体系</td><td colspan="2">哲学方法论</td><td>辩证唯物主义、系统论与控制论、实证主义、信息论与博弈论、耗散结构论、突变论等</td></tr>
<tr><td colspan="2">一般方法</td><td>具体与抽象统一、逻辑与历史统一、归纳与演绎统一、分析与综合统一、比较与类比、宏观与微观统一、功能研究法、动态静态统一、系统方法</td></tr>
<tr><td rowspan="2">具体方法</td><td>定性分析</td><td>德尔菲法、环境分析法、功能分析法、深度访谈法、Q 分类法、投射法、观察法、实验法、案例法、系统模型与系统分析、内容分析法等</td></tr>
<tr><td>定量分析</td><td>抽样调查与统计方法、最优化分析法、预测分析法、对策与决策分析、投入产出分析法、管理系统模拟法、评价法、网络计划法、层次分析法</td></tr>
</table>

第三节 中外旅游业管理模式比较分析

一、国内外旅游业管理发展演变

(一) 国外旅游业管理产生与发展的历史回顾

旅游业管理是一门新兴的学科，它的产生和发展与旅游业的发展息息相关。旅游活动的产生不是偶然的，而是在经济发展达到一定程度，人们有了经济条件，并且有了可支配的闲暇时间的情况下形成的。西方国家自工业革命以来，尤其是第二次世界大战之后，着重发展工业，迅速进行资本积累。与此同时，教育、经济、文化、政策紧接着得到了大发展，为旅游业的发展奠定了良好基础，随着人们生活水平的提高，出行游玩逐渐成了主流。旅游业的发展又促进了一系列管理活动的形成和发展，于是旅游业管理应运而生。从第二次世界大战后开始，旅游业管理的研究与发展过程可以大致分为以下四个阶段。

1. 旅游业管理的萌芽阶段(20 世纪 40 年代中期～60 年代末)

第二次世界大战后，随着各国社会经济的发展，城市化进程加快和科技教育的进步，大众旅游迅猛发展。与此同时，管理学的发展已经进入现代管理理论阶段，对各行业管理行为的研究普遍展开，并逐步引入旅游业中。不少管理者开始意识到管理行为的重要性，开始尝试运用管理学理论指导旅游企业的经营活动。但在这一阶段，旅游业管理还不是一种普遍行为，旅游科学理论尚未系统化，因此还没有人将管理科学与旅游科学结合起来，将旅游业管理作为管理科学的一个学科分支开展独立研究。所以，从第二次世界大战结束一直到 60 年代末，旅游业管理都处于萌芽阶段。

2. 旅游业管理的初创阶段(20 世纪 60 年代末～70 年代末)

在 20 世纪 70 年代，世界旅游业取得了长足的发展，许多发达国家纷纷加大发展旅游业的力度，旅游企业的投资也在迅速增加。这使得旅游市场竞争更加激烈，越来越多的旅游经营者意识到科学管理的重要性。旅游业管理的实践者，为旅游业管理的研究提供了丰富的个案。到 70 年代末，在大量个案研究的基础上，旅游业管理形成了一定的理论体系。但由于个案研究的局限性，这些理论成果缺乏对规律的揭示和总结，不具有广泛的适用性，难以普遍推广。然而在这一时期，旅游业管理逐步从管理科学中独立出来成为一个学科分支，这是不争的事实，因此这一阶段是旅游业管理的初创时期。

3. 旅游业管理的发展阶段(20 世纪 80 年代初～90 年代初)

进入 20 世纪 80 年代，随着旅游业高投资收益率的逐步显现，越来越多的部门、企业和投资者把资金投入到旅游项目上，使旅游供给持续增长，旅游竞争进一步加剧，旅游业管理现象日益增加，旅游业管理关系日益复杂。在这一背景下，从政府部门到旅游企业迫切要求对旅游业开展深入的研究，要在旅游管理现象研究的基础上进一步寻找具有广泛适用性的旅游业管理方法及旅游业管理发展变化的规律等，以指导日益普遍和复杂的旅游业管理行为。在这样的形势下，旅游业管理得到了长足的发展。

4. 旅游业管理的成熟阶段(20 世纪 90 年代以后)

该阶段是国际旅游业的大发展时期。随着旅游活动的广泛开展，全球范围内的旅游大环境逐渐形成，系统的旅游业管理理念与方法开始被旅游界接受和应用。同时，对旅游业管理的研究，从发展阶段对规律的探寻过渡到对管理体制和模式的探讨与研究上。旅游业管理逐步走向成熟的另一重要标志就是旅游业战略管理理论的出现。该理论反映了旅游业管理一种新的导向——面向未来对旅游业管理活动进行根本性和长远性的规划与指导，确保国家、地区和企业旅游活动的持续存在与发展。它使旅游业管理在可持续发展观的支撑下拥有更加持久的生命力。

(二) 我国旅游业管理发展阶段

1. 旅游业管理的启蒙期(1949～1977 年)

中华人民共和国成立初期，为了适应回国探亲和旅游的华侨不断增多的需要，我国于 1953 年成立了北京华侨旅行服务社，主要负责回国华侨的接待工作。1954 年成立了中国国际旅行社，开始接待外国旅游者。这个时期，强调政治接待为主，还没有把旅游当作一项经济产业来对待，而是作为外事工作的一部分。由于遭到“文化大革命”的严重破坏和干扰，中国旅游业在 1965 年后近 5 年内基本处于停滞状态。1972 年，中日、中美先后建交，使关闭了 20 多年的中国大门向西方敞开，美国、日本及其他国家和地区的来华旅游者迅速增加，中国旅游业又有所复苏。但从总体看来，整个 70 年代中国旅游工作受到很大损伤，从政府到旅游企业都没有条件去考虑旅游业管理的问题。

2. 旅游业管理的起步期(1978～1983 年)

1978 年 3 月，“中国旅行游览事业管理局”更名为“中国旅游事业管理总局”。1978 年 8 月，“中国旅游事业管理总局”由代管局升格为国务院直属机构。1981 年 10 月，国务院明确中国旅游行业遵循“统一领导、分散经营、分级管理”的原则。1982 年年初，中国旅游事业管理总局与中国国际旅行社总社实行政企分开，强化了国家旅游局统一管理全国旅游业的职能。1982 年 8 月，经全国人民代表大会常务委员会批准，将“中国旅游事业管理总局”正式更名为“中华人民共和国国家旅游局”，从而最终确立了其国务院旅游行业主管部门的地位。这一时期，中国旅游业逐步由计划经济走向市场经济，也开始了对旅游业管理的初步研究。首先是各级旅游业管理部门的设立和旅游业管理条例的颁布和实施，其次是各旅游企业管理意识的提高。在这一背景下，我国的旅游业管理行为进一步规范化和法制化，旅游业管理水平有了较大的提高。

3. 旅游业管理的飞跃期(1984～1999 年)

1984 年，中共中央制定了《中共中央关于经济体制改革的决定》，为旅游业体制改革指明了方向。1985 年国务院批转了国家旅游局《关于当前旅游体制改革几个问题的报告》，明确了我国旅游管理体制遵循“政企分开，统一领导，分级管理，分散经营，统一对外”的原则。1986 年，旅游业作为一项新兴的外向型经济产业，正式列入国民经济发展计划，旅游行政管理机构随之转变职能，即由直接管理企业的“小旅游”管理转变为进行行业管理的“大旅游”管理。1998 年中央经济工作会议进一步把旅游业作为国民经济新的增长点，进一步提高了旅游业在国家经济社会发展中的地位，为我国旅游业实现大发展的目标奠定了基础。与此同时，各大知名高校纷纷设立旅游系、旅游管理专业，使得旅游业管理的学习变得系统化和规范化。

4. 旅游业管理的提升期(2000 年至今)

一方面，我国实施的一系列举措(如“一带一路”倡议、自贸区建设等)为旅游业带来难得的良好发展机遇；另一方面我国人均 GDP 不断增长，意味着我国旅游需求正处于爆发式增长时期。此外，为了适应世界潮流，我国鼓励出境旅游和发展国内旅游，使得旅游业已融入经济社会发展全局，成为国民经济战略性支柱产业。在这个阶段，旅游管理的相关理论日趋成熟，目的地客源地理论、游客满意度理论、旅游产品生命周期理论、旅游地形象理论等逐步搭起了旅游业管理的理论基础。同时，众多的旅游管理相关课程也在高校中开设，促进了中国旅游业管理的进步。

二、中外旅游业管理模式比较分析

我国旅游业从 20 世纪 80 年代开始迅猛发展，30 多年来，取得了辉煌的成就。在取得成绩的同时，也需要探讨中国与旅游发达国家之间旅游业管理模式的异同，取其精华，推陈出新。

(一) 国外旅游业管理模式

1. 市场主导型的代表——美国

美国是世界上最大的旅游目的地和旅游客源地之一，在管理方面积累了丰富的经验。在旅游业管理体制上，基本上是“小政府，大社会”的模式。政府对企业的干预极少，旅游企业在以激烈竞争为基调的市场机制下自主经营。但是，“小政府”并不意味着“无政府”。美国 1979 年通过《全国旅游政策法》，其中各类旅游法规则成为美国旅游行业具体管理操作的标准。例如，美国的旅行社实行许可证制度，只有达到规定的标准，旅行社才能领取执照从事旅游经营。同时，对需要支持的旅游企业，政府还通过银行给予其优惠贷款。旅游规划则通常由各地方政府的旅游局来承担，具有法律效力。美国旅游业管理始终行进在法制化的轨道上。

2. 政府主导型的代表——泰国

旅游业是泰国经济的支柱产业，泰国政府对旅游业的管理也在不断加强，其管理职能由单一的市场促销逐渐扩展到行业管理，从上到下形成了一整套集权式的旅游管理体制。泰国最高层次的旅游管理机构是旅游管理委员会，它由内务部、交通部、外交部、自然环境委员会、国家经济和社会发展委员会、立法委员会的高级官员和泰国航空公司总裁、泰国国家旅游局局长及行业协会领袖等人士组成，其职能是管理和监督旅游局的工作。泰国国家旅游局是旅游管理委员会领导下的旅游行政管理机构，其职责包括市场促销、投资引导、信息统计、教育培训、行业管理、景点开发、受理游客投诉等。泰国国家旅游局对旅游企业实行严格的监督和管理，这保证了各旅游行业的服务质量。泰国的地方旅游机构则由本国旅游局直接设置、派驻人员并为其提供经费。

3. 官民协办的代表——日本

日本根据本国旅游业发展的特点，在大旅游思想的指导下，形成了一种官民协办的旅游管理体制，政府、企业和各种协会组织彼此协调又相互约束，共同促进旅游业的发展。日本的中央旅游管理机构分为内阁、国土交通省、观光部三个层次(图 1-1)。内阁观光对策省厅联络会议直接对内阁负责，为常设议事机构，受总理府直接领导。17 名委员分别来自警视厅、环境省、法务省、财务省和金融厅、国土交通省等部门。其主要职责是：协调各省、厅在旅游管理中的关系；审议有关旅游业发展的政策和规划。国土交通省是日本旅游业的主管部门，下设运输局、航空局、物资流通局和国际运输观光局等。观光部是国土交通省国际运输观光局中具体分管旅游业的办事机构，仅有 40 多名员工，其主要职能是：提出并执行旅游方针、政策和法规，统筹旅游规划、资源开发、设施建设、景点整顿等工作，对旅行社、导游、饭店及旅馆进行审批、注册、指导、监督和培训，加强国际业务往来与对外宣传，负责旅游调研与统计等。

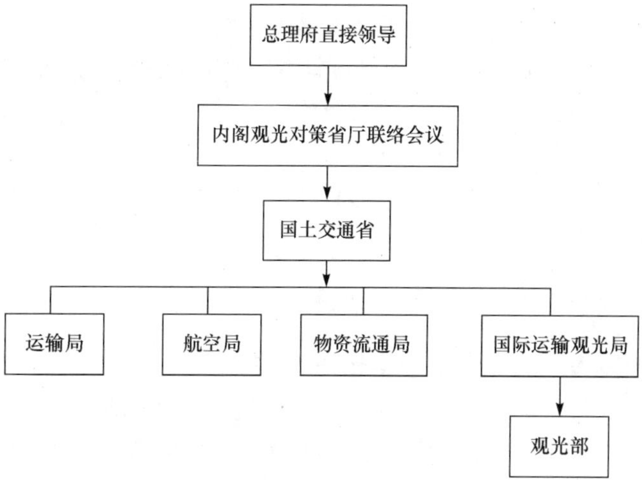

图 1-1 日本旅游业管理组织体系

(二) 我国旅游业管理模式

与国外较长时间内单一的旅游业管理模式不同的是，我国旅游业管理模式经历了从政府主导向市场主导的演变过程。下面主要从这两个阶段来分析我国旅游业管理模式的发展。

1. *旅游业发展初期——政府主导的管理模式*

政府主导是指在旅游业发展过程中，加强政府的存在和干预，对旅游业进行宏观调控。旅游业作为一种综合性产业，在其发展初期，政府的管理作用非常明显，且适用于当时旅游行业的发展要求。

采用政府主导的模式来管理旅游业，让我国的旅游业得到了迅速发展。政府主导的战略内容主要包括：“在计划经济体制下，我国采用政府主导管理模式来发展旅游业”，这种战略模式管理力度大，资源调配合理，促进了国内经济的迅速增长。之所以选择政府主导的管理模式，主要原因有以下几点。首先，我国旅游发展初期主要以观光型旅游产品(如泰山、黄山等)和历史遗迹旅游产品(如故宫、兵马俑等)为主，这些产品资源均来源于国家，其产品价值也需要政府进行开发，产品的垄断性特点更说明了产品开发只能由政府实施和管理。其次，我国旅游业发展初期是以外事接待为主，1964 年成立的中国旅行和游览事业局主要负责外国自费来华的旅游者的接待工作。最后，我国政府是旅游产业的宣传者，而旅游企业是旅游产品的推广者，这样的产品促销模式也说明了政府的主导地位，没有政府的参与，企业是难以宣传到位的。

2. *旅游业发展中期至现在——市场主导的管理模式*

随着经济的发展，计划经济已经不适应社会发展的要求，我国经济体制面临着改革，旅游业在新的经济体制下，其管理模式也需要进行改革，政府主导模式要向市场主导模式转变，这不仅是市场经济发展的必然要求，也是实现旅游业持续发展的必然需要。政府必须要放权给市场进行管理，这样才能提高旅游市场的经营活力，保证旅游业继续向前发展。尽管市场是旅游业的主要管理者，但是政府也不是完全失去了管理权，有些内容还需要依赖政府管理，这时，政府一定要做好引导工作，保证旅游业发展不偏离轨道，一旦市场管理出现问题，政府还要发挥好宏观调控作用，保证市场经营秩序的稳定。

三、国外旅游业管理模式对我国旅游业发展的启示

(一) 实行政府管理与行业组织的双重运作

很多旅游业发达的国家，如英国，就是采取官民合作的形式进行旅游业管理。这其中主要包含两类：第一类是负责旅游事宜的政府机构，它的作用和美国大致相同，主要负责本国的旅游宣传和政策制定工作；第二类则是行业组织，类别十分广泛，包括酒店行业协会、车辆行业协会、旅行社行业协会等。这些行业协会往往能较好地管理好自己本行业的内部事宜，并有一套严格的赏罚和管理机制，在整个行业管理过程中，英国的政府性质机构是不进行干预的，因此从某种意义上讲，英国的体制是美国体制的延伸。

首先，政府所主导的旅游市场，能够将人力、物力和财力在短时间内迅速集中，从而完成一些赛事的组织和运行工作，这一点在我国的旅游管理体制上体现得淋漓尽致。其次，政府还能保证市场内竞争的公平化和合理化，杜绝垄断的产生。最后，政府能够为国家旅游业的发展出谋划策，发挥有形的手之力量。对于发展中国家，政府主导型旅游管理模式是有助于旅游业的短期繁荣和发展的，但对于市场经济已经十分发达的国家，则要采用一种自治的方法，最大限度地发挥市场自身的潜力。

(二) 提高旅游生产力

(1) 将酒店的命运交给旅游者，包括对酒店服务和星级的评价。

(2) 政府要加大对旅游产业从业者的培训、指导和教育，提升整个旅游行业的质量。

(3) 实现旅游信息电子化，具体体现在各个景区的信息能够直观和详细地展现在旅游者随身携带的电子产品上，并减少信息获取的难度。

(4) 对现存旅游规章制度进行梳理，与时俱进，将其中不合理的，或是已经不能符合现阶段社会矛盾和人民需求的条款进行修改或删除。

(5) 在吸引外国人来华旅游的同时，要提高现有接待机构的办事效率。

通过这些措施，政府将赋予旅游者更大的自主权，尽可能地减少对旅游业的管制，保证旅游政策的协调性，确保旅游业为将来的需求做好准备。通过这些措施，不但有利于实现我国旅游业的可持续发展，同时也有助于在激烈的国际市场上保持竞争优势，这对我国跻身于世界旅游强国具有重要意义。

第二章　旅游业管理原理

旅游业是涉及食、住、行、游、购、娱等诸多行业的经济现象和社会活动的产业。旅游业管理原理应用现代旅游学、管理学、经济学等多学科的理论和方法，全面探讨了旅游业管理的理论基础，阐述了旅游业管理的理念、职能和基本原理，为提高旅游管理的有效性提供了重要的理论依据和指导。本章从理论体系、基本理念与职能和基本原理三个方面介绍旅游业管理的相关内容，帮助读者进一步学习和理解旅游业管理的理论和方法。

第一节　旅游业管理的理论体系

一、西方古典管理理论

(一) 泰罗科学管理理论

科学管理理论是由美国管理学家弗雷德里克·温斯洛·泰罗在《科学管理原理》一书中提出的。泰罗认为科学管理的根本目的是谋求最高生产率，从而实现雇主和雇员达到共同富裕。因此，必须把科学知识和科学研究系统运用于管理实践，科学地挑选和培训工人，研究生产过程和工作环境，并据此制定出严格的规章制度，将工作量进行标准化作业，使计划与执行职能分离，实行职能工长制，采用差别计件工资调动人的积极性，实行管理的例外原则。

(二) 法约尔一般管理理论

亨利·法约尔在《工业管理和一般管理》一书中提出："管理理论是指有关管理的、得到普遍承认的理论，是经过普遍经验检验并得到论证的一套有关原则、标准、方法、程序等内容的完整体系"，这标志着一般管理理论的形成。

法约尔的论点主要有：①将经营职能分为技术职能、商业职能、财务职能、安全职能、会计职能和管理职能六项，认为管理包含在经营之中并处于核心地位。②将管理活动分为计划、组织、指挥、协调和控制等五大管理职能。③成功管理必须遵循 14 项原则：劳动分工；权力与责任；纪律；统一指挥；统一领导；个人利益服从整体利益；人员报酬；集中；等级制度；秩序；公平；人员稳定；首创精神；团队精神。

(三) 韦伯行政组织理论

马克斯·韦伯，被称为组织理论之父，其代表作为《新教伦理与资本主义精神》。他认为行政组织是"对人群进行控制的最理性的、众所周知的手段"，只有高度结构的、正式的、理性化的理想行政组织体系，才是对员工进行强制性管理的最合理手段，才是达到目标、提高劳动效率最有效的形式，并且在精确性、稳定性、纪律性和可靠性方面优于其他组织形式。

韦伯在管理思想上的最大贡献是提出了理想的行政组织体系理论，其具有以下特点：为实现组织目标明确职位分工；各种公职和职位按照职权的等级原则自上而下形成一个指挥体系；人员任用根据职务要求通过正式考评或教育训练来实行；严格遵守组织规定的制度和纪律；建立理性化的行动准则，工作中人与人之间只有职位关系，不受个人情感和喜好的影响；建立管理人员制度，使之具有固定的薪金和明文规定的晋升制度。

二、行为科学管理理论

(一) 人际关系理论

澳大利亚心理学家乔治·埃尔顿·梅奥在著名的霍桑实验基础上创立了人际关系学说，提出与古典管理理论不同的新观点、新思想，为行为科学的产生奠定了基础。梅奥认为，职工是“社会人”而不是“经济人”；企业存在着“非正式组织”，并以情感的逻辑为重要标准；要提高生产率，关键因素是如何满足企业职工的心理和社会需求，从而提高职工士气。

(二) 行为科学理论

行为科学是一门运用心理学、社会学、社会心理学和人类学的理论来研究人类需要、动机、行为关系的综合性科学。它不仅研究个体行为，而且在不同层次上研究人的行为：团体行为、组织行为、一级领导行为。西方行为科学管理理论体系及其代表人物如表 2-1 所示。

表 2-1　西方行为科学管理理论

理论体系		理论	代表人物
需求动机和激励理论	激励内容理论	需要层次理论 激励-保健因素论 成就需要理论	马斯洛 赫茨伯格 麦克利兰
	激励过程理论	期望概率模式理论 公平理论 归因理论 波特-劳勒期望理论	维克多·弗鲁姆 亚当斯 凯利、维纳 爱德华·劳勒、波特
人的特性理论	人的特性理论	X-Y 人性理论 人性假设	道格拉斯·麦格雷戈 埃德加·沙因
团体和组织行为理论	团体动力理论	团体动力学 团体规范和压力理论 团体凝聚力理论	库尔特·勒温 哈罗德·莱维特 库尔特·勒温

续表

<table>
<tr><th colspan="2">理论体系</th><th>理论</th><th>代表人物</th></tr>
<tr><td rowspan="2">团体和组织
行为理论</td><td>领导行为理论</td><td>双因素理论
管理方格法
领导者品质论
支持关系理论</td><td>斯托格第、沙特尔
布莱克、穆顿
亨利、吉塞利
西斯·利克特</td></tr>
<tr><td>组织变革和发展
理论</td><td>组织变革理论
适应循环学说
组织变革模式</td><td>沙恩
沙恩
小詹姆斯·唐纳利</td></tr>
</table>

三、现代管理理论

现代管理理论是继科学管理理论、行为科学理论之后，西方管理理论和思想发展的第三阶段。第二次世界大战之后，科技迅速发展，市场不断扩大，竞争日益激烈，管理思想得到了快速发展，出现了许多新的理论和学说，形成了众多的学派。

(一) 管理理论丛林

(1) 社会系统学派。创始人是美国的巴纳德，代表作是1938年出版的《经理的职能》。巴纳德利用社会学和心理学的理论与方法，用社会的、系统的观点来分析管理，将法约尔等的组织理论向前推进一大步。他认为社会的各级组织都是一个协作的系统，即由相互协作的两人或两人以上组成的系统。正式组织的存在需要三个条件：明确的目标、协作的意愿和意见交流。这三个条件中若有一条不满足，组织就要解体。

(2) 决策理论学派。决策理论学派在社会合作系统学派的基础上发展而来，吸收了行为科学、系统理论、运筹学、计算机程序等学科的内容。主要代表人物是赫伯特·西蒙、马奇等，主要著作有《组织》《管理决策新科学》等。该理论认为管理的关键在于决策，决策贯穿于管理的全过程，管理就是决策，组织是由作为决策者的个人所组织成的系统，决策分为程序性决策和非程序性决策。

(3) 经验主义学派。代表人物是美国的德鲁克、戴尔等，主要著作有《管理：任务、责任和实践》《有效的管理者》《伟大的组织者》《企业管理的理论与实践》等。该学派认为，有关组织管理的科学应该从组织管理的实际出发，分析管理人员的经验，然后加以理论化和系统化的概括。

(二) 现代管理理论的新发展

这一阶段，美国经济内部面临石油危机，外部受到崛起的日本及欧洲的挑战，国际环境发生剧烈变化，美国一向认为最先进的企业管理发生了危机，难以适应高度变化的环境的要求。管理学界开始对现代管理理论进行进一步的探索。此时，“战略”一词被引入管理界。管理学家开始从战略管理的角度研究企业组织与环境的关系。

1. 战略管理理论

1965 年，安索夫《公司战略》一书的问世，开辟了战略规划的先河。1975 年，安索夫《战略规划到战略管理》一书的出版，标志着现代战略管理理论体系的形成。他认为，战略管理与以往经营管理的不同之处在于它面向未来，动态地、连续地完成从决策到实现的过程。1980 年，迈克尔 · 波特《竞争战略》一书的出版，把战略管理的理论推向了高峰，书中许多思想被视为战略管理理论的经典，如五种竞争力、三种基本战略、价值链的分析等。该书通过对产业演进的说明和对各种基本产业环境的分析，得出不同的战略决策。这一套理论与思想在全球范围产生了深远的影响。

2. 企业文化理论

通过对不同国家管理制度的比较研究，尤其是对日美两国管理的比较研究，企业文化的管理理论开始受到人们关注。到 20 世纪 80 年代后期，虽然美国经济开始复苏并达到了持续的繁荣，但对现代管理理论的再思考仍在继续进行，并基本朝着“在完善企业及一切公共部门的管理技术的同时，应当更加信任、重视、依靠组织的职工和自己的顾客”的方向发展。

第二节 旅游业管理的基本理念与职能

一、旅游业宏观管理理念

旅游业宏观管理的对象是一个专业化协作的旅游服务整体。按照旅游业的现状和未来发展趋势，从宏观层面，旅游业经营管理者应树立以下五个方面的基本理念。

(一) 以人为本的理念

“以人为本”是指在管理过程中以人为出发点和中心，围绕着激发和调动人的主动性、积极性、创造性展开，树立全面、协调、可持续的发展观，以实现人与旅游事业共同发展的理念。以人为本理念具体体现在：它强调人是管理中最基本的要素，因为人是能动的，与环境之间有一种交互作用，应该创造良好的环境来促进人和旅游业的发展；以人为本的管理要以人的全面发展为核心，人的发展是旅游业发展和社会发展的前提。

(二) 市场经济理念

市场经济的理念是指旅游业的经营管理活动应以市场为中心，以最大限度地满足顾客需求为出发点。

1. 市场意识

简言之就是按市场需求的变化促供给，按市场经济的规律谋发展。通过市场来检验产品的质量，通过产品来树立形象，通过市场来达到促进和交流。这就要求各级管理人员具有市场意识，充分认识到市场是旅游业生存的依托，要不断地开展市场调查、分析与预测以确定产品的内容和质量；按经济规律而不是按个人的主观意愿办事。

2. 风险意识

旅游业在市场经济中的经济效益与自身在市场竞争中的行为和结果密切相关；管理不善、营销无力，都可能把自身推向失败的边缘。只要竞争存在，风险就不会消失，树立风险意识对于旅游业持续健康发展具有积极意义。

3. 竞争意识

在市场中，竞争成为旅游企业相互关系的主旋律。通过适度竞争，企业会努力降低自己的经营成本，改善服务质量；通过自由竞争，各种服务资源在企业中得到最佳配置。竞争也并不局限于产品市场，还包括各种要素市场，在客观上促进了生产力的发展。

4. 效益意识

旅游业参与市场竞争的目的在于获得经营利润，实现最佳的经济、社会和环境效益。效益与其生产效率密切相关，只有在严格控制经营成本，努力提高产出与收益的前提下，旅游业的经济效益才有保证。

(三) 科学发展理念

1. 人才观念

旅游业的竞争也是人才的竞争。经济效益的高低，归根到底取决于员工队伍的素质，特别是旅游业经营管理者素质的高低，取决于他们的积极性是否得到充分发挥。

2. 系统观念

旅游业是一个有机组合的系统，由行、游、食、住、购、娱六大要素组成，每个要素又可独立为子系统，每一个子系统又分成若干子系统，各子系统之间相互联系、相互影响。

3. 科技创新观念

现代化的科学技术能够促进旅游业的现代化、提高旅游业劳动效率和生产力水平、提高旅游业的管理水平。

4. 可持续发展观念

旅游业可持续发展的核心是要求旅游与自然、文化和人类的生存环境成为一个整体，要保证从事旅游开发的同时，不损害后代为满足其旅游需求而进行旅游开发的可能性，即维持旅游资源、环境与发展之间的协调。

(四) 产业牵动理念

旅游产业是带动性强的产业，旅游业本身是由旅行社业、交通业和住宿业等组合而成的综合产业。旅游业的发展，能够带动其他直接或间接为旅游者提供服务的产业群体的发展，如轻工业、农林牧副渔业、加工业、建筑业、装修业、电力业、信息业等的发展。以旅游产业带动相关产业的发展，可创造脱贫致富的奇迹。旅游业作为一项重要的新兴的劳动密集型产业，对解决劳动力就业问题具有重要作用。

(五) 和谐共赢理念

1. 人与自然的和谐

人与自然存在于同一个系统中，两者既相互依存，又相互对立。因此，处理好人与自然的关系、促使两者和谐发展就具有重要的意义。旅游业作为人与自然接触的媒介行业，在发展的过程中，不仅要满足旅游者的物质文化需要，更要优化和保护生态环境。

2. 人与人的和谐

以人为本是构建和谐社会的出发点和落脚点，和谐旅游在旅游开发、经营及管理方面都应该强调以人为本，通过特色化的产品、人性化的服务等来充分满足旅游者的需求，使人们在旅游活动中进行人与人之间的沟通，与周围的人建立起和谐关系。

3. 人与自身的和谐

人与自身的和谐，是指人的内在条件和外在表现能同时和社会相适应，并在积极推动社会和时代进步的过程中享受成功的喜悦，实现人生的价值。旅游经营的特色化和旅游产品的多元化能使旅游者的知性得到培育，使人的感悟能力得到发展，使主体人格得到陶冶和升华，从而在一定程度上克服工业社会高度统一的生产和生活方式对人的个性化创造力的抑制。

二、旅游业微观管理理念

旅游业的微观管理是从旅游服务整体中的单个旅游企业的角度，强调旅游经营管理者透过对员工的密切观察和操控,使员工达到管理者所指定的工作的管理方法。在微观管理的过程中，旅游业经营管理人员应树立以下五方面的微观管理意识。

(一) 服务意识

服务意识是指发自内心地想要为他人提供帮助、贡献，提供一切物质和精神需要的意念、习惯和态度。服务意识在管理实践中有两层含义，在员工为宾客服务的同时，管理人员也应为员工提供服务，即所谓的“顾客至上”意识和“员工至上”意识。

(二) 质量意识

质量意识包括对质量的认知、质量态度和相关质量知识等。旅游业提供的是无形的劳务，因此，衡量旅游产品质量的高低，取决于消费者的态度。质量意识是开展旅游服务中最重要的一环，因为产品的质量直接决定了企业的声誉，进一步会影响企业的产出。因此，加强质量意识不但是企业提升自身竞争力的内在要求，同时也是外部市场和环境的迫切需要。在树立了良好质量意识的前提下，还要进一步完善质量管理，建立合理的赏罚机制和管理模式，在企业内部形成良性循环，提高整体服务水平。

(三) 诚信经营意识

随着市场竞争的发展，继价格竞争、质量竞争、品牌竞争之后，企业的信誉管理变得越来越重要。诚信经营包含内部诚信和外部诚信。内部诚信是指员工对待工作的态度和诚心的意识水平。一个企业能否在市场上树立诚实守信的形象和声誉，就在于每一个员工的诚实守信的综合。外部诚信是指所处市场经济环境中的诚信。要建立外部诚信，首先应该深化产权制度改革。其次，必须要有一套法律保障措施来使不诚信的企业得到相应的制裁，使企业合理信用关系得到更好地维护。最后，要加强市场监管，尤其是要严格市场主体准入规则。

(四) 品牌意识

旅游消费者越来越注重品牌消费。要创出旅游业的品牌，必须理顺以下关系：观念先行是创品牌的先决条件；明确而可行的战略是创品牌的基本前提；先进的技术是创品牌的关键；实用质优的产品是创品牌的基础和内核；高水平的服务是创品牌的有力保障；规模是创品牌的支柱；独具一格的销售创意、优秀而丰富的企业文化是创品牌良好的内部环境和有效动力机制；争取政府支持和民众关心是创品牌必不可少的外部环境条件。

(五) 柔性管理意识

柔性管理是相对于刚性管理提出来的，它是以人为中心，整合情感要素、组织要素、战略要素、营销要素、生产要素、技术要素、服务要素、心理要素为一体，追求全方位优质的系统化管理。柔性管理理念的确立，以思维方式从线性到非线性的转变为前提。柔性管理是具有很大弹性的管理，以“人性化”为标志，强调跳跃和变化、速度和反应、灵敏与弹性，它注重平等和尊重、个人价值和企业精神，它依据信息共享、虚拟整合、竞争性合作、差异性互补、虚拟实践社团等实现知识由隐性到显性的转化，创造竞争优势。

三、旅游业管理的职能

旅游业管理职能是指旅游业管理过程中的职责和功能，是旅游管理发生作用的主要手段和内容，主要包括计划职能、组织职能、领导职能和控制职能。

(一) 计划职能

计划是一个确定目标和评估实现目标最佳方式的过程，它要求主管人员使每个人理解集体的总目标和一定时期的目标及完成目标的方法。在旅游企业做出管理决策后，就要靠个体的计划保证决策的落实。计划的制定应遵循发展与现实相协调、现实性与适度超前性相结合、总体计划与分项计划相结合、操作性与可行性相结合等原则。

计划过程存在四种权变因素，即：管理者所处的组织层次；组织的生命周期；环境的不确定性；未来许诺的时间长度。计划应当预见到足够远的未来，以符合当前许诺的要求。计划是制定将决策付诸实施的行动纲领和具体措施，是整个系统协调动作的准绳。计划的类型是多种多样的，图 2-1 是一个计划的类型层次图，计划包括项目的最终目标；决定和传达企业期望成为什么样的企业的战略；制订处理未来活动的程序；详细阐明的规则；综合性的规划；用数字表示预期结果的预算报表等。

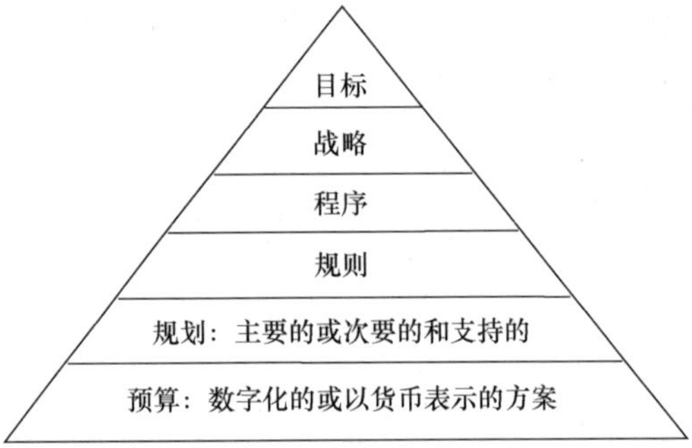

图 2-1 计划的类型(哈罗德 · 孔茨，1993)

(二) 组织职能

组织是人们为了达到某个特定的目标而共同活动的有效协调的系统。组织结构是对组织的复杂性、正规化和集权化程度的一种量度，它的目的就是要建立起一种能使人们为实现组织目标而在一起工作并履行职责的最佳正式体制。组织层次和管理跨度是组织结构的重要因素，根据一个上级直接指挥的下级人数，可以分成窄跨度和宽跨度两种组织结构。窄跨度意味着管理者可以严密监督和控制下级，但由于传递层次多，获得的信息量少、易失真，规模大的企业可以采用跨度小、层次多的组织结构；宽跨度意味着一个管理者有更多的下属向他汇报工作，一个管理者能有效监督的下属人员越多，管理费用成本就越低，而管理者也会变得更有效率，但要求上级谨慎选择下级，会授权，否则就会形成上级负担重，容易失控的局面。管理者可以依据职能、产品、顾客、地区或过程进行部门化。

旅游活动涉及旅行社、宾馆、饭店、交通、园林、文物、艺术等诸多部门，必须确定一个管理体制，建立一定的组织机构，制定必要的章程、条例，规范命令和信息反馈渠道，选择和配备好管理人员和工作人员，促使人、财、物、信息在一定时间和空间进行合理有效的组合，以最小的消耗取得最佳的经济效益，这一切都离不开科学有效的组织。组织职能运用的熟练程度、组织能力的大小、组织水平的高低，都直接影响旅游业的发展。

(三) 领导职能

领导就是对旅游业各个部门、各个岗位的指挥和指导，是影响人们为组织和集体的目标做出贡献的过程。组织行为关注的是组织中人的活动，即管理者和操作人员的活动。管理者通过其他人而工作，如果他们能够了解其他人的行为，则会成为更有效的领导。

在现代旅游条件下，旅游者的旅游活动复杂多样、千变万化，大到全旅游行业，小到一个景区、一次活动、一次接团，都必须有一个统一的、高效的、有权威的指挥系统。运用组织职责的权利，通过下达指示、指令和其他手段，做到上通下达、左右协调、令行禁止。领导，是民主与权威、集中统一与下放权力的对立统一，既要避免各行其是的无组织、无纪律状态，又要充分发挥下级管理部门和被领导者的主观能动性。

(四) 控制职能

控制是指监测各项活动以保证它们按计划进行并纠正各种重要偏差的过程。所有的管理者都应当承担控制的责任。一个有效的控制系统可以保证各项行动朝着完成组织目标前进。控制之所以重要是因为它监督目标是否按计划实现和上级的权力是否被滥用。在控制过程中，管理者首先根据计划阶段形成的目标制定行为的标准，然后用这个标准来衡量实际的工作绩效。如果标准与实际之间有偏差，那么管理者必须根据情况选择调整实际工作，或调整标准，或什么也不调整。有三种类型的控制：前期控制是以未来作导向的控制，用来防止预期问题的产生；同期控制是发生在一项活动进行之中的控制；反馈控制是发生在活动结束之后的控制。因此，建立严格全面、周密的控制系统，经常把旅游经营管理活动的实际情况同原定的目标、计划、规章制度等作对比，是保证全面贯彻党和国家的方针政策、始终坚持社会主义道路的需要，是促使旅游业不断加强经营管理，提高人、财、物、信息使用效率，不断提高经营管理效益的需要。

第三节　旅游业管理的基本原理

旅游业是一个综合性很强的行业，这必然导致了旅游业经营管理的复杂性。但是，拨开纷繁、复杂的“面纱”，旅游业经营管理本身存在着具有普遍指导意义的基本规律。旅游业管理的基本原理就是对这些基本规律的高度概括与总结。

一、系统整体性原理

系统是指由处于一定环境之中的若干相互联系、相互依存、相互区别、相互作用的要素有机构成的，具有特定功能的整体。旅游业管理涉及人、财、物、时间、空间、信息等多种要素，涉及这些要素相互关联所发挥的作用与功效，是一个系统工程。同时，旅游业涉及国民经济的方方面面，与其他部门，其他行业相互影响、相互作用，又使旅游业管理系统成为一个开放的大系统。

(一) 系统整体性的特质

系统的整体性是指系统作为一个整体而表现出来的性质，具有其组成部分在孤立状态中所没有的新的特性、新的功能和新的行为。这是因为组成系统的各要素并不是简单地堆砌或无序地组织在一起。系统是一个有机的整体，作为一个整体的系统应当有以下三个性质。

1. 系统的层次性和有序性

任何复杂系统都有一定的层次结构。如旅游管理系统可分为旅游景区管理、旅游饭店管理等子系统，这些子系统还可进一步细分，如旅游饭店管理子系统可分为前厅管理、客房管理、餐饮管理等。这些系统都还可以继续分解。这些错综复杂的联系和上下左右的层次与结构，有机地、协调地统一在一个复杂的大系统内。任何一个系统，对其要素来讲是一个整体，对上一层次系统来讲则为其一个要素。系统的运动能否有效、效率高低，很大程度上取决于能否分清层次、层次之间是否有序。

系统的层次性和有序性要求系统的每一层次都应有各自的功能、明确的任务和职责、权利范围。过去在计划经济条件下，管理实务中常常出现层次混乱不清，上一层次不仅对下一层次下指令，而且过问具体的操作程序。这种上一层次过多干涉下一层次，甚至更下一层次的做法，久而久之会严重挫伤下级的积极性、主动性和责任心，或者下层把问题推脱给上层，其结果是管理失去了指挥的作用。只有上下关系明确、有序、才能实现有效的管理。现代企业普遍实行的经理负责制或厂长负责制就是从整体系统的层次性和有序性出发的，实践证明，这是切实可行的。

2. 系统的相关性

系统的相关性是指要素之间、要素与系统之间、系统与系统之间彼此相关、互相依存、互相制约、互相影响，构成一个整体。如旅行社之间的削价竞争问题，就是从本质上忽视了要素与系统的相关性。当同一地区个别旅行社报价偏低时，必然会影响别的旅行社的客源，于是整个地区的整体报价一致偏低，导致整个旅行社系统效益减少。

根据系统的相关性，我们应该理顺系统各个要素的相互关系，使各要素明确自己的目的及整个系统和别的要素的相互关系。“一个和尚挑水吃，两个和尚抬水吃，三个和尚没水吃”说明：哪怕是一个只有三个和尚的小系统，如果相互间的关系和职责不明确，这个系统都是没有效率、不完善的。

3. 系统的集合性

要素构成系统，并非简单地相加或堆砌，而是一个彼此相互作用的集合。在这个意义上，1+1=2，1+1＞2，1+1＜2，1+1＜1 四种情况都有可能出现。从旅游业管理的角度来讲，我们希望 1+1＞2，即整体大于部分之和。

当初各大饭店的集团化，就是基于 1+1＞2 的原理，充分发挥其各要素的作用，并通过科学的组织管理产生规模效益。在讨论系统的集合性问题时，要注意到系统中最差要素对整个系统的负面影响。水桶原理认为水桶的容量取决于水桶最短木板的长度。所以，基于系统的集合性，在旅游管理中必须重视系统中最差要素功能的提高，以免出现“短木板”，影响整个旅游业效益，甚至造成 1+1＜1 的局面。

(二) 系统整体性原理的主要原则

系统的整体性原理，要求系统有明确、优化的目的，有全局和相互联系的观念，有层次分明的结构。其主要原则如下。

1. 要素作用原则

此原则就是要求各个要素充分发挥作用。旅游业管理系统作为一个开放系统，要求系统结构与外界环境相适应，从整体上保证系统的实力，这就是最佳结构原则。最佳结构原则要求深入剖析要素的内部结构，把握其特点、状态和规律，广泛应用现代科学手段，寻求最佳结构，取得最佳经济效益。所以，系统整体不能脱离要素或部分而存在，而是通过要素作用所发挥的功效而存在和发展。一个优秀的管理者，一个高效的管理系统，必须使各个要素充分发挥作用，才能使管理的整体效益达到最优。

2. 整分合原则

现代高效率的管理，要求系统必须在整体规划下明确分工，在有分工的基础上进行有效的合作，这就是整分合原则。在“整体-分工-合作”这个模式中，整体观念是一个大前提，分工是手段，合作是关键。分工是要素作用原则的基础。分工并不是现代化管理的终结，不是万能的，它会产生许多新的问题。分工的各个环节，特别是在相互联系方面容易脱节，在相互影响方面容易产生新的矛盾。因此，必须进行有效的组织管理，使各个环节同步协调，有计划按比例协调综合发展，才能真正实现系统整体效益最优。

旅游业管理系统常见的分工有：按社会功能进行专业化功能分工，如旅行社、饭店、交通、园林、文物等；按自然资源特点进行专业化区域分工，如西安的秦文化游览区、唐文化游览区、明清文化游览区等；按作业程序进行专业化作业分工，如饭店的前厅总服务台、客房、餐厅等。

3. 封闭原则

封闭原则即通过一定的手段构成一个连续封闭的回路。其基本模式为：由指挥中心开始，经过执行路线和监督路线到达接收单位，并将执行情况通过反馈路线反馈到指挥中心，如图 2-2 所示。

4. 最佳结构原则

旅游业管理系统作为一个开放系统，要求系统结构与外界环境相适应，从整体

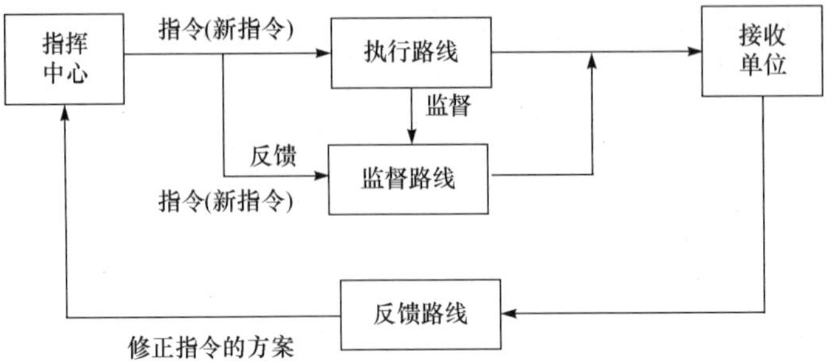

图 2-2　指令→执行→反馈→新指令的管理运作过程

上保证系统的实力，这就是最佳结构原则。

例如，我国古代田忌与齐威王赛马的故事，田忌开始的结构为

田：　上　中　下

齐：　上　中　下

这在田忌系统内部可能是最佳结构，但由于齐威王的三匹马均比田忌强，田忌三战三败。后来，他采纳了孙膑的对阵排列

田：　下　上　中

齐：　上　中　下

结果一败两胜，从整体上赢得了胜利，这就是系统结构与外界环境相适应的缘故。所以，最佳结构原则要求深入剖析要素的内部结构，把握其特点、状态和规律，广泛应用现代科学手段，寻求最佳结构。

二、主体能动性原理

旅游业管理系统虽然十分庞杂，但究其根本，是由旅游业经营管理者维系的，它的主体和核心要素是人。人的能动性，具有无可估量的潜力和生气勃勃的创造力，其发挥程度与协调的好坏，直接决定旅游业管理系统的运行效率。同样的财、物、空间和信息在不同人的手里作用大不一样。主体能动性原理，要求每个管理者必须清醒地认识到：要做好整个系统的管理工作，要管理好人、财、物、时间、空间、信息，就必须紧紧抓住这个核心要素，充分发挥全体从业人员的能动作用，创造一个生动活泼、心情舒畅的工作环境，使全体人员明确整体目标、自己的职责、工作意义、相关关系等，主动地、积极地、创造性地完成自己的经营管理目标。

(一) 管理系统的主体是人

旅游业管理系统的主体和核心要素是人。同样的财、物、空间和信息在不同人的手中作用大不一样。英国学者福尔克在《漫谈企业管理》一书中强调：“管理本质上就是人的问题，这一事实比任何看法都重要。”苏联学者阿法纳西耶夫在其所著的《社会管理中的人》一书中指出：“人过去、现在和将来永远是社会系统的中心组成部分，是管理的主要客体和主体。”凡事皆需要人来做，人是推动旅游业管理系统运转的基本动力。

资本主义的现代管理，将人作为管理对象的核心，提出了如下关于人的假说。

(1) 经济人，这种观点认为人的工作动机是获得经济报酬，追求物质利益。

(2) 社会人，工作动机是满足社会需要，如获得组织承认、同事尊重、社会地位等。

(3) 自动人，工作动机是自我实现，是充分展示自己，发挥自己潜力。

(4) 复杂人，因时、因地、因各种情况而采取适当反应的复杂人。

(二) 人具有能动作用

人在旅游管理系统中，并不是盲目地、机械地执行各种指令，而是具有能动性，这是因为人的活动是一种自觉活动，并具有以下特点。

(1) 目的性，人在行动前就已经构想出目标，勾画出蓝图，并且直接影响管理过程的具体行为。

(2) 选择性，管理系统中的人往往带有各种需要，管理系统也常常提供多种机会。多种需要与多种机会的形成，便构成了选择性。

(3) 思考性，人在管理实践中，不断地认识工作环境与工作目标，只有在这个基础上才能以积极的态度投入生产实践。

(4) 创造性，旅游业管理系统作为一个新生的、复杂的系统，不可能详细、全面、科学地规定每一个细节，而当人面对具体工作时，则有众多的机会去创造、创新。作为管理者，在自己不断创新的同时，最重要的是挖掘被管理者的创新潜能。

(5) 自我调节性，人可以通过自我调节彼此相互适应，也可以通过自我调节，与外界环境相适应，以便更有效地发挥能动性。

既然人是管理系统的核心要素，又处于主体位置，并且人又具有能动作用，那么作为旅游业管理人员，就必须千方百计地发挥全体从业人员的能动作用，发挥各级组织、团体的能动作用，开创生动活泼、生机勃勃的局面。

(三) 主体能动性原理的主要原则

1. 主客体原则

在管理活动中，人既是管理的主体又是管理的客体。作为管理主体，人必须懂得运用各种管理权力、方法和手段，对企业的被管理者进行协调和管理；而作为管理客体，又必须服从并接受上层领导的管理。

2. 能级原则

管理系统中的人，不仅以类分别，而且以“能”分别。应建立一个合理的人员使用能级，选配具有相应才能的人处于相应能级的岗位，赋予相应的权力、物质利益和精神荣誉，形成各尽所能的局面，并实现按劳动取酬。所谓“只有混乱的管理，没有无用的人才”之说，是不无道理的。

3. 动力原则

主体能动性的高效发挥，需要强大的原动力，以促使人们积极地、主动地、创造性地去完成工作。基本动力有精神动力和物质动力。精神动力包括日常的政治思想工作、爱国主义与社会主义教育、理想与传统教育、升职晋级、授予荣誉称号、树立先进典型、给予进修学习机会等，通过这些动力，人们得到了充分的尊重、理解与信任。

4. 综合协调原则

综合协调原则即恰当确定群体的能级组合，使人尽其才，实现协调、稳定和最大的输出效应。旅游业的各行各业，各种大大小小的群体，一般都由一些不同层次、不同水平的人组成，各层次间的构成形态，大致有如下四种(图 2-3)。

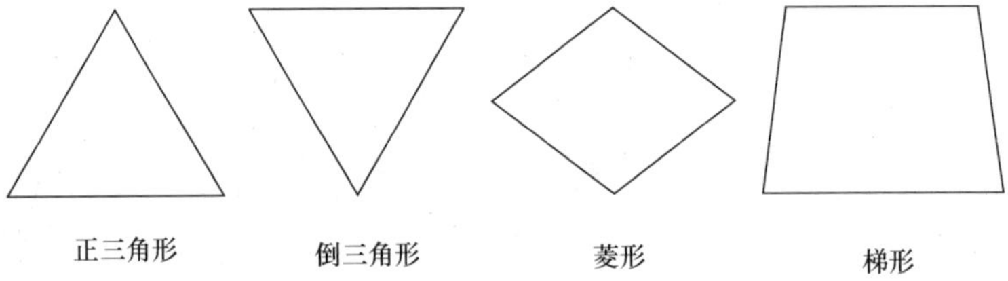

图 2-3　不同形态的能级组合

在大多数情况下，正三角形的组织结构较理想，即基本从业人员和初级管理者人数众多，而最具权威的高层专家、高层管理人员最少，各层次间逐渐递减。同时，在专业结构、年龄层次、素质与能力搭配等各方面也要求得到协调、稳定、可持续发展的组合。

三、动态相关原理

管理活动是一个多因素的动态过程，由一系列相互关联的、按时间顺序展开的阶段组成。管理活动所涉及的各要素一直随着时空的发展、运动而变化，因此在管理的整个过程中，只有不断地反馈信息，不断地做出阶段性的具体决策，不断地“以变制变”，才能有序地、连贯地完成预定目标。

(一) 管理活动具有动态相关性

管理活动具有动态相关性，主要表现在以下三个方面。

(1) 旅游业管理系统所涉及的各个要素都始终处于动态变化之中，静止是相对的，而变化是绝对的。如旅游吸引力在变化，旅游接待能力在变化，从业人员的素质在变化，旅游市场在变化等。旅游业发展到今天，伴随着现代人德、智、体的全面发展，综合素质的不断提高，人们的旅游动机也在不断变化，对旅游内容的要求也在不断提高。许多旅游者，正由单纯游山玩水的“参观式”向新颖的“参与式”旅游发展，于是各种特色旅游项目便应运而生。由此可见，旅游业管理系统是一个不断发展变化的动态系统。

(2) 旅游业的发展离不开各利益相关者的投入或参与。企业追求的是利益相关者的整体利益，而不仅仅是某些主体的利益。这些利益相关者不仅包括供应商、消费者、企业的股东、债权人和雇员，而且将政府、社区及政治、经济和社会环境也包含在内。成立于 1991 年的加纳卡库姆国家公园为全球濒危动物提供了良好的栖息环境。公园内建设了非洲第一条空中树冠通道，悬挂在距地面约 40m 高的树冠上，全长约 333m，让旅游者和研究人员接近雨林成为可能。该项目以社区为基础发展生态旅游，经费资助与技术指导主要来自于国际保护组织和联合国的国际发展机构，这为当地居民带来一定的利益，包括参观购买当地农产品，购买当地工匠的副食品与手工艺品，为当地居民创造直接或间接的全日制工作。

(3) 旅游业管理系统中，各要素的发展变化不是孤立的，而是相互联系、相互制约的。构成旅游系统的各个组成要素总是牵一发而动全身，只要其中一个要素发生变化，其他组成要素必然会发生相应的改变，以此来维持系统的平衡。例如，随着"一带一路"倡议的提出，丝绸之路沿线的中国中西部地区将极大改善交通条件，中西部地区的旅游目的地可达性将得到巨大的提升。交通条件的改善将极大促进东部主要客源市场进入中西部资源集中的目的地，促进中西部地区旅游人数和收入的增长。而随着旅游人数的增加，旅游接待设施(如酒店、饭店等)必将增多。因此，旅游系统中某个要素的变化必然会引起系统内其他要素的联动变化。

(二) 动态相关原理的主要原则

1. 弹性原则

弹性原则一方面要求整个管理系统应具有较强的可塑性和良好的适应能力，另一方面要求每一个具体的管理过程在确定目标时留有余地，在对策方面有充分准备，在关键环节上有应变计划，在难点、重点上有足够实力。例如，饭店的客房超额预订就体现了一种弹性原则。超额预订就是在饭店订房已满的情况下，再相应地增加订房数量和人数，以弥补因订房不到或临时取消而可能出现的客房闲置所带来的损失。

2. 反馈原则

反馈是控制论的一个极其重要的概念，任何系统的控制都是通过反馈实现的。管理作为一种控制，必须不断地依据信息制定决策，把决策的执行情况及其效果作为新的信息反馈回来，作为制定新决策的依据，如此循环往复。是否具有灵敏、正确、有力的反馈机制，是关系管理活动成败的关键，是保持系统的最佳弹性和增加系统自我调节能力的关键。

3. 动态平衡原则

管理系统的各分系统、子系统、要素的相互影响、相互作用构成的矛盾运动，充满了整个管理过程。要使系统的结构、功能和整体利益处于最佳状态，就必须保持各个组成部分的动态平衡。这个平衡，一方面要求各部分的内部运行效益最好；另一方面要求各部分之间的物质、能量、信息和人员相对平衡流动，相互影响具有正效益，实现整体综合效益最优。

国外饭店集团内部的竞争便运用了动态平衡原则。它们规定：各饭店可以宣传自己的优点，但不能攻击别的饭店，揭他人之“短”。我国《广告法》第十三条规定：“广告不得贬低其他生产经营者的商品或者服务”。“城门失火，殃及池鱼”，最终整个系统都很可能会效益偏低。中国旅游业正在大力推广的行业管理正是基于这一动态平衡原则而确立的。

四、目标有效性原理

系统作为一个整体，必须要有一个目标，这个目标在系统中处于中心地位。系统各要素的设置、各要素间的配合，各项工作的展开，都必须紧紧围绕着这个中心目标。目标有效性原理要求管理者必须有明确、具体的最佳目标，而且目标的实现必须产生最好的效果、最高的效率和最大的效益，求得最好的投入产出比。目标有效性原理的基本原则如下。

（一）目标动力原则

目标动力原则要求组织的目标必须具有激励因素，必须能使员工产生强大的、持久的动力。要使组织的目标具有激励作用，目标必须具有以下四个方面的性质。

(1) 超前性。目标的制定一定要先于现状、优于现状，尤其是目标制定者，必须要有一定的大局观念，所制定的目标必须具有超前性，否则将会很快被时代淘汰。

(2) 与一定的效益和利益相联系。人首先是“经济人”，因此目标的物质动力因素是人们所必然要考虑的，没有物质目标作动力，人们可能会丧失信心。

(3) 辅以一定的奖惩措施。奖罚措施的制定能够使人们更加专注于眼前的事物，将当前的目标完成后，才有进行下一个目标的可能。并且，惩罚措施并不是为了惩罚而对员工进行处罚，相反是为了激发他们的动力。

(4) 按时段适当分解。对整体的目标，可按部分、要素适当分解，使目标中的效益成为实现目标的重要动力之一。通常阶段性目标和本部门的目标是重要的，因为只有“可望且可及”的目标才能成为动力因素。

（二）价值原则

目标的实现，必须体现经济价值和社会价值的最佳结合，任何片面追求商业价值、经济效益而忽视社会价值的管理都是违背价值规律的。当前“生态旅游”蓬勃发展，我们在发展旅游业的同时必须将生态保护放在首位。任何“竭泽而渔”“杀鸡取卵”的做法必须禁止。

（三）有效原则

旅游管理工作是否有效和效果如何，是检验管理成败的关键。管理工作，必须实现最小的投入和最大的产出、最优的质量，必须实现人的素质的综合提高、精神环境和物质环境的改善，才能称为有效。

(四) 定量分析原则

系统的目标必须是可量测的、可核实的。目标是否有效、有效程度如何，必须进行定量分析。定量分析就是要求对管理工作的各个部分、各个环节的总目标和分目标的效益和效果进行严格、科学的考核。只有经过科学的定量分析，找出成功与失败的原因、问题的关键，不断地反馈、改进，方可保证目标有效。

五、创新成长原理

旅游创新理论是在一定的制度体系上，为创造、利用和扩散知识而相互联系与作用，并不断利用新知识创造旅游经济价值的知识系统。主要包括以下几方面。

(1) 旅游技术创新，指各种新思想、新技术、新材料、新工艺、新产品和新服务首次投入旅游业运用和转化的过程。例如，中国“一个和尚挑水喝，两个和尚抬水喝，三个和尚没水喝”的经典故事，若是使用技术创新，运用先进技术将河水引流到寺庙中，那么不管是几个和尚都会有水喝。

(2) 旅游制度创新，指通过变革、改进原有的制度，建立起符合社会生产力发展和现代发展要求的新制度的整个过程。例如，同样是“三个和尚没水喝”的故事，当有三个和尚的时候，运用制度创新，建立“每个人每天轮流挑水”的取水制度，那么就能保证每个和尚都有水喝。

(3) 旅游市场创新，为有效实现各种新生产要素的商品化，以及生产要素新组合的市场化而进行的一系列活动的总称。例如，旅游市场中的“联票”就是将相邻的几个景点或者将名气较高的和名气较低的景点进行捆绑销售，这就是在原有旅游市场中做出的创新。

管理创新的特点，其一广泛性，从内容来看，创新包含知识、技术、制度和企业创新等；从类型来看，有渐进性创新、结构性创新、空缺性创新和突破性创新等。其二动态性，随着市场需求的变化、新技术的应用与发展，企业必须努力创造良好的创新环境，以避免动态变化带来的消极影响，提高创新的动态适应性。其三风险性，创新并不是线性发展的，往往会出现倒退、曲折或延迟等情况，带来不可预见的创新风险。

旅游和其他产业的相融相盛正成为创业创新广阔舞台上闪亮的明星，成为我国促进经济稳定发展、提质增效、转型升级的重要路径。以“旅游+互联网”为例，互联网、移动互联网、在线支付和大数据的发展，推动了在线旅游业的快速发展，借助技术、平台、数据和分享，为满足游客个性化、多样化的需求提供帮助。

第三章　中国古代管理思想与现代旅游业管理

“中国式管理”研究学者曾仕强教授认为：科学本没有国界，但是哲学在各个地方却不一样。全世界的人都在用现代化管理，但是用起来各有不同，就是因为哲学不同。何谓中国式管理？曾仕强教授认为，中国式管理是指以中国管理哲学来妥善运用西方现代管理科学，并充分考虑中国人的文化传统及心理行为特性，以达成更为良好的管理效果。本章作为本书的特色章节，对中国古代管理思想作了详细的梳理，并探讨其对现代管理思想的影响及与西方管理思想的异同。此外还详细探讨了中国古代管理思想在现代旅游业中的应用，期望做到古学今用。

第一节　中国古代管理思想概述

在中国五千年的文明史中，出现了许多伟大的思想家，他们著书立说，创建了各种思想学派，阐述着古代的治国管理之道，为我们今天的管理留下了宝贵的经验和文化遗产。影响深远的思想流派主要有儒、墨、道、法等，它们在古代的治国管理中，都曾发挥重要作用。以史为鉴，以人为镜，古为今用，古今结合，对我们现代的管理有着重要的意义。

一、古代管理思想的产生与发展

（一）中国古代管理思想的产生

对于中国古代管理思想的渊源问题，众说纷纭，尚未达成统一认识。早期的学者常常仅在文字记载的范围内进行研究，随后有学者以古代的神话传说、小说、石器考证为鉴，推断构建中国早期管理思想的起源。学术界普遍认为春秋以前，中国古代管理思想就已经产生。从《周易》《诗经》《尚书》等发现我国古代社会就已出现了许多与西方现代管理理念和思想原则不谋而合的看法，如天地乾坤、天道人道、吉凶祸福、阴阳五行、理财聚人等概念。

（二）中国古代管理思想的发展

1. 中国古代思想的形成阶段

春秋末期、战国到秦统一六国这段时间，是我国古代管理思想发展的重要时期。百家争鸣，提出了各种不同的治国、经营、管理方法。儒墨道法、兵农名杂，还有纵横家、阴阳家等，他们对经世治国的主张进行了充分的论辩，在管理目标、原则、方针、组织、手段等方面发表各自的观点。这个阶段的思想家具有相当的权威性。

2. 中国古代管理思想的制度化阶段

秦汉到唐朝这段时间，中国传统社会的管理思想经过秦汉时期实现了管理的制度化。在经济管理思想方面，最重要的争论表现在管理体制应该高度集中还是应该自由分散，问题主要集中在盐铁是否应该由国家专营，但从经济管理思想上说，管理体制集中还是分散的讨论比盐铁专营影响更为深远。这两种管理思想的代表人物分别是桑弘羊和司马迁。

3. 中国古代管理思想的反思阶段

这个阶段是传统社会由盛而衰的时期，也就是宋元明清到鸦片战争以前。北宋王安石变法是中央政府直接干预经济的实践，而司马光、苏轼等反对王安石变法则是传统的自由经济管理思想——“官不与民争利”的反映。这是传统社会各种不同管理理念之间长期争论不休的问题，明朝的张居正、邱浚；清朝的魏源、龚自珍等对国家的经济管理问题发表了各自的看法。

4. 中国古代管理思想衰败和转变阶段

鸦片战争以来，国运凋敝，社会动荡，国门被迫打开，中国古代管理思想自此进入衰败和转变阶段。这一时期，一些民族资本家开始向西方学习，引入西方资本主义的现代管理理论和方法，由最初的全盘西化，开始转变为“中学为体，西学为用”，将西方管理思想与中国具体实际相结合。

二、中国古代管理思想派别概述

(一)“群经之首”《易经》的管理思想

《易经》，又称《易》《周易》，古代群经之首、三玄之冠，是古代经邦济世，修己安人的圣典。《周易》研究中的突出特色便是“管理易”，是古代社会人们探讨如何进行正确决策管理的书。其核心既不是对客观世界理性的认知，也不是执着主观世界精神的冥想，而是把对世界的认知和自身的价值在实践操作的基础上密切结合的一种决策管理模式。它把客观事物，大到宇宙、小到个别事物都看作一个充满联系、不断变易的整体，且作为整体的客观事物是由不同的部分组成的，并用阴、阳两个高度抽象的符号特指整体中的部分。这与现在的系统均衡原理是不谋而合的。此外，易学管理观念还强调重视环境、时间、条件、事变等各方面的形势，也同样要求人们具备反身修德的内养功用。它启发人们在管理经营中，应立足于和谐对外在形势进行不断地调整与操作，根据具体情况，或时而顺之，或时而制之，完成“太和”与“时中”的管理艺术。

(二) 以“仁政”为核心的儒家管理思想

儒家管理哲学的基本精神是以“人”为中心，讲“为政以德”，讲“正己正人”。孔子是中国儒家文化的代表，以“仁”为核心，以“礼”为准则，以“中庸”为方法，以“和”为目标的伦理思想，是他管理思想的精髓。他还进一步提出“修身、齐家、治国、平天下”，孔子把国家、家庭与每个人联系起来，构成了社会管理系统。其主要内容如下。

第一，“为政以德”的管理方式。

第二，“修己安人”的领导目标。做到“己所不欲，勿施于人”“己欲立而立人，己欲达而达人”。

第三，“义利合一”的经营方式。认为“利者，义之和也”“义以生利”“取之有义”，“义者，利之足也”，力图解决“义”与“利”二者的矛盾，把物质价值和精神价值统一。“义以为上”是儒家哲学的一个重要思想，也可以看作是现代儒商的管理价值观。

第四，“贵和中庸”的管理方法。主张对待事物采取适度、适中的态度，“执其两端而用其中”。

(三) 以“无为”为原则的道家管理思想

在中国古代管理思想史上，道家第一次把“道”作为世界的本源，并提出了一个以“道”为中心的管理本体论哲学体系。这是中国道家管理思想最主要的学术特征。《老子》认为管理客体世界的一切都来自道，道是管理的根本、管理的根源，进而提出“人法地，地法天，天法道，道法自然”及“道生一，一生二，二生三，三生万物”。

第一，无为而治的管理原则。倡导管理者依据客观规律办事，减少对决策执行活动的干预，反对“瞎指挥”，鼓励下属按管理规律办事，“无为而无不为”。

第二，矛盾转化的辩证思想。这种思想用在管理上表现为：管理者、员工都要遵守所定的规则；管理者要全面认识和掌握矛盾发展的基本趋势，增加取胜的可能；根据道的法则和事物矛盾转化的必然趋势，冷静理智地面对问题，思考事情发展的方向，制定应对方案的策略。

(四)“平民的价值观”墨家管理思想

墨子的管理思想是一种平民的价值观，他代表了小生产者的利益。积极参与社会生产实践和管理活动，遂以这些从实际管理中抽象聚结的精华为其管理教育的内容。因此，研究墨子的思想，对了解基层员工的思想动态，正确地领导基层员工很有帮助。

“尚贤”是墨子思想的一项重要内容，就是要崇尚和重用贤能的人。他所尚的贤，不分贵贱。对于贤能之士，要做到各尽其才。尚同与尚贤是相辅相成的，在一个国家中，如果政令不一，只会导致社会动荡。

在经济管理方面，墨子主张“节用”。他认为奢侈是致乱之源，倡导节约，反对铺张浪费，反对大吃大喝。首先，坚持以人为本让利于民的总原则。其次，坚持因需而设的生产观。墨子认为，一切事物的产生都有它产生的客观理由，由于需要而产生的事物才是合理的。最后，坚持以适为度的消费观。

墨子还提出了“兼爱”的思想。墨家的“兼相爱，交相利”思想在企业管理中的价值是不言而喻的。现代的企业管理，从根本上讲是一种人的管理。在企业内部如果能够充分贯彻墨家的兼爱思想，“视人之国，若视其国；视人之家，若视其家；视人之身，若视其身”，让员工把企业当成自己的家看待，员工的积极性与创造性就会充分发挥，就会实现企业内部人际关系的和谐，进而实现企业的效益。

(五) 以“法治”为基础的法家管理思想

历史上以法治国的思想出现于战国时期，从管理的角度讲，法是为君王服务的，以赏罚为手段，进行管理。法家的代表人物有管仲、商鞅、韩非等。法家管理思想的核心内容如下。

第一，以“法”为天下之程式，法家认为天下杂乱无序，必须立法，以法来约束国人的言行举止，否则，天下难以治理。

第二，以“术”为驭臣之具。法家所谓的“术”是非常复杂的，韩非提出君主必须采用的“七术”有：“一曰众端参观，二曰必罚明威，三曰信赏尽能，四曰一听责下，五曰疑诏诡使，六曰挟知而问，七曰倒言反事”。这里涉及的都是君主管理臣下的技巧，既讲究管理的技术，又讲究管理的艺术，更讲究管理的权术。

第三，以“势”为治人之媒介。韩非认为，法令的推行，必须借势，法与势是相互依托的。“势者，胜众之资也”，一个领导者要管理众人，必须有所凭借，凭借的具体表现就是赏罚。法家认为赏罚为君之二柄，不可轻易授人。君主只要抓住赏罚这二柄，就可以叫他的臣子规规矩矩地为他所用。

(六) 以“取胜”为目标的兵家管理思想

兵家的核心，是取胜之道，是清晰的战略与周密的计划，制定战略阶段往往对胜负起决定作用。兵家的主要著作《孙子兵法》，现存十三篇，有计、作战、谋攻、形、势、虚实、军争、九变、行军、地形、九地、火攻、用间等，是对春秋末期以前的军事战略战术思想与经验的总结。《孙子兵法》的战略管理特质主要体现在治身、经国治军和治敌。

治身思想战略管理特质。治身是指管理主体提高自身管理能力的过程。《孙子兵法》中的管理主体主要是“君主”和“将”。君主治身修身的目标是成为明主，《孙子兵法》认为明主应具有以下几个特征：知人善任，即“将能君不御”；理性冷静，即“主不可以怒而兴师”；目光远大，不贪小利而误大事。将的治身修身的目标是成为良将，而良将必须拥有好的德行、应当忠君爱民、不断反思、去除缺陷。

经国治军思想战略管理特质。孙子认为“上下同欲者胜”“齐勇如一”。首先，一个组织面对激烈竞争时，严峻形势与竞争对手并不可怕，可怕的是组织内部不统一、内讧、相互拆台，这样只能让亲者痛仇者快，不战自败。其次，上下级、同级之间要很好地配合。最后，行动要迅速、保密。

治敌思想战略管理特质。治敌是指在充满竞争的环境下，获取相对的竞争优势，这和企业的竞争战略管理非常相似，因此，我们把治敌思想理解为一种竞争战略管理思想。孙子提出了一个“五事七计”的分析模型，即“故经之以五事，校之以计，而索其情：一曰道，二曰天，三曰地，四曰将，五曰法”，也就是说进行战略分析必须分析这五个方面的内容。经过这种分析比较，才能达到“知己知彼，百战不殆”。

三、中国古代管理思想对旅游业的深远影响

中国古代管理思想渗透在旅游业的方方面面，大到旅游企业的管理，小到旅游景区的布局。首先，古代的管理思想家名扬海内外，因此可借助传统思想大师的名气，在其故居形成具有人文气息的旅游景点。如山东曲阜的孔府、孔林、孔庙于1994年被列入世界文化遗产。山东惠民县为纪念我国古代军事家孙武，修建了大型的仿古式建筑群“孙子故园”和“中国孙子兵法城”。

其次，古代思想在全国各地的传播，影响深远，后人为纪念其人、其思想而修建成的各种祠堂庙宇，以及保存下来的书院亭阁等，也成了现在游人密集的地方。最具特色的是，中国西域最大的游牧古国乌孙国所在地——新疆特克斯县，依据八卦象图说而建，又名八卦城。国务院在国家历史文化名城的批复文件这样写道：“八卦城是迄今为止世界上唯一一座建筑正规、保存最完整的八卦城。迷宫般的六十四卦街道布局、神奇的《易经》方位学说以有形的方式再现于该县，其一心居中、轴轴递进、环环相扣、路路相通的放射型格局，与周边的山势水势巧妙结合，不但是我国古代规划史上的奇迹，而且是世界建筑史上的奇迹。”

再次，古代管理思想对现代旅游景区的规划布局也影响颇大。如我国古典园林深受老庄“天人合一”“自然无为”“师法自然”等哲学思想的影响；现代旅游业提出的生态旅游、低碳旅游，以及可持续发展旅游等理念，都与古代管理思想在一定程度上吻合。

最后，古代管理思想对现代旅游企业管理的影响不容小觑。儒墨道法等各学派的治国经营思想，在旅游企业对人的管理、战略决策、组织管理、领导控制等方面，都具有重要的借鉴意义。

第二节　中国古代管理思想与现代管理方法

一、中国古代管理思想对现代管理理念的影响

古为今用是我国管理现代化所面临的课题，中国古代管理思想源远流长，内容丰富，影响深远，是现代经济管理智慧的源泉。古代管理思想是现代经济管理智慧

的源泉，主要表现在以下方面。

(一) 中国古代管理思想蕴藏着丰富的资源

中国历史上有许多成功的管理制度和管理思想的精华都蕴藏在典籍当中，如《尚书》《老子》《论语》《管子》等经典，涉及众多的思想流派。此外，中国历史上还出现了许多杰出的管理人才，如管仲、商鞅、桑弘羊等，他们的管理思想经传颂或编辑成册而流传下来，成为今天对古代管理思想追根溯源的重要依据。

(二) 中国古代管理思想是属于全世界的无价瑰宝

中国古代管理思想对促进世界文明的发展有着重大作用，当今一些发达国家在建立本国的现代管理科学时，都十分重视研究和吸收中国古代管理思想，不仅写出大量论著，而且用之于实践，取得实效。

西方商界人士长期以来信奉一条 "黄金法则"，认为这条行为法则是"金字塔的最高点"，是"人类行为的伟大法则"，遵循它可以攀上成功的高峰，这条法则就是中国儒家学派创始人孔子的一句至理名言："己所不欲，勿施于人"。美国人约瑟夫·奈在他 2008 年出版的《领导的实力》一书中将他所提出的软实力和孙子联系起来。他说《孙子兵法》总结了"最高水平的成就在于不需要打任何仗，因为开战就象征着失败"。日本是深受中国古代思想影响的国家，经过历史的长期积淀，儒学等中国古代思想已经渗透到日本民众思想深处和情感之中。如日本最庞大的企业之一——西武集团的总裁堤义明自称是荀子思想的崇拜者；被誉为"日本近代企业之父"的涩泽荣一，常遵孔子之教。

(三) 中国古代管理思想的精华影响深远

中国古代管理思想内容十分丰富，其精华表现在：富国富民的管理目标；礼法相济的管理原则；"严""情"结合的管理手段；中庸之道的管理标准；以人为本的价值导向；追求和谐的人际关系；选贤任能的用人之道；五德皆备的领导修养；上兵伐谋的战略思想；出奇制胜的经营艺术。这些对现代经营者增强竞争意识、提高经营水平，具有很好的启迪作用。综上所述，中国古代管理思想对现代经济组织的影响是巨大的，虽然有部分糟粕内容，但产生的智慧作用是永存的，对于现代企业管理具有重大的借鉴价值。

中国改革开放的发展，经历了从现代西方管理理论引进、模仿、消化、吸收、创新等不同阶段。可以说，初步形成了有别于西方的极富实践性、特色鲜明的中国式管理模式与理论。中国式管理大体上具有四大特征。第一，注重实效、唯实而不唯名；第二，注重人的管理；第三，实践派与经验主义导向；第四，简约式管理风格。

中国式管理不是主观臆断而是特色鲜明的客观存在，妄自菲薄或妄自尊大都是错误的态度，只有脚踏实地、与时俱进才能不断提高中国式管理的科学水平。

二、中国古代管理思想与西方现代管理理论对比

西方现代管理理论虽然是近代工业的产物，而中国古代管理思想早已萌发类似观点，如儒家贵和谐，类似行为学派；道家尚权变，类似权变理论；法家重功利，类似古典管理；兵家讲韬略，类似决策学派。

下面将中国古代儒家、道家、法家、兵家的社会管理思想与现代管理理论中的行为学派、权变理论、古典管理、决策学派作简单比较。

(一) 儒家与行为学派

以梅奥为代表的人际关系学派以“社会人”作为理论前提。麦格雷戈把这种管理思想称为 Y 理论，其主要内容是：人们工作时体力和脑力的投入就跟在休闲娱乐时的投入一样，工作是很轻松自然的事情，大部分人并不抗拒工作。人生来勤奋，具有自我监督和自我调节的能力，并期待获得认同感。由于员工具有足够的主动性和自觉性，管理主要立足于导，而不是强行控制。

儒家管理思想以性善论为出发点，认为人具有道德自觉、羞恶之心、辞让之心、恻隐之心、是非之心，以至仁义礼智。儒家的社会管理核心是人，人是管理的出发点和最终归宿；人是目的，不是手段；人是道德的主体，必须注重人的价值。

(二) 道家、兵家与权变理论

权变理论认为任何制度策略的拟定，都应该随环境而变才能产生效果，再好的策略放在不适合的环境下都无法产生绩效。在现实生活中没有放之四海而皆准的管理原则，需要根据具体的情况，不同的人际关系，特定的环境，拟定与之相适应的行为方针和方法。中国古代道家、兵家的管理思想具有浓厚的权变色彩。道家总的原则是无为而无不为，无为是手段，无不为才是目的。无为是一种无形的力量，它富有弹性和韧性，机动灵活，无孔不入，渗透并潜移默化事物于无形，起到有为和有形事物所不能起的作用。兵家的管理思想既讲决策，又富于权变。

道家、兵家的著作堪称权变理论的教科书，既包含权变的系统思想和根本观点，又有大量的、活生生的实际范例，对现实生活有特别的指导作用。日本企业家说：西方的科学管理在顺境中有用，中国的权变思想在逆境中更为有效。

(三) 法家与古典管理

西方近代的管理思想一般都以人性假设为前提，如古典管理，特别是以泰罗为代表的科学管理就建立于“经济人”的假定之上。美国麦格雷戈把有关“经济人”的管理理论称为 X 理论，其主要内容是：人的本性是懒惰的，好逸恶劳，千方百计想逃避工作。因此管理者必须用强制手段对员工进行控制与监督；人生来自私自利，只追求个人利益，对组织目标漠不关心，金钱是工作的唯一动力，缺乏进取心。企业必须以经济利益为杠杆，实行重奖重罚，用独裁方式进行管理，对员工施以压力。

中国古代法家的管理思想以人性论为前提。认为人性本恶，自私自利，人与人

之间只有利害关系，利益是做事的前提。人们互相算计，彼此争夺，各行各业的人“一日百战”。正因为人性本恶，必须施行严刑峻法，“人心之悍，故为之法。”法家认为绝大多数的人只是怕受严惩才不敢胡作非为，管理者可以利用人们趋利避害、喜赏恶罚的本性，通过赏罚手段促使员工完成规定任务。韩非说：“凡治天下，必因人情，人情有好恶，故赏罚可用，赏罚可用则禁令可立，而治道具矣。”

(四) 兵家与决策学派

现代管理理念中的决策学派主要研究战略决策的制定和行动方案的选择，决策制定与方案选择是一个动态的发展过程，包括以下五个阶段。

第一阶段：根据现有资源及客观条件，提出需要解决的问题，确定目标。

第二阶段：围绕行动目标，客观全面地收集信息，多方位了解情况。

第三阶段：研究分析收集到的信息，拟定多个备选方案。

第四阶段：仔细考虑各方案的优缺点、可行性，然后进行科学评价，最后确定一个最佳方案。

第五阶段：实施最佳方案，在执行过程中根据客观情况的发展变化，对行动方案进行修改。

中国两千余年前的伟大军事学家孙武是兵家学派的杰出代表，被人尊称为“东方兵圣”。孙武的战略决策思想与现代决策五个阶段的内容不谋而合，另外，孙武在每个阶段还提出了独到新颖的见解。

在决策的第一阶段，孙子提出“庙算”与“知战”。即在作战之前，对战事进行深入的谋划，对战争能否取胜预先做到心中有数。其指导思想是自己首先立于不败之地，再创造条件，寻求有利时机战胜敌人。

第二阶段，提出“知己知彼”。作战任务一经确定，必须围绕这一目标全面客观地收集信息，了解敌情、我情。

第三阶段，提出冷静理智、集思广益地分析问题。研究信息、分析情况必须集思广益，借助智囊团等“外脑”，防止个人独断、片面地看待问题。

第四阶段，提出“五事”“七计”，以道为首对每个备选方案进行可行性分析与科学评价，选取最佳方案时，必须以“五事”“七计”为标准。

第五阶段，提出“践墨随敌”，以变应变。“践”是战争实践，“墨”是作战计划，“践墨随敌”是作战计划必须随敌情而变。根据对手的变化而不断变更我方的战略、战术，“兵无常势，水无常形，能因敌变化而取胜者，谓之神”。

把中国古代的社会管理思想与西方现代管理联系起来，用古代管理思想为有中国特色的现代化管理服务。中国特色的现代化管理，必须按照现代化的要求，一方面改造固有的传统文化，另一方面引进外来文化，从中汲取积极有用的思想为自己所用。

三、中国古代管理思想与现代管理方法的结合

现代管理理论源于西方，其中包含的许多原理和观点与中国传统文化思想不谋而合。本部分以现代管理理论的主要框架为基本线索，对其中所结合的中国传统管理思想作概要性的分析和探讨。

(一) 古代兵家思想与战略决策

古代兵家思想常用于治国治军，但也同时包含了许多可用于研究企业战略性决策分析的一般原理方法。《孙子兵法》明确提出“五事”“七计”是决定战略决策成败的基本因素。

“五事”即“道、天、地、将、法”。道，是一种宏观的、全面的、客观的政治、经济环境；天，即天时，指机遇，或一种客观的情势；地，是地利，即企业的微观环境；将，指的是管理者的素质，包括才智、诚信、仁慈、勇敢和威严等；法，就是法制、准则等。“五事”可作为企业制定经营战略，进行企业环境分析的总纲。

“七计”为“主孰有道？将孰有能？天地孰得？法令孰行？兵众孰强？士卒孰练？赏罚孰明？”对现代企业而言，在激烈的市场竞争中，只有知己知彼，才能百战不殆。总之，“五事”主要分析外部环境存在的威胁与机会、企业自身所具有的能力与不足；“七计”更注重与竞争对手的比较，如表 3-1 所示。

表 3-1　《孙子兵法》“七计”阐述

七计思想	现代企业管理思想
主孰有道	企业的领导和决策结构的内、外部环境掌握能力，企业远景(视野)
将孰有能	企业领导干部的德才素质、领导力、沟通能力
天地孰得	企业的环境适应能力、社会评判、企业品牌、广告与宣传
法令孰行	企业的组织结构、管理制度
兵众孰强	企业资源(人、财、物、信息、知识)的规模、市场地位
士卒孰练	企业员工的素质，教育、训练程度，知识共享体系
赏罚孰明	企业的规章制度、业务评价系统、员工激励制度

资料来源：文静. 2011. 从“五事”、“七计”中看《孙子兵法》的管理艺术. 岁月(下半月)，(3)：7-10

因此，企业在进行决策时，应考虑“五事”“七计”，研究它们作为战略要素的主次关系及其相互联系，作用的时间、方式和程度，宏观考虑决策环境，综合评价，做出决策。

(二) 传统和合思想与组织管理

组织是管理目标实现的保证，没有组织的存在，目标的实现便无从谈起。组织其实就是一套决策和沟通的网络。目标一致、权责分明、职能明确、跨度合理、指挥统一是有效组织的基本要求，这是现代管理理论关于组织管理的基本观点。

中国古代管理思想的著作中，对组织问题的集中探讨见于《荀子》。荀子认为合群是人类的本性之一，而“分”又是人类结成社会群体的必要前提，没有等级划分的限制，群体内部就会发生争夺。荀子提出“群居而无分则争，穷者患也，争者祸也。救患除祸，则莫若明分使群矣”，而“有夫分义，则容天下而治”。企业组织分成各个部门，不同部门在分工协作的基础上完成企业的统一目标，相应地，《周易》中有“天地交而万物通也，上下交而其志同也”的观点，即领导者与全体员工的沟通对于企业愿景的实现十分必要。

(三) 传统激励方法与领导理论

现代管理理论认为，领导是影响人们自动达成群体目标而努力的过程。领导的实质是人与人之间的一种互动过程。群体常常会追随其认可的，能实现其愿望、要求和需要的人，因此领导和激励密切相关，深入了解群体的真实需求与动因有助于解决激励问题，从而实现有效的领导。企业文化论认为，人力资源是企业管理中的宝贵财富，企业文化应该包含激发员工的主动性、积极性和创造性的元素。

中国古代思想认为“赏不可不平，罚不可不均”。公平严明的赏罚才可达到强化的激励作用。恩威并施，才能“犯三军之众，若使一人”，得心应手地运筹帷幄，无敌于天下。《周易》《孙子兵法》等著作也从各个角度、不同侧面提出了领导者的标准，认为反身修行、团结和厚待下属，以达到“上下同欲”的最佳协调状态是领导者应该追求的目标。

(四) 无为而治思想与管理控制

在管理的控制职能方面，相对而言，现代管理注重对阶段性成果或物化结果的控制，强调控制的实效性；中国传统文化更加偏重于对人的控制，控制的标准模糊、不精确但更具柔性。

儒家强调礼治，道家主张“无为”而治，法家则力推“法治”。最有效的控制，应是“无为而治”，这一思想被彼得·圣吉称为“无为而治的有机管理”。彼得·圣吉认为应尽最大可能让下属面对所有的问题，包括处理企业成长与持续经营之间的两难困境。即在可能的范围内让员工拥有充分自由的行动权，但员工需对所产生的结果负全责。只有如此才能削弱传统复杂系统的控制能力，注重“通过学习来控制”，致力于改善思考质量，加强反思与团队学习能力，从而达到“无为而治”。

第三节　中国古代管理思想在现代旅游业中的应用

中国古代辉煌的管理思想，政治家用其治国，军事家用其治军，思想家用其治人，实业家用其治业。旅游是一种产业，也是一种事业，更是一种实业，中国古代管理思想所蕴含的哲学思想、辩证思维、精湛智慧对当代旅游发展同样具有巨大的指导作用。

一、儒家管理思想与现代旅游业管理

孔子及其儒家学派，从对现实问题的思考和人的关怀角度出发，直面当时的社会情况并力图解决现世问题，使儒家思想最终为社会所接受，成为社会的道德准则与规范，并且内化为人的一种行为。儒家管理思想对现代旅游业管理的影响主要表现在以下三个方面。

1. 旅游业管理必须重视企业文化和企业家精神

企业文化和企业家精神是一种重要的社会资源，是经济繁荣和社会进步不可或缺的推动力，对于旅游企业来说，更是如此。企业家在淘汰与选择中成长。在市场中，企业家的“高出生率”与“高死亡率”并存。因此，在经济转轨的过程中，改善现有的制度安排，让每一个具有企业家才能的人低成本地创业是需要国家和社会重点考虑的问题。

儒家关于管理必须重视领导作用的思想，表现在以下三方面：其一，领导者要对被领导者起表率作用。因为领导“其身正，不令而行；其身不正，虽令不行”。其二，领导者要宽以待人、取得下属的信任。儒家主张，领导者对待被领导者应该采取比较宽容的态度，这样容易得到被领导者的拥护。其三，领导者主要应做好领导工作，而不要包揽具体工作。

2. 旅游业管理必须重视人际关系的和谐

儒家文化倡导和谐。“礼之用，和为贵”是儒家的重要思想。企业内部团结和谐，同心协力，形成一种凝聚力，这是一种团队精神和无形力量，更是无可比拟的竞争优势。现代管理文化从根本上说就是要营造这种内外关系和谐协调的局面。而儒家“和为贵”的思想正是反映了管理文化的本质，正是企业文化建设所追求的一个重要目标。

儒家与当代的可持续发展观密切相关。儒家不仅要求维护自然界的生态平衡，而且主张在自然与社会之间建立动态平衡，使人类社会与自然界和谐均衡发展。同时儒家倡导改变自然观念，正确处理经济开发与生态保护的关系，使人从自然的征服者自觉地转变成合作者。人虽“最为天下贵”，但其行为必须有“度”，要控制在自然与社会的可承受范围之内。儒家的这些思想对于今天树立可持续发展观，坚持人与自然和谐统一的发展战略具有极强的时代价值。具体至旅游业管理而言，就是要重视游客与景区、游客与游客、游客与旅游服务者之间关系的和谐。

3. 旅游业管理必须重视对旅游者心理需求的满足

旅游业管理中“人”的因素是核心，不只是提供旅游产品和服务的员工的因素，管理者还必须重视另外的“人”的因素，即旅游者心理需求的满足。

例如，现在有业内专家提出的打破常规的“自主式”旅游，就是儒家管理思想中“和”的实际表现。“自主式”旅游的内涵，就在于完全由旅游者说了算，可以说是调整接待结构的新尝试，充分体现出个性化、多样化、灵活化、自由化，彰显出服务者对被服务者的人文关怀与细致体贴，同时也有利于避免导游偷工减料、任意宰客、质价不符等引起的投诉。此外，在“零团费”“低价团”横行的大环境下推出带有“纯旅游、无购物”标签的旅游产品，就是抓住了旅游者不想购物、害怕上当受骗、希望获得好的旅游体验的心理需求。

二、道家管理思想与现代旅游业管理

老子及道家管理思想的许多精华内容可为现代管理所借鉴，主要可以概括为以下几点。

1. 旅游企业要首重“治人”

“治大国若烹小鲜”，是治国的原则，也是治企业的原则。治企业不外乎两个方面的内容：治事与治人。所谓治事，治理企业的生产与经营；所谓治人，处理好企业内外各种人际关系。治事，围绕企业经营管理活动，通过计划、组织、指挥、控制等方面的工作，自然应该按照“烹小鲜”那样的规律去办。治人，人际关系错综复杂，如领导人与被领导人间、技职人员间、基层服务人员之间、企业与其他企业间等，为做好工作，也要以“烹小鲜”为原则去办，顺其自然地去做。

管理者要宽容、宽厚、宽宏，实行软领导，而不是苛刻的行政管理，是顺乎自然，而不是纯粹按规律办事。同时，要注重自身的修养，以纯朴的原则作为处理事项的范式。

2. 旅游企业要“善于用人”

道家提倡“知人者智”“善用人者为之下”，以及“常善救人，故无弃人”，这对于现代管理中如何识别人才、使用人才有启示作用。美国学者米勒说过，公司的成功“取决于人的创造力，经理的首要任务就是创造一个良好的环境，使每一个人都能最大限度地发挥聪明才智”。

这种管理思想其实可以认为是在充分把握用人的原则后，提高旅游业的服务管理来创造价值。例如，旅行社的产品以服务为主，服务管理是旅行社全部管理的核心，用人成为重要因素，旅行社应从全面的管理视角出发，首要关注内部的开发，应把员工视为企业的内部顾客，采取措施确保员工自觉自愿且高效地向旅游者提供高质量的旅游服务。

3. 旅游业管理要“道法自然”

美国克里夫兰著的《未来的行政首脑》一书英文版扉页上，写着《老子》十七章中的话：“功成事遂，百姓皆谓‘我自然’。”克里夫兰把这句古汉语解释成：“好的领导者说话不多，当他的工作做好任务完成时，所有的人便说：‘这是我们自己干的’。”他把这个释文也写在他的中文版的扉页上。最好的管理者之所以成功在于他“道法自然”；最差的管理者人们“侮之”，因为他做了有悖“道法自然”的事。

三、法家管理思想与现代旅游业管理

1. 旅游业的规范运行需要健全法律

如果没有健全的法律规范人们的行为，社会发展将会乱成一团。以商鞅等人为代表的法家学派在变法伊始，率先制定了一系列法律。同理，为保障旅游者和旅游经营者的合法权益，规范旅游市场秩序，保护和合理利用旅游资源，促进旅游业持续健康发展，全国人民代表大会常务委员会于 2013 年 4 月 25 日发布《中华人民共和国旅游法》，并于 2013 年 10 月 1 日起施行。

2. 旅游从业人员需要依法管理与培训

近年来旅游从业人员的违法行为频频发生，如青岛“天价大虾”事件、五台山“台蘑”事件、丽江导游打骂游客事件等。法家思想认为人性本恶，必须依法管理才可安天下。除了全国人民代表大会常务委员会发布《中华人民共和国旅游法》之外，原国家旅游局对导游体制也进行积极改革，2016 年废止了《导游人员管理实施办法》(2001 年)，取消了导游计分、导游年审、导游资格证 3 年有效等不适应改革发展需要的制度，确立了导游资格证终身有效、全国统考、全国通用的原则。2017 年，国家旅游局制定了《导游管理办法》，对导游执业许可和执业行为进行严格规范，提升事中事后监管效能，促进导游行业健康发展。《导游管理办法》于 2018 年 1 月 1 日正式实施。

3. 游客行为需要依法引导

在规范整个旅游行业和旅游从业人员行为的同时，游客行为也需依法引导。由于旅游是一种休闲活动，离开惯常居住地的人们自我道德约束能力下降，游客攀爬损害景区景观、辱骂殴打导游、干扰航空运输安全等恶劣事件频频发生。为规范游客行为，引导文明旅游，原国家旅游局颁布了《国家旅游局关于游客不文明行为记录管理暂行办法》。对于游客在出游过程中发生的不文明行为，旅游主管部门可以将旅游者相关信息纳入不文明行为记录，向社会公布，并向相关部门和行业组织经营者通报。有关部门和机构、行业组织、经营者可以根据职责权限在征信系统中记录，采取在一定期限内限制出境旅游、边境旅游、参加团队旅游、乘坐航班等惩戒措施。

第四章　旅游预测和决策管理方法

预测是一门综合性的学科。科学的预测是各项管理活动的基础，关系到目标能否实现、计划是否正确、决策是否科学，并直接关系到管理的成败。本章前两节分别介绍了旅游预测的步骤和方法及旅游决策的程序与评价方法，帮助读者从理论上对旅游预测和旅游决策两大内容形成初步了解；然后结合当下热门的、发展迅速的人工智能，探讨其在旅游预测和旅游决策中的应用。

第一节　旅游预测的步骤和方法

一、旅游预测的基本概念

(一) 旅游预测的含义

旅游预测是指在分析过去情况和当前形势的基础上，运用科学的理论和方法，对旅游业及相关问题的未来进行科学的推测和判断。

(二) 旅游预测的基本特征

1. 具有科学基础

旅游预测依据事物的连续性、继承性和变革飞跃性的原理，分析旅游业的过去、现状，进而预测未来，采用的是反映事物内在联系和本质特征的科学方法。预测结果的得出往往需要大量的历史数据，通常情况下，5～10 年的历史数据支撑是有效预测的基本要求。

2. 具有不确定性

旅游预测的对象是现在并未发生，而将来可能实现的状况，因此具有相当的不确定性。旅游管理的未来发展受内外多种因素的影响，而且旅游业的敏感性也增加了预测的难度。只有尽最大可能地综合研究各种因素的发展、变化及其相互影响，建立准确科学的反馈与控制机制，才能最大限度地提高预测的准确率。

3. 提出建议与警告

作为一种对未来发展的预测，旅游预测的成果可以作为制定决策、计划的依据，还可以对现实的管理、决策或计划提出建设性意见，也可以依据其对未来风险的预测提出某种警告。

旅游预测贯穿于旅游业管理的各个方面、各个环节。从时间上看，有短期预测、中期预测和长期预测；从性质上看，有目标性预测和探索性预测；从范围上看，有世界性、全国性和各种区域性预测；从内容上看，有综合性预测和单项预测等。

(三) 旅游预测的必要性

旅游预测是旅游决策的基础，在旅游发展、政策制定、战略规划与决策等方面有着极为重要的作用。只有在对旅游发展的精准预测下，才能做出正确的决策。例如，旅游预测有利于做出合理的安排并采取相应的措施，避免旅游危险的发生；游客需求及数量的预测对防止景区破坏和旅游恶性事件的发生显得尤为重要。

二、旅游预测的步骤

旅游预测的类型不同，特点也不尽相同。旅游预测的一般程序如下。

1. 根据需要，提出预测问题

确定问题所包含的具体内容、时间、地点、所涉及的范围及与其他问题的关系。

2. 系统分析，确定预测目标

依据问题的性质、状态、趋势、所处环境背景，经系统分析，确定明确的预测目标，包括预测的重点、精确程度、表现形式、约束条件等。

3. 收集信息，分析综合评价

广泛收集各种信息，包括统计资料、规范性文件、最新研究成果，也包括广泛、深入、细致地调查研究资料。在此基础上，对信息进行分析、综合和评价，确定其科学性、可信度和现实性；区分出重要资料、基本资料和参考资料，并建立资料档案。

4. 全面比较，选择预测方法

通过各要素的比较，确定与预测目标相关性最强的要素。通过资料比较，确定最能反映要素本质与现状的资料；依据预测目的、现有资料、精度要求，预测方法的特点与适应性等，选择合适的预测方法，所选方法可以是一种，也可以是若干种。

5. 科学预测，分析预测成果

通过具体计算、统计、模糊分析、综合评价等方法，得出初步预测结果，并结合实际成果，对模型中未考虑到的要素灵敏值进行调整。同时，可采用多种预测方法进行比较、验证，或对现值进行预测，以现值与预测值的误差来对预测结果进行评定。

三、旅游预测方法

选择预测方法时，应该考虑的因素很多，一般来说，影响选取预测技术的因素主要有三类：第一类是预测对象本身的发展变化规律、特点和性质；第二类因素涉及对预测结果的利用，即预测的目的；第三类因素涉及所收集资料、所使用的工具和达到某些特殊要求的可能性等。目前的预测技术方法已相当丰富，下面介绍几种常用的定性预测和定量预测方法。

(一) 定性预测

定性预测常用的方法主要有：专家预测法、德尔菲预测法和生命周期法。加拿大地理学家巴特勒在旅游地生命周期理论中系统地阐述了旅游地演进一般所经历的六个阶段：探索阶段、起步阶段、发展阶段、巩固阶段、停滞阶段，复苏或衰落阶段，并建立理想模型“S”形曲线。旅游地生命周期理论详尽地描述了旅游地生命周期各发展阶段的特性，并预示出今后的发展趋势。

(二) 定量预测常用方法

1. 回归分析法

回归分析也称作相关分析，是多元统计分析的一种，是探求环境事件科学规律的高效数学工具。回归分析法是研究两个或多个随机变量间关联性的方法，它不仅可以提供变量间相关关系的数学表达式，而且可以利用概率统计知识对此关系进行分析，以判别其有效性；还可以利用关系式，由一个或多个变量值，预测和控制另一个变量的取值，进一步知道这种预测和控制达到了何种程度，并进行相关因素的分析。定性分析有助于建立回归方程的假设，而回归分析的结果反过来又有助于检查、修正定性分析。因此，回归分析法作为一种预测方法，应该与其他方法，特别是定性分析方法紧密结合起来使用。

2. 时间变动预测法

对于预测对象随时间变化而呈周期性变化的情况，多用时间变动预测法。在这种方法中，以连环比法和周期变动系数法两种方式的应用较为普遍。

1) 连环比法

例：某旅游饭店 2015～2018 年各季度的利润完成情况如表 4-1 所示。若 2019 年规划指标为利润 7000 万元，试求各季应完成的利润额。

表 4-1　2015～2018 年利润统计表(万元)

年份	第Ⅰ季度	第Ⅱ季度	第Ⅲ季度	第Ⅳ季度
2015	1000	800	1300	1100
2016	1200	1000	1500	1200
2017	1300	900	1600	1200
2018	1300	1100	1800	1300

预测的基本步骤如下。

第一步：计算各期连环比。

$$t\text{期连环比} = \frac{t\text{期实际完成利润额}}{(t-1)\text{期实际完成利润额}} \tag{4-1}$$

依次计算，可得出表 4-2。

表 4-2　季度连环分析表

年份	第Ⅰ季度	第Ⅱ季度	第Ⅲ季度	第Ⅳ季度
2015	—	0.80	1.63	0.85
2016	1.09	0.83	1.50	0.80
2017	1.08	0.69	1.78	0.75
2018	1.08	0.85	1.64	0.72

第二步：计算各季连环比的平均值。

第Ⅰ季度　(1.09+1.08+1.08) ÷ 3≈1.083

第Ⅱ季度　(0.80+0.83+0.69+0.85) ÷ 4≈0.793

第Ⅲ季度　(1.63+1.50+1.78+1.64) ÷ 4≈1.638

第Ⅳ季度　(0.85+0.80+0.75+0.72) ÷ 4≈0.780

第三步：计算假定连锁指数。

设第Ⅰ季度假定连锁指数为 1，计算各季度假定连锁指数。

本季度假定连锁指数=上季度假定连锁指数×本季度连环比的平均值

则各季度假设连锁指数如下。

第Ⅰ季度　为 1

第Ⅱ季度　1×0.793=0.793

第Ⅲ季度　0.793×1.638≈1.299

第Ⅳ季度　1.299×0.780≈1.013

第Ⅰ季度　1.013×1.083≈1.097

第四步：修正假定连锁指数。

第Ⅰ季度两个假定连锁指数有误差：1.097−1=0.097，应予以修正。

修正值 θ=0.097 ÷ 4≈0.02425

修正以后各季连锁指数如下。

第Ⅰ季度　为 1

第Ⅱ季度　0.793−θ=0.793−0.02425≈0.769

第Ⅲ季度　1.229−2θ=1.229−2×0.02425≈1.181

第Ⅳ季度　1.013−3θ=1.013−3×0.02425≈0.940

第五步：计算季节指数。

$$\text{季节指数}=\frac{\text{修正后的连锁指数}}{\text{修正后的连锁指数的平均值}} \tag{4-2}$$

修正后连锁指数的平均值=(1+0.769+1.181+0.940) ÷ 4≈0.973

第Ⅰ季度季节指数：　1 ÷ 0.973≈1.028

第Ⅱ季度季节指数：　0.796 ÷ 0.973≈0.818

第Ⅲ季度季节指数：　1.181 ÷ 0.973≈1.214

第Ⅳ季度季节指数：　0.940 ÷ 0.973≈0.966

第六步：预测 2019 年各季度利润值。

用 2019 年利润规划指标 7000 元，除以各季节之和，再乘以季节指数。

7000 ÷ (1.028+0.818+1.214+0.966)≈1739(万元)

第Ⅰ季度预测值：　1739×1.028≈1788(万元)

第Ⅱ季度预测值：　1739×0.818≈1423(万元)

第Ⅲ季度预测值：　1739×1.214≈2111(万元)

第Ⅳ季度预测值：　1739×0.966≈1680(万元)

为了使预测结果一目了然，一般采用图表法，将第一～六步骤结果列入表 4-3。

表 4-3　季节利润指数一览表(万元)

数据项目	第Ⅰ季度	第Ⅱ季度	第Ⅲ季度	第Ⅳ季度
2015 年各季连环比	—	0.80	1.63	0.85
2016 年各季连环比	1.09	0.83	1.50	0.80
2017 年各季连环比	1.08	0.69	1.78	0.75
2018 年各季连环比	1.08	0.85	1.64	0.72
合计	3.25	3.17	6.55	3.12
连环比平均值	1.083	0.793	1.638	0.780
假定连锁指数	1	0.793	1.299	1.013
修正值	—	0.02425	0.04850	0.07275
修正后的连锁指数	1	0.769	1.181	0.940
季节指数	1.028	0.818	1.214	0.966
2019 年各季度预测值	1788	1423	2111	1680

从表 4-3 可以看出，连环比法主要适用于以下情况：预测对象随时间变化呈周期性的变化，且已知过去各月、各季度的数值和预测年的总值，预测对象为总值在各月各季度分配的情况。

2) 周期变动系数法

例：某旅游区近四年的客流量在各季节不同，有周期性变化，如表 4-4 所示，求 2019 年各月的客流量。

表 4-4　2015～2018 年客流量统计表(万人)

年份	1 月	2 月	3 月	4 月	5 月	6 月	7 月	8 月	9 月	10 月	11 月	12 月
2015	21.4	4.0	6.6	19.6	27.8	24.1	26.7	32.8	21.7	8.3	3.8	11.4
2016	22.5	6.6	7.0	22.2	30.7	24.6	29.2	34.5	21.3	7.9	2.2	9.7
2017	24.3	6.5	8.6	22.2	32.8	27.0	31.4	36.0	20.2	7.3	4.2	10.7
2018	24.7	8.3	9.0	24.3	33.5	26.0	30.6	35.4	19.4	7.8	3.8	9.8

预测的基本步骤如下。

第一步：计算各年的月平均客流量。

2015 年：　(21.4+4.0+…+11.4) ÷ 12=17.4(万人)

2016 年：　(22.5+6.6+…+9.7) ÷ 12=18.2(万人)

2017 年：　(24.3+6.5+…+10.7) ÷ 12=19.3(万人)

2018 年：　(24.7+8.3+…+9.8) ÷ 12=19.4(万人)

第二步：计算上年度比。

$$上年度比=\frac{本年度月平均客流量}{上年度月平均客流量} \tag{4-3}$$

2015 年：　不计

2016 年：　18.2 ÷ 17.4=1.05

2017 年：　19.3 ÷ 18.2=1.06

2018 年：　19.4 ÷ 19.3=1.01

第三步：计算逐年各月的周期变动系数。

$$周期变动系数=\frac{该月的实际客流量}{该年的月平均客流量} \tag{4-4}$$

则各月的周期变动系数为

2015 年 1 月：　21.4 ÷ 17.4=1.23

2016 年 2 月：　40.0 ÷ 17.4=0.23

……

2018 年 12 月：　9.8 ÷ 19.4=0.56

为了直观起见，将计算所得系数填入表 4-5。

第四步：计算预测年(2019 年)的月平均客流量，具体结果如表 4-6 所示。

预测年的月平均客流量=上年度比的平均值×上年度月平均客流量

2019 年月平均客流量：　1.04×19.4=20.176(万人)

第五步：计算预测年各月客流量。

预测年各月客流量=预测年月平均客流量×各月周期变动系数平均值

2019 年 1 月客流量：　20.176×1.25=25.20(万人)

2019 年 2 月客流量：　20.176×0.34=6.80(万人)

……

2019 年 12 月客流量：　20.176×0.56=11.30(万人)

表 4-5　周期变动系数表

年份	1 月	2 月	3 月	4 月	5 月	6 月	7 月	8 月	9 月	10 月	11 月	12 月	上年度比
2015	1.23	0.23	0.38	1.13	1.60	1.39	1.53	1.89	1.25	0.48	0.22	0.66	—
2016	1.24	0.36	0.38	1.22	1.69	1.35	1.60	1.90	1.17	0.43	0.12	0.53	1.05
2017	1.26	0.34	0.45	1.15	1.70	1.40	1.63	1.87	1.05	0.38	0.22	0.55	1.06
2018	1.27	0.43	0.46	1.25	1.73	1.34	1.58	1.83	1.00	0.41	0.20	0.51	1.01
平均	1.25	0.34	0.42	1.19	1.68	1.37	1.59	1.87	1.12	0.42	0.19	0.56	—

表 4-6　2019 年各月客流量预测结果

数据项目	1 月	2 月	3 月	4 月	5 月	6 月	7 月	8 月	9 月	10 月	11 月	12 月
周期变动系数	1.25	0.34	0.42	1.19	1.68	1.37	1.59	1.87	1.12	0.42	0.19	0.56
客流量预测值	25.20	6.85	8.47	24.01	33.90	27.64	32.08	37.73	22.60	8.47	3.83	11.30

周期变动系数法主要适用于已知过去各月、各季数值，未知预测年的总值，来预测未来某年各月、各季的数值和预测年的总值的情况。

3. 加权移动平均法

此方法是利用已有过去时期的历史数据，以时间序列，用 X_1，X_2，X_3，…，X_t 来表示，对离预测期远近不同的实际需求量给予不同的权重，越接近预测期的权重越大，越远离预测期的权重越小，然后加以平均，算出预测值。即设过去值为 X_t，X_{t-1}，…，$X_{t-(n-1)}$，权重为 Y_1，Y_2，…，Y_n，预测值为 X_{t+1}，则

$$X_{t+1}=\frac{X_t\cdot Y_1+X_{t-1}\cdot Y_2+\cdots+X_{t-(n-1)}\cdot Y_n}{Y_1+Y_2+\cdots+Y_n} \tag{4-5}$$

加权移动平均法是一种简便而且易于掌握的方法，但它是在假定未来按历史发展趋势而变化的条件下使用的，缺少对预测转折点判断的能力。因此，这种方法主要应用于短期预测，而对发展变化比较复杂的中、长期预测效果较差。

(三) 旅游预测新方法

近年来人工智能方法在旅游预测应用中越来越广泛，主要有人工神经网络、遗传算法、模糊时间序列、粗糙集理论、灰色理论模型及支持向量机等。与传统预测方法相比，人工智能方法对数据的概率分布和时间等额外信息要求较低，有更好的

包容性和较强的适应能力。

1. 粗糙集理论

粗糙集(rough set, RS)理论由波兰学者帕莱克于 1982 年提出，该理论更注重的是分类机制，而非传统分析方法的准确预测，可以作为一种可行的辅助手段来进行分析与预测。该理论的优势在于能有效分析不精确、不一致、不完整的信息，从混乱的数据中分析推理出隐含的知识，揭示其潜在的本质规律。

2. 遗传算法

遗传算法(genetic algorithm, GA)由美国密歇根大学的霍兰德教授于 1975 年首先提出，在旅游需求预测方面应用广泛。蒙萨拉特和布格都认为遗传算法更适合于解释旅游需求组合的变化。

3. 灰色理论模型

灰色理论(grey theory, GT)模型提供了一种在贫乏信息情况下解决系统问题的新途径。该理论认为，在客观世界中，大量存在的不是白色系统(信息完全明确)也不是黑色系统(信息完全不明确)，而是介于两者之间的灰色系统。灰色理论模型预测时，并不刻意寻找数据的统计规律和概率分布，而是对原始数据作一定处理使其成为有规律的时间序列数据，建立数学模型进行预测。

4. 人工神经网络

人工神经网络(artificial neural network, ANN)是一种理论化的人脑神经网络数学模型，是在对人脑或自然神经网络的某些行为特征的抽象和模拟基础上建立的一种信息处理系统。通过调整内部大量节点之间相互连接的关系，从而达到处理信息的目的，在旅游预测方法中更先进。ANN 对变量的约束和数据没有严格要求，并不需要事先知道自变量和因变量之间的潜在规则。神经网络模型以其并行处理能力，自学习、自组织、自适应能力和较好的容错性，解决了旅游数据信息不完整、影响因素多、不确定性大和非线性等诸多问题，弥补了传统预测方法的不足。

第二节　旅游决策的程序与评价方法

一、旅游决策的基本概念

(一) 旅游决策的含义

旅游决策是指人们为了实现旅游业发展的某一目标，根据客观条件，在调查研究掌握信息的基础上，借助于科学的理论和方法，从提出的若干备选行动方案中，选择一个满意合理的方案而进行分析、判断、决定的完整动态过程。

(二) 旅游决策的原则

决策的科学性和正确与否，直接关系到决策目标能否实现。因此，决策是旅游业管理中一个关键环节。科学的决策必须遵循以下五个原则。

1. 决策目标正确

目标是决策活动的总指导，是决策的起点，也是决策的最终归宿。因此，目标的确定必须符合客观规律，从实际出发，抓住问题的核心。正确的决策目标，必须能够准确地描述或科学地定量，具有可测量性、可核实性。

2. 决策方案最优

供决策研究的各种备选方案，一般都具有相当的优势，要实现决策方案最优，必须遵循全面衡量、整体最优的原则。一般从技术先进、经济上合理合算、实践上切实可行、战略上衔接有利四方面进行考虑。

3. 决策效益要好

经济效益是旅游事业发展和旅游企业兴旺的重要标志。经济效益的好坏也是评判决策优劣的重要标准之一，但也不能忽视了社会效益。在无法两全的情况下，社会效益、长期和整体的经济效益往往具有某种决定意义。

4. 重视时间、空间因素

"天时""地利"自古以来就被认为是成功的要素之一，因此要注重科学地分配时间和空间，注意劳动时间在不同生产部门之间的分配，注意把握良好的决策实施机会，做出节时、适时、适地的决策。

5. 敢于创新和冒适度风险

旅游业管理中要敢于创新，创新也就意味着冒一定风险。只有经过对风险的科学预测和做好应付各种变化的准备，然后做出包含适度风险的决策，才能立于不败之地。风险与机遇并存，风险与成功相伴，没有创新、不愿冒险、因循守旧，最终很可能无所作为。在这个意义上的保守型决策，一般是中策或下策。

(三) 旅游决策的影响因素

旅游企业在进行决策时受旅游业发展的外部环境、国家政策、企业的发展战略、自身的经济技术实力、人力资源等条件的制约，一个科学合理的旅游决策，往往需要集中整个企业的智慧和行业专家的意见。旅游决策对企业的可持续发展极其重要，需要系统分析，综合判断。

二、旅游决策的程序

1. 调查研究、提出问题

调查研究的方法很多，有全面调查、重点调查、抽样调查等。除了这些直接的调查外，还可以进行资料分析，即对已有的文字和统计材料进行分析，以便在充分调查研究、拥有广泛资料的基础上，科学地提出决策问题。

2. 系统分析、确定目标

决策目标，指决策方案付诸实施后期望得到的结果。所有决策都是围绕着决策目标展开的，决策不仅要有全过程的目标，还要有各阶段的目标；不仅要有整体的目标，而且要有各部分的目标。同时，目标又需要有一个适当的幅度，即确立最低目标和最高目标。

3. 收集信息、科学预测

信息和预测都是决策的基础。信息反映的是决策所依据的各要素的过去和现在的状况。准确、完整、及时和经过科学处理的信息，是决策的先决条件。预测反映未来，反映在未来时段内决策所依据的各要素的变化和发展趋势。对决策对象的未来有无科学预测、预测的准确程度直接决定了决策有无超前意识、决策能否在未来的变化中适应环境，在一定程度上决定了决策的质量。

4. 制定方案、确立对策

理想的方案应具备整体的详尽性和方案的相互排斥性。整体详尽性指全部备选方案应包括所有的可行性方案；相互排斥性指各方案间有原则区别，而不是细节的不同。这就要求集思广益，集中各种意见、看法和建议。同时，方案与对策的确定，要求明确限制性因素和主导限制性因素，明确限制性因素空间上的关系、时间上的先后和相互转换的条件与可能。

5. 全面比较、评价方案

这一步主要是通过对各种备选方案进行全面比较、对方案的优劣进行科学评价。首先要对各种方案进行可行性论证，包括技术的先进性、实现的可能性、经济上的合理性及社会效益等。而后，选择科学的方法，按照统一的原则和标准对方案进行评价。

6. 总体权衡、最后决策

总体权衡，一是全面比较方案的优劣，尤其是其中关键步骤的优劣；二是从全局出发，从政治、经济等各个视角和方位进行权衡，去估计各备选方案实施后的结局；三是从更高一级决策目标对本级决策的基本要求，从平行的各项决策之间的关系来综合考虑。

7. 决策执行、反馈控制

对于广义的决策而言，方案的确定并非决策的终结，而是新阶段的开始。离开了决策执行，再好的决策也只是一纸空文。决策执行有误，再好的决策也难免功亏一篑。而在执行过程中灵活、果断，则往往会化险为夷。所以，应通过反馈与控制，掌握决策的实施进程，了解原有决策的误差与不足，收集新的信息与动态，由决策中枢对整个决策实施过程进行动态干预，实现目标的动态优化。整个决策程序如图 4-1 所示。

三、旅游决策方案评价方法

决策方案评价是决策管理的重要环节，直接关系到备选方案的取舍。方案评价的方法很多，这里只介绍几种常用的方法，如图 4-2 所示。

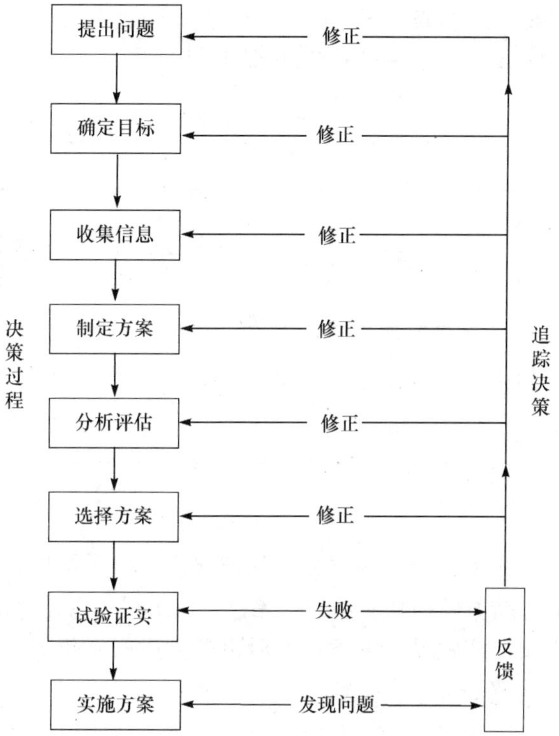

图 4-1　决策程序

旅游决策方法
- 1. 优缺点比较法
- 2. 综合评价法
- 3. 旅游项目决策方法
  - 1. 肯定型决策方法
    - 1. 按悲观原则决策
    - 2. 按后悔值原则决策
    - 3. 按乐观原则决策
    - 4. 按合理原则决策
  - 2. 非肯定型决策方法
  - 3. 风险型决策方法
    - 1. 最大可能准则
    - 2. 期望收益准则
- 4. 决策树法
  - 1. 单级决策
  - 2. 多级决策

图 4-2　旅游决策方法分类图

(一) 优缺点比较法

优缺点比较法是一种定性的、直接从若干备选方案中比较优劣的简单方法。其基本过程是：通过多种渠道广泛征询对备选方案的评价(可通过专家信函征询、专家会议征询等方法来进行)，集中多数人的或具有权威性的意见，将各种备选方案的优点与缺点列表展示。例如，某个旅游景区规划项目，通过专家会议征询的方法对 A、

B、C 方案进行评价，其优点主要有：①定位明确，②规划空间布局合理，③规划报价合理；缺点主要有：①缺乏创新性，②规划时间进度安排不合理，③开发条件不成熟。基于以上将 A、B、C 三种方案的优缺点列出，如表 4-7 所示。

表 4-7 优缺点比较法

特点	方案 A	方案 B	方案 C
优点	①	①	①
	②	②	
	③		③
缺点	①	①	
	②	②	
		③	③

(二) 综合评价法

综合评价法是先将要素分为两大类，分别评价，然后再进行综合评价。下面举例说明：某旅游纪念品更新换代，有 A、B、C 三个方案。进行综合评价时，先将要素分为产品性能和经济效果两大类，然后再分别进行评价。

1. 第一类：半定量评价

第一步：选择评价要素。

第二步：按要素评分：理想方案——4，好方案——3，一般方案——2，过得去方案——1，不好方案——0。

第三步：评分合计。

第四步：计算性能评价系数：$X=4\times\dfrac{\text{评分合计}}{\text{要素个数}}$，如表 4-8 所示。

表 4-8 第一类要素评价表

序号	性能指标	方案 A	方案 B	方案 C	理想方案
1	外观	1	3	2	4
2	收藏价值	2	3	1	4
3	艺术性	3	2	1	4
4	创造性	2	4	2	4
5	携带方便性	3	3	2	4
得分合计		11	15	8	20
性能评价系数		X_A=11/20=0.55	X_B=15/20=0.75	X_C=8/20=0.40	1

2. 第二类：定量评价

按成本评价系数来评定，成本评价系数：$Y=\frac{\text{可降低的成本}}{\text{原成本}}$，如表 4-9 所示。

表 4-9　第二类要素评价表

序号	方案	换代后成本	原成本	降低成本	成本评价系数
1	A	250	350	100	Y_A=100/350=0.29
2	B	280	350	70	Y_B=70/350=0.20
3	C	300	350	50	Y_C=50/350=0.14

3. 综合评价

综合评价系数 $Z=\sqrt{X\cdot Y}$ 。

$$Z_A=\sqrt{X_A\cdot Y_A}=\sqrt{0.55\times0.29}=0.40$$
$$Z_B=\sqrt{X_B\cdot Y_B}=\sqrt{0.75\times0.20}=0.38$$
$$Z_C=\sqrt{X_C\cdot Y_C}=\sqrt{0.40\times0.41}=0.24$$

4. 最优方案

Z 值最大者最优，此例中方案 A 最优。

综合评价中，两大类要素的选择具有灵活性，可以是产量与质量、投入与产出、投资与效益等。

(三) 旅游项目决策方法

企业的项目决策方法，可分为肯定型决策、非肯定型决策和风险型决策三种类型。

1. 肯定型决策

肯定型决策一般都可以根据已知条件直接计算出各个可行方案的损益值。比较其损益值就可以确定最优方案。这类决策的影响因素和程度明确，容易判断。

2. 非肯定型决策

非肯定型决策适用于对各种可行方案完全不知道，同时对于有关的未来事件或自然状态也无知识和经验的情况。在进行这种决策时，应遵循的准则有：悲观原则、后悔值原则、乐观原则和合理原则。

原则一：按悲观原则决策。

这种决策方法，首先把不同方案产生的收益值计算出来，选择出最小收益值时的情形，然后在收益最少者中选择收益最大的方案。例如，陕西魏家凉皮企业想开发一种新口味凉皮，预测市场需求量大致有三种情况：较多、中等、较少。生产车间拟用三种方案进行生产。第一种方案为改造原材料，第二种方案为改造辅料，第三种方案为缩减加工时长。这三种方案在当前定价水平的情况下其收益值如表 4-10

所示。根据表中内容，进行决策时，先从每个方案中找出最小收益值。改造原材料的最小收益值是–2，改造辅料的最小收益值为–5，缩减加工时长的最小收益值是+1。三个方案的最小收益值选出后，进一步作比较，从三个方案的最小收益值中选择最大的方案，即收益值为+1 的方案为决策方案，即缩减加工时长方案。

表 4-10　按悲观原则决策(万元)

方案	在不同需求下的期望值			最小期望值
	较多	中等	较少	
改造原材料	18	6	–2	–2
改造辅料	20	5	–5	–5
缩减加工时长	16	7	+1	+1

原则二：按后悔值原则决策。

当某一种自然状态发生，决策人却并未采取这一方案而采取了其他方案时，就会导致决策后悔。这种最大收益与所采取的方案收益值之差，即为后悔值。例如，根据上例中数据，运用后悔值法进行决策。首先，计算在每一种自然状态下，各个方案的后悔值，再找出每一种方案的最大后悔值，最后从各种方案的最大后悔值中选择最小的方案，如表 4-11 所示。据表 4-11 可知，3 是最小值，因此根据后悔值原则选择的方案是改造生产线。

表 4-11　按后悔值原则决策(万元)

方案	在不同需求下的后悔值			最大后悔值
	需求较多	需求中等	需求较少	
改造生产线	20–18=2	7–6=1	1–(–2)=3	3
新建生产线	20–20=0	7–5=2	1–(–5)=6	6
协作生产	20–16=4	7–7=0	1–1=0	4

原则三：按乐观原则决策。

按乐观原则决策时，为了不太冒险，常用一个乐观系数来计算，可用 α 表示。

方案期望值=乐观系数 α×方案最大收益值+(1–α)×方案最小收益值

根据前例所列数据，设 α=0.7，计算各方案的期望值。

改造生产线的期望值=0.7×18+(1–0.7)×(–2)=12

新建生产线的期望值=0.7×20+(1–0.7)×(–5)=12.5

协作生产的期望值=0.7×16+(1–0.7)×1=11.5

三种方案中新建生产线方案的期望值最大，故按乐观原则选出的最佳方案是新建生产线方案。

原则四：按合理原则决策。

用这种方案决策时，是把需求较多、中等、较少等自然状态的出现看成机会相等的，即具有相同的概率，此时可按同等概率求期望值，做出决策方案，如表 4-12 所示。由表 4-12 可知，协作生产期望值最大，为决策方案。

表 4-12　按合理原则决策(万元)

方案	在不同需求下的期望值			期望值
	需求较多概率 0.33	需求中等概率 0.33	需求较少概率 0.33	
改造生产线	18	6	−2	0.33×18+0.33×6+0.33×(−2)=7.26
新建生产线	20	5	−5	0.33×20+0.33×5+0.33×(−5)=6.6
协作生产	16	7	1	0.33×16+0.33×7+0.33×1=7.92

3. 风险型决策

风险型决策就是指带有风险性的决策。无论各种自然状态下的未来情况怎样，决策者采用某一行动后可能产生的后果如何均无法确定，但决策者可以根据过去多次发生的事实记录、统计数据对其出现的概率进行计算。对于风险型决策问题，下面将介绍一些常用的基本决策准则及决策方法。

原则一：最大可能准则。

众所周知，一个事件的概率越大，发生的可能性就越大。基于这种考虑，可以在风险型决策中选择一个概率 P 最大的自然状态进行决策，这种方式称为最大可能准则。例如，某旅游土特产品生产厂要确定下一计划期内的生产批量，根据以前经验、市场调查和预测(表 4-13)进行决策分析，确定合理批量，使该工厂获得最大的收益值。

表 4-13　收益预测表(万元)

方案 \ 自然状态(概率)	产品销路		
	α_1(好)	α_2(一般)	α_3(差)
	$P(\alpha_1)=0.3$	$P(\alpha_2)=0.5$	$P(\alpha_3)=0.2$
β_1(大批量生产)	20	12	8
β_2(中批量生产)	16	16	10
β_3(小批量生产)	12	12	12

显然，这是个风险型决策问题，采用最大可能准则来进行决策。在产品销路中，α_2 出现的概率最大，即产品销路一般的可能性最大。现在就对第二种自然状态进行

决策。通过比较，可知工厂采取β_2策略(中批量生产)获利最大。在旅游特产生产厂的例子中我们将肯定型决策看成风险型的特例，是因为我们认为肯定的自然状态是必然事件，而其他状态则具有成为不可能事件的风险。

最大可能决策准则应用较广泛。但要注意，在一组自然状态中，当其中一个状态出现的概率比其他状态出现的概率大很多，而它们相应的收益值(或损失值)差别不是很大的时候，这种准则的效果是较好的。可是，如果在一组自然状态中，它们发生的概率都很小，而且相互很接近，此时采用这种决策准则效果是不好的，甚至会引起严重错误。

原则二：期望收益准则。

期望是指概率中离散随机变量的数学期望。把每个策略(方案)看成是离散随机变量，其取值就是采用该策略时，在各自然状态下相对应的收益值。而期望收益准则是把每个策略的期望收益值求出来，加以比较，并选取期望收益值最大的策略为最优决策。

例如在前面说明“最大可能原则”的事件中：设策略β_i在状态α_j时的收益值为G_j，则策略β_i的期望收益值为

$$E[\beta_i]=\sum_{j=1}^{n}C_{ij}P(a_j) \qquad j=1,2,\cdots,n \tag{4-6}$$

式中，$P(a_j)$是状态α_j发生的概率。如果$\max\{E[\beta_i]\}=E[\alpha_k]$，则选取$\alpha_k$为最优策略。

根据表 4-13 所列各种状态概率和收益值，可以计算出每一策略的收益期望值。

$$E[\beta_1]=20\times0.3+12\times0.5+8\times0.2=13.6(\text{万元})$$

$$E[\beta_2]=16\times0.3+16\times0.5+10\times0.2=14.8(\text{万元})$$

$$E[\beta_3]=12\times0.3+12\times0.5+12\times0.2=12.0(\text{万元})$$

通过比较可知：$E[\beta_2]=\max\{E[\beta_i]\}$，所以采用策略$\beta_2$，也就是采取中批量生产，可能获得的收益最大。

由上可知，期望收益值准则的计算步骤如下。

第一步，根据统计资料计算各个自然状态的概率。

第二步，计算每个策略在各个自然状态下的收益值。

第三步，计算每个策略的期望收益值。

第四步，根据期望收益值来评价策略的优劣，并选择期望收益值最大的相应策略为最优策略。

(四) 决策树法

决策树是一种分析问题的工具。它把与决策有关的方案列成树枝型图表，使管理人员能形象地分析要决策的问题，然后对决策树的各个方案，计算出它的期望值，比较期望值的大小，找出较好的方案。决策树既可用来进行单阶段决策，又可以进

行多阶段决策。

1. 决策树的结构

决策树是以方块、圆圈和三角号为节点，并由直线把它们连接起来构成的形似树状的结构。方块节点是决策节点，引出方案枝。圆圈为状态节点，由状态节点引出若干条树枝，每条树枝表示不同的自体状态，称其为概率枝。在概率枝的末端列出不同自然状态下的收益值(或损失值)，其结果用节点三角号表示。

2. 决策的步骤

第一步，画决策树。画决策树的过程，就是拟订各种备选方案的过程。也是对未来可能发生的各种事件进行周密思考，对所要决策问题的动向一步一步深入推进的过程。这一过程是由左向右推画而成的。

第二步，计算期望值。从图的最右边开始，将每种自然状态下的收益值乘各自的概率值，它们的总和就是该方案的期望值。

第三步，修枝。根据不同方案期望值的大小，从右向左逐步后退进行修枝选优。期望值大的为最优方案，期望值小的方案予以舍弃(在方案枝上画“//”表示)，最后在决策节点上只留下一条树枝，它代表的就是最优方案。

例如，将前面“说明最大可能准则”的事例，用决策树法确定产品的合理批量，使该公司获得效益最大。画决策树如图 4-3 所示。

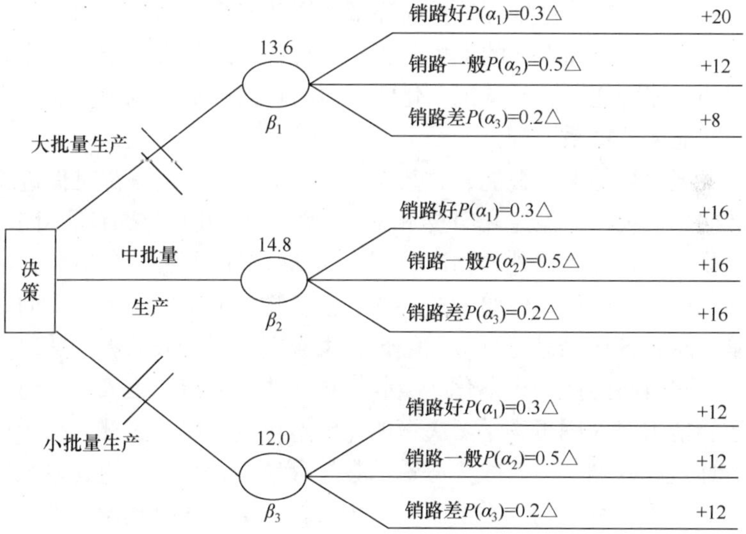

图 4-3　决策树方法决策过程

据计算出的期望值，将状态结点上的三个期望值加以比较，由于方案β_2，即中批量生产的收益期望值最大，故方案β_2为最优方案，而在方案β_1和β_3的分枝上画上“//”表示舍去。

此例是个单级决策问题。有些决策问题要经过两次或两次以上的决策才能完成，这类问题称为多级决策问题。在对多级决策问题进行决策时，可先进行第一级决策，然后计算第二级决策所需各方案的期望值，根据这些期望值进行第二级决策。如果还有第三级决策，则需继续下去，直至最后一级。这一过程是由右向左的。

第三节　人工智能在旅游管理中的应用

一、人工智能与旅游的关系

(一) 人工智能的含义

人工智能(artificial intelligence, AI)是研究如何应用计算机的软硬件来模拟人类某些智能行为的基本理论、方法和技术，涉及知识表示、自动推理和搜索方法、机器学习和知识获取、知识处理系统、自然语言理解、计算机视觉、智能机器人、自动程序等方面内容。它是智慧旅游用来有效处理与使用数据、信息和知识，利用计算机推理技术进行决策支持并解决问题的关键技术。在旅游研究领域，人工智能被广泛应用于旅游需求预测、游憩质量评价、旅游突发事件预警、旅游影响感知研究等诸多领域。

(二) 人工智能的特点

人工智能的特点主要表现在五个方面：一是从人工知识表达到大数据驱动的知识学习技术；二是从分类型处理的界面环境数据转向跨媒体的认知、学习、推理；三是从追求智能机器到高水平的人机、脑机融合；四是从聚焦个体智能到基于互联网和大数据的群体智能；五是从拟人化的机器人转向更加广阔的智能自主系统，如智能工厂、智能无人机系统等。

近年来发展火热的人工智能、大数据、云计算、物联网等都是促进旅游向智慧化方向发展的先进技术，但这几门技术在旅游领域中的应用又有所不同。以一个人来做类比，物联网就像人与外界物质、环境联结沟通的一种业务应用，应用创新是物联网发展的核心，以用户体验为核心的创新是物联网发展的灵魂；而云计算就好比人的大脑，对各种信息进行反应及处理；大数据相当于人的大脑从出生起就存储的海量知识，只有将这些知识消化、吸收、再造才能创造出更大的价值；而人工智能就相当于智能人对周围事物学习决策的完整过程。所以，这几门技术相互渗透，协作互补，通过物联网产生、收集海量的数据存储于云平台，再通过大数据分析，甚至更高形式的人工智能为人类的生产、生活提供更科学合理的服务。

(三) 人工智能与旅游发展

随着人工智能的持续发展，将会涌现出越来越多根据游客需求和偏好定制的旅游产品。人工智能的深度学习算法能帮助旅游企业最充分地利用客户的在线行为，预测将来的购买行为。人工智能具备快速识别图像、视频和声音的能力，对旅游者的需求理解更加准确，达到有效提供超个性化的旅游产品并通过增加广告转换率提高游客购物体验的效果。与此同时，还能在游客的信息、目的地、时间等其他参数和数据的基础上，在旅途中提供定制建议，优化旅行中的体验服务。

二、人工智能在旅游预测中的应用

人工智能技术在旅游人数预测中应用广泛且日渐成熟。目前，可以使用的人工智能方法包括粗糙集理论、遗传算法、模糊时间序列、灰色理论、人工神经网络模型、三次多项式模型、支持向量回归等。这些方法结合计算机视觉、模式识别等技术的自动监控系统可以智能分析区域范围内的游客数量、游客密度、游客空间分布特征及景区饱和情况等，进而根据实际情况和模型预测做出合理的管理决策。

首先，从游客的角度来看，人工智能在旅游人数预测中的应用能帮助旅游者合理安排个人行程和提高出游效率。例如，百度大数据预测平台从网民每天60亿搜索请求中，抽取出旅游相关数据进行智能分析，同时利用百度后台每天数十亿次基于位置的服务(location based service, LBS)数据进行计算，可得到景区未来几天的游客量，网民可以访问该专题页面，通过可视化大数据了解全国5A景区未来几天拥挤及舒适预测，同时还可以得到景区天气情况、预测的游览人数及近30天该景点拥挤情况等温馨提示，为短期旅游出行提供参考。其次，从景区的角度来看，准确预测旅游目的地和旅游景区的游客数量能够提高景区的管理质量。例如，上海迪士尼度假区推出的上海迪士尼APP就使用了人工智能的预测技术，对每个娱乐项目需要排队的时间进行计算并呈现在APP上，一方面可以帮助旅游者随时了解每个项目的排队信息，避开高峰时间段；另一方面也能避免游客扎堆，有利于景区更好地为游客服务。

三、人工智能在旅游决策中的应用

(一) 基于人工智能技术的旅游资讯服务平台

在旅游活动中，游客对旅游服务质量和管理水平提出了更高的要求，这就要求在进行旅游信息系统设计规划时必须做到以游客为中心的原则。旅游信息系统必须具有市场细分、空间分析、推荐、行程规划等功能，能够帮助游客在旅游时进行决策，使游客通过网络查到真正需要的信息。

基于人工智能技术的旅游资讯服务平台，通过智能推荐实现以下服务。

(1) 具有详细的用户信息和旅游资源信息，为用户提供各地的风景区、饮食娱乐场所及旅游消费指南、旅游行程规划等信息。

(2) 能够为用户提供查询功能，并进行多维数据查询。

(3) 分析输入的检索内容。

(4) 吸引新客户，通过平台推荐，系统可以帮助用户找到感兴趣的旅游产品。

(5) 利用数据挖掘技术将用户需求的推荐信息返回给用户。

(6) 为平台管理人员提供准确、可靠的旅游资源信息分析，为区域旅游规划、旅游产品和旅游线路提供决策性服务。

(二) 基于人工智能技术的行程规划旅游产品

今天的携程、去哪儿、穷游、马蜂窝等在线旅游相关公司提供的是信息工具，即通过互联网为用户聚合了大量旅游信息。用户通过网络可进行查询、比价、预订等工作。

而基于人工智能技术的个性化定制旅游产品在决策一个完整的旅行行程时，会根据用户需求，综合考虑最基础的机票酒店信息及推荐原则、城市顺序、天数安排、景点及顺序、多种类型交通、商品方案组合等，在多个百万级别的分类数据里，在毫秒级短时间内找出最优方案。

人工智能规划行程的过程，就是根据用户需求用数据驱动决策的过程。目前人工智能应用于自由行行程规划主要的困难有以下三点。

(1) 海量碎片化数据：除了数据获取难度本身，自由行相关的“吃住行游购娱”动辄上亿级别的数据最大的特征就是高度的碎片化、离散化。从行程完整性角度看，这些信息彼此之间又互相影响，牵一发而动全身。

(2) 人工智能实现方式——神经网络搭建规则：必须非常了解自由行不同的应用场景，基于旅行专家的输出构建知识库，才能决定如何选取、需要构建多少隐层、每层的神经元个数，以及神经元之间的连接关系。如果特征选取不合适，会降低神经网络的决策精度。

(3) 深度学习算法的优劣：深度学习算法(deep learning)直接影响了神经网络的学习效率，好的学习算法可以有效降低神经网络的传递误差、加速收敛，而神经网络学习的效率决定了神经网络是否能被实用化、商业化。

一个真正意义上的智能行程定制系统包括大数据处理能力和扎实的人工智能应用经验，以及专业的自由行知识库，三者缺一不可，否则人们就无法真正完成智能行程定制。它不是简单的机票酒店最低价的搜索和组合，也不是简单的景区的过滤和筛选，而是一个将碎片化需求和碎片化服务深度匹配的效率平台，同时它也不应该只在人工定制由于成本、效率、准确性无法规模化的时候，才被更多的人想到。

(三) 基于人工智能技术的旅游企业决策

人工智能与在线旅游行业的结合点可能在于三方面。首先，怎么结合消费者的使用习惯，进一步降低浏览产品及预订决策的费力度；其次，在讲究服务个性化的今天，怎么在服务上，做到更智能、更便捷，甚至一次性解决所有需求；再次，把更多旅游场景结合语音、视觉等技术能力，提供给用户更简单的交互方式、更丰富的内容、更有趣的体验。例如，2016 年，携程呼叫中心正式上线了新一代机器人系统，客服机器人处理业务约占机票预订客服总量的 40%。不同于传统在线旅游企业的技术产品，携程的系统采用了深度神经网络的自动编码技术。如今，该系统已陆续落地了50余个个性化场景，令业绩取得大幅提升，场景转化率提高了13倍，这极大提升了携程用户选择时的效率和推荐准确率。就产品端看，携程去年上线的另一款AI产品“小诗机”是其人工智能团队的另一出色作品。用户上传照片后，后台AI系统识别分析其中元素，编辑成古体诗形式导出。这款看似偏娱乐化的产品的背后，采用的是卷积神经网络、图片识别智能技术、翻译模型算法等多种人工智能工具，是携程人工智能科研成果的有效转化，在用户中得到巨大好评。

人工智能在企业决策上的运用让数据更有价值。目前人工智能在银行、保险、营销、通信、医疗等领域得到了广泛应用，但在商业智能决策、深度学习、统筹优化上仍有很大的提升空间。人工智能时代，企业利用数据驱动来进行智能定价无疑是重要的策略。智能定价的目标场景通常包括电商、零售等标准定价，包括物流运输、企业对企业(business to business, B2B)订单的非标准定价，在线或线下销售的组合定价、旅游、交通等动态定价及差异化定价等。旅游企业能够用大数据智能机器学习方法，基于数据帮助自己制定一套完整的价格方案和价格策略，有助于企业在定价和营销发面的发展。

基于人工智能技术的旅游企业决策主要有数据收集与管理、规律性分析、决策建模与求解三个关键杠杆。大数据要产生实质价值，必须真正提升决策质量。从海量的数据分析中发掘出规律，并通过极强的建模及求解能力做出决策。目前人工智能对于决策或逻辑上的推导相对薄弱，将人工智能技术运用到商业决策时有一定的盲目性。而运输、物流、交通领域更多的是通盘的优化和规划，涉及决策方面，更多的是将大数据进行量化，并用数学的方程、公式来描述，将决策变成一个量化的问题。单纯靠人工智能技术、计算机或运筹学可能解决不了实际问题，因为人工智能化决策已经成为一个综合了优化、运筹、机器学习、深度学习等在内的服务体系。

第五章　旅游项目运作管理

旅游项目是旅游发展的支撑，也是旅游业跨越式发展的突破口，决定着旅游业的前途和命运。旅游项目管理，为保证旅游业的发展奠定了良好基础，引导着旅游目的地的建设和管理，保证了旅游项目建设的有效进行，对旅游业的迅速发展具有重要作用。融资与投资则是旅游项目运作的重要一环，对于旅游企业的生存和发展具有十分重要的意义。此外，基于市场的原因，“个性化定制旅游”在旅游业内蓬勃发展，个性化定制旅游项目的运作也成为旅游项目运作不可缺少的一部分内容。因此本章除介绍旅游项目管理的基本知识点外，还重点介绍了贯穿旅游项目管理过程始终的旅游项目融资和投资，并以业内蓬勃发展的个性化定制旅游项目为例，较为全面地展示了旅游项目的运作管理过程。

第一节　旅游项目管理概述

一、旅游项目管理

(一) 旅游项目管理内涵

旅游项目指的是：在一定的时间、一定的预算范围内，为实现某一特定旅游目标、达到预定质量要求的一项预期任务。旅游项目管理指的是在旅游项目活动中，运用一系列知识与技能、工具与技术，来满足或超过相关利益者对旅游项目的预期要求。有学者把旅游项目管理分成三个管理层次，包括高层、中层及基层管理。其中，高层管理主要负责外部关系处理、决策领导、与旅游项目所在地的行业管理部门和政府行政部门进行交流与协调；中层管理的管理内容相对细致，主要是对项目内部事物之间的矛盾进行处理，对项目成本、质量、进度的全过程进行监控；基层管理主要是对项目具体、琐碎的事物及一线员工的管理，对具体工作进行策划、分配、实施。旅游活动是人类较高层次的需求，对综合审美的要求较为严格，因此，旅游项目在建设过程中既应该注重实用价值,更应该考虑在设计方面凸显美学特征，增加旅游的附加值。

(二) 旅游项目管理知识体系

美国项目管理协会编写的《项目管理知识体系指南》，把项目管理划分为九个知识领域。旅游项目管理是项目管理思想在旅游研究中的具体应用，因此，也可将其划分为以下九个知识领域：旅游项目范围管理、旅游项目时间管理、旅游项目成本管理、旅游项目质量管理、旅游项目人力资源管理、旅游项目沟通管理、旅游项目风险管理、旅游项目采购管理和旅游项目整体管理，如图 5-1 所示。

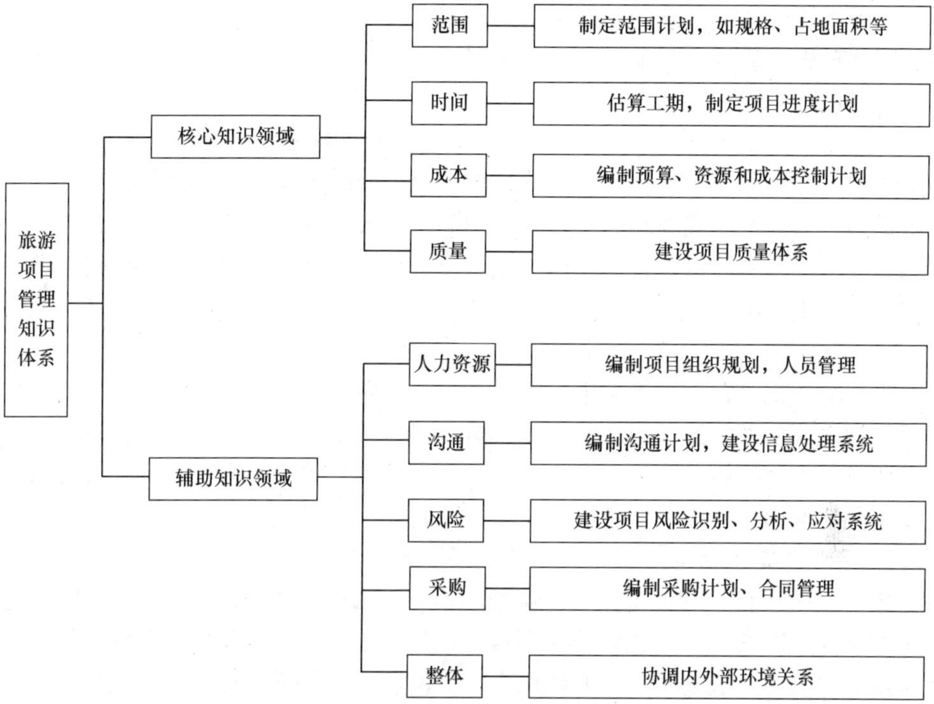

图 5-1　旅游项目管理知识体系

项目管理的四个核心知识领域是范围、时间、成本和质量，它们构成了项目的目标，项目管理五人辅助知识领域包括人力资源管理、沟通管理、风险管理、采购管理和整体管理，通过它们来实现项目的目标。

旅游项目管理三角形关系，就是旅游项目的范围、时间和成本之间相互制约的关系，这三个因素的平衡关系决定着旅游项目的质量。形象地说，就是旅游项目范围、时间和成本占据三角形的每个角，而旅游项目质量就是整个三角形的面积。

旅游项目管理三角形中的成本，主要来自于所需资源的成本，包括人力资源的成本。为了缩短旅游项目时间，就需要增加旅游项目成本(资源)或减少旅游项目范围；为了节约旅游项目成本(资源)，可以减少旅游项目范围或延长旅游项目时间；如果需求变化导致增加旅游项目范围，就需要增加旅游项目成本(资源)或延长旅游项目时间。

二、旅游项目的组织与运作过程

(一) 旅游项目组织

旅游项目组织是为完成某一特定旅游项目目标而建立起来的，从事旅游项目具体工作的组织。该组织是在旅游项目生命周期内临时组建的，不受现存职能机构的束缚，但不能取代它们进行职能活动。旅游项目组织机构的科学设立，可以使旅游项目团队对旅游项目的各个环节进行规划管理。

旅游项目组织，又称为旅游组织过程或旅游组织设计，其过程大致分为三步。第一，进行工作划分，即将旅游组织所承担的任务进行分解；第二，进行工作分类，即将分解的工作分成不同的类别，这是旅游组织中职务与职位的基础；第三，构建组织结构，即确定不同类别的工作之间的关系。旅游项目组织的成果有旅游项目组织图、职位说明书、组合管理手册。旅游项目组织的影响因素主要包括旅游项目的组织结构、旅游项目经理和旅游项目团队。

1. 旅游项目组织结构

当环境变化时，旅游组织中的人员必须立即做出决策，解决这种问题的方法之一就是把决策权下放给现场实际工作人员，并形成旅游项目组织。在旅游项目组织中，所有的人都按旅游项目划分，由旅游项目经理管理一个特定的旅游项目团队，在没有职能部门经理参与的情况下，旅游项目经理可以全面地控制旅游项目。

2. 旅游项目经理

作为旅游项目管理的主角——旅游项目经理(或项目主管、项目负责人)，是决定旅游项目成败的关键角色。旅游项目经理的职责是通过一系列的领导及管理活动使旅游项目的目标成功实现，并使旅游项目的利益相关者满意，主要包括对所属上级组织负责和对所领导项目小组负责。实际上，对旅游项目经理的素质和技能要求同企业中的总经理是完全相同的，然而又由于职位的临时性特点，旅游项目经理在旅游项目中的角色又好像一个球队的教练、一个交响乐团的指挥，需要通过协调各团队成员的活动，使其成为一个和谐的整体，并按时、按规定要求完成各自的工作。具体地讲，旅游项目经理应确保旅游项目全部工作在预算范围内，按时优质地完成，并使所有的旅游项目干系人满意，因而旅游项目经理须对项目的上级组织负责、对旅游项目本身及对旅游项目团队成员负责。

3. 旅游项目团队

旅游项目团队又叫做旅游项目组，是为实现一个共同的旅游目标而协同工作的一组成员。旅游项目团队能否有效地开展旅游项目管理活动，主要看有无共同的旅游目标、合理的分工与协作、高度的凝聚力、团队成员的互相信任，以及有效的沟通。旅游项目团队一定要有一套标准和规范来更好地开展管理工作。从开始到结束，旅游项目团队处于一个不断成长和变化的过程，一般要经历组建、磨合、规范、成效和解散五个阶段。

近年来，许多国际大企业出现了组建一种所谓的自我管理型团队(self-directed team)的热潮，即在团队中，一切由团队成员做主，项目经理只是参与其中，依靠影响力来领导，团队成员为执行项目的整个过程负责。这种趋势代表了团队建设的一个发展方向，在美国，有超过半数的企业声称他们采用了自我管理型团队的形式。

(二) 旅游项目的运作过程

项目管理是由多个过程组成的，按时间顺序划分，整个项目运作包括启动、计划、执行、控制和收尾五个过程组，如图 5-2 所示。旅游项目管理过程也是由这五个过程组组成，每个过程组可能又有一个或多个管理过程，而且过程组之间交错叠加，没有明显的界线。旅游项目的每一阶段都包含一个或几个“启动—计划—执行—控制—收尾”的循环，一个循环的结束为下一阶段的启动提供了前提条件。

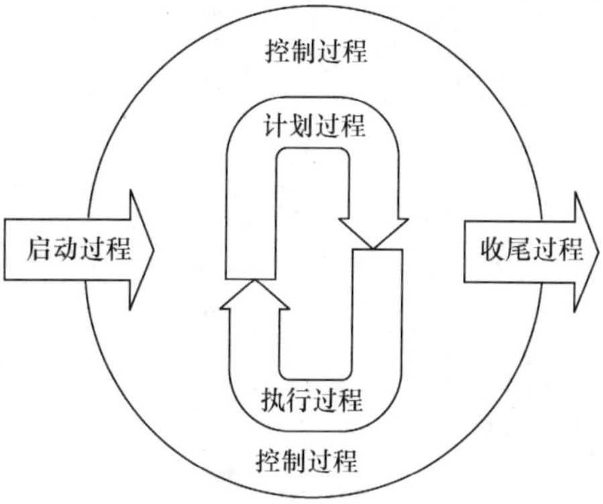

图 5-2 旅游项目管理过程示意图

1. 启动过程

启动阶段是指批准建立一个旅游项目，并且有意向进行下去的过程。该过程主要是确定旅游项目的范围和目标、旅游项目的功能设计、旅游项目的可行性研究和旅游项目的初步估算，并做出一些重要的旅游项目决策。旅游项目策划则是旅游开发前期的论证工作，是对旅游开发项目的重要性、必要性、可行性进行全面系统的论证。它通过对政策法规、社会经济管理、旅游资源评价、旅游市场、旅游产品体系、工程技术可行性、财务等一系列内容作透彻分析和评价，确立旅游项目开发的可行性，对项目开发的可行性进行深入、全面、系统的论证。旅游项目策划可分为项目的预可行性研究(编制“项目建议书”)和可行性研究(编制“可行性研究报告”)两个基本阶段，具有经济性、社会性、创新性和时效性等特点。

2. 计划过程

旅游项目计划过程是将设想变成计划并使之具体化，对旅游项目进行全面规划，并形成一系列计划类书面文件，如“项目管理计划”“质量管理计划”“人员招聘和培训计划”“采购计划”“项目评价计划”等。完整而合理的旅游项目计划，可以指导旅游项目的范围、进度、费用、人力资源、沟通、采购等方面的管理，使整个旅游项目始终处于可控状态，然后通过完善的过程控制、及时的变更及相应的项目状态跟踪和控制，使项目取得圆满成功。

3. 执行过程

旅游项目执行是为完成旅游项目而正式进行的活动。该过程主要包括计划执行、信息沟通、询价、选择供应商等。其中，信息沟通又叫做信息管理，即搜集、存储、传播并最终配置项目过程中产生信息的过程。对旅游项目组的成员来说，旅游项目沟通所要解决的问题是何时(when)向何人(who)汇报什么(what)的问题，其主要功能是定时向旅游项目组成员通报旅游项目进程，随时提供旅游项目进行状态；旅游项目经理需要了解旅游项目信息在什么时候、以什么方式进行交流最为有效，保证旅游项目内部与外部的良好沟通，项目文档完备并符合要求。

4. 控制过程

旅游项目的过程管理和控制体现在确保旅游项目计划的有效实施和执行，以及保证这一活动顺利进行的一系列相关活动。该过程主要包括旅游项目跟踪、旅游项目控制、变更管理、质量管理和成本管理等。因为旅游项目运作具有艰巨性和风险性，所以在旅游项目管理过程中，实行有效的项目控制，是实现旅游项目管理过程目标和最终目标的前提和关键。

5. 收尾过程

旅游项目收尾是旅游项目全过程的最后阶段，只有经过此过程，旅游项目才能正式投入使用与运作，才能设计、开发并生产出预订的旅游产品和旅游服务。旅游项目收尾时需要交接设备、数据、文件、图纸、检查表和各种记录等资料。旅游项目管理收尾活动并不是等到旅游项目结束才进行,在每个阶段都要进行适当的收尾，这样才能避免重要的、有价值的信息流失。

三、旅游项目风险管理

(一) 旅游项目风险的概念

旅游项目风险是指由于项目所处环境和条件本身的不确定性，项目业主、项目组织、项目其他相关利益主体主观上不能准确预见或控制影响因素，使旅游项目最终结果与项目相关利益主体的期望产生背离的可能性。

(二) 旅游项目风险控制的方法

1. 旅游项目风险识别的方法

(1) 系统分解法：系统分解法利用系统分解的原理，将一个复杂的项目分解成一系列简单和容易认识的子系统或系统元素，从而识别项目各子系统、系统要素和整个项目中各种风险的办法。

(2) 流程图法：项目流程图给出了一个项目的工作流程，给出了项目各部分之间的相互关系，包括项目系统流程图、项目实施流程图和项目作业流程图等各种不同详细程度的流程图。

(3) 头脑风暴法：头脑风暴法是一种非结构化的方法，它是运用创造性思维、发散性思维和专家经验，通过会议等形式来识别项目风险的方法。

(4) 情景分析法：它是通过对项目未来某个状态或某种情景的详细描绘与分析，识别出项目风险与项目风险因素的一种项目风险识别方法。

2. 旅游项目风险度量的常用方法

(1) 损失期望值法：首先要分析和估计项目风险发生概率的大小和项目发生风险所带来的损失大小，然后将二者相乘，以求出项目风险的大小。计算公式为

$$E_{(L)}=\sum_{i=1}^{n}L_iP_i$$

式中，$E_{(L)}$为风险损失期望值；P_i为项目第 i 种风险的发生概率；L_i为项目第 i 种风险的损失；i 为项目第 i 种风险，$i=1, 2, \cdots, n$。

(2) 模拟仿真法：模拟仿真法是使用计算机模拟仿真模型分析度量项目风险的方法。通过系统仿真模拟项目风险事件发生时的各种条件和影响因素，然后使用计算机模拟仿真计算，给出项目风险概率及其分布和损失大小的统计规律与结果，并由此得到项目风险度量结果。

(3) 专家决策法：许多大型和复杂的项目管理都会邀请各方面专家，并要求他们运用自己的经验做出项目范围、工期、成本、质量等各方面风险的度量。这种项目风险度量通常比较准确可靠，甚至有时比期望计算和模拟仿真方法确定的项目风险度量结果还要准确可靠。

3. 旅游项目风险控制的步骤

旅游项目的风险控制主要有八步，分别是：建立旅游项目风险控制体系；确定具体项目风险；确定风险的责任；确定风险控制行动时间；制定风险控制方案；实施风险控制方案；跟踪风险控制结果；判断风险是否消除。

4. 旅游项目风险应对的主要措施

项目风险应对的主要措施包括：风险规避、风险遏制、风险转移、风险化解、风险削减、风险应急、风险容忍、风险分担等，需要根据风险发生的时间段、概率、大小等选择不同的措施。

第二节　旅游项目的融资与投资

一、旅游项目融资管理

(一) 旅游项目融资的概念

旅游项目融资有广义和狭义之分。从广义来讲，旅游项目融资指的是为特定旅

游项目的建设、收购及债务重组而进行的融资活动。从金融角度讲，广义的旅游项目融资是指债权人(如银行)对借款人(如旅游企业)抵押资产以外的资产有 100%追索权的融资活动。从狭义来讲，旅游项目融资指的是旅游企业通过该旅游项目的期望收益或现金流量、资产和合同权益来融资的活动。从金融角度讲，狭义的旅游项目融资是指旅游企业根据项目需求，采用一定的方式向投资者或债权人去筹集资金的行为。

(二) 旅游项目在不同生命周期的融资战略

旅游项目的融资战略就是根据项目内外部环境的状况和趋势，对项目及投资企业资金筹措的目标、结构、渠道和方式等进行长期和系统的谋划，旨在为项目战略实施和提高项目的长期竞争力提供可靠的资金保证，并不断提高投资企业的融资效益。

1. 旅游项目初创期的融资战略

在旅游项目初创期，大多数企业认为经营风险比财务风险更重要，因此从总体上看，项目初创期的融资战略安排应是关注经营风险，降低财务风险。与此相适应，适宜通过权益资本筹资，建立牢固的财务基础，以保证项目的生存和未来的成长。

2. 旅游项目成长期的融资战略

风险投资者要求在短期内获得因冒险投资成功而带来的高回报，一旦产品成功推向市场，他们就开始着手准备新的风险投资计划。因此，投资企业必须找到适宜的外部融资来源替代风险投资。因为项目的产品已经经受了市场的考验，而且项目经营已相对稳定，投资风险相对降低，所以有可能从较广泛的潜在投资群体中搜寻新的权益资本。

3. 旅游项目成熟期的融资战略

旅游项目在成熟期可采取相对激进的筹资战略，即可采用相对较高的负债率，以便有效利用财务杠杆。旅游项目在成熟期时，经营风险相应降低，从而使得投资企业可以承担中等财务风险，同时旅游投资项目开始出现大量正现金流量，使得旅游企业可以开始使用负债而不单单使用权益投资。

4. 旅游项目衰退期的融资战略

从总体上看，旅游项目衰退期应采取防御型融资战略，仍可保持较高的负债率，而不必调整其激进型的资本结构。一方面，衰退期既是项目的夕阳期，又是项目新活力的孕育期；另一方面，项目在衰退期仍具有一定的财务实力，以其现有产业作后盾，高负债融资战略对投资企业及项目自身而言是可行的。

(三) 旅游项目融资的途径

旅游项目融资的途径多种多样，但由于法律和具体旅游项目投资的特点，目前旅游项目的融资模式以银行融资为主，比较适宜的其他融资途径有政策支持性融资和产权融资。旅游企业可以选择的融资方式如表 5-1 所示。

表 5-1　旅游企业的融资方式

类型	方式	说明
权益融资	吸收直接投资	按照“共同出资、共同经营、共担风险、共享利润”的原则，吸收国家投资主体、企业、个人、外商投资人的资金，是目前普遍采用的方式
	发行股票	股份有限公司经批准可向社会公开发行股票，广泛吸纳社会闲散资金。无股利负担，但会造成经营权的分散
负债融资	银行借款融资	项目信贷要求自有资本投入 25%以上，可向银行贷 75%。开发商可使用土地使用权、相关建筑物的所有权、开发经营权、未来门票或其他收费权等资产作为抵押或质押
	债券融资	旅游企业作为债务人向债权人承诺，在未来一定时期内还本付息而发行的一种有价证券筹资方式。筹资成本较低，但数量受到旅游企业权益资本数额制约
支持性融资	政府支持性融资	为发展旅游项目所在地的经济或保护生态环境等，政府以无偿或收取微薄利息的形式向旅游项目注资并给予各种政策优惠

资料来源：段二丽. 2006. 旅游项目投资的综合效益分析. 天津：天津大学. 有增改

然而，旅游资源开发中的融资运作，仍处于相对原始的阶段，旅游企业及相关管理部门应组织多方专家合作，将旅游资源的价值进行资本化，并予以量化评估，使旅游资源作为资本发挥其撬动融资的功效。

二、旅游项目投资管理

(一) 旅游项目投资

1. 旅游项目投资的内涵

旅游投资指的是在遵守国家有关政策法规的前提下，根据旅游经济发展的需求，在一定时期内，以现金、实物、管理等方式投入到旅游项目中，来获取一定回报的行为。

旅游项目投资是旅游企业将资金、实物、无形资产等形式的资本投放于经济活动，以期在未来获得经济利益的资金流出。旅游项目投资通常包括固定资产投资、无形资产投资、流动性资产投资等，但是因为旅游企业是资本密集型行业，固定资产投资相对较大，所以，旅游项目投资具有关联性和综合性、敏感性、季节性、投资金额大、影响时间和回收期长、变现能力差、投资次数少和投资风险大等特点。

2. 旅游项目投资的分类

按照与旅游企业业务经营之间的关系进行划分，旅游项目投资可分为直接投资和间接投资；按照投资回收时间的长短进行划分，旅游项目投资可分为短期投资和长期投资；按照资金投放的范围进行划分，旅游项目投资可分为对内投资和对外投资；按照不同旅游投资项目之间的相关性进行划分，旅游项目投资可分为独立投资、互斥投资和相关投资；按照投资所处的旅游企业经营阶段进行划分，旅游项目投资可分为初创投资和后续投资。

(二) 旅游项目投资战略的含义与选择

旅游项目的投资战略是企业投资战略和项目发展战略的具体战略。它决定着投资企业和项目投资总额中资金的合理分配和有效利用,并具体规定资金投入的方向、重点及投入资金的多少。只有在准确分析项目内外环境，科学制定项目整体发展战略的基础上，才能合理制定项目的投资战略，真正管理好企业的投资工作。

1. 明确旅游投资项目的投资战略目标

项目投资战略是资源的配置机制和实现形式，然而不同的资源配置形式运作的方法、过程、导致的结果往往是不一样的。因此在进行旅游项目投资之前，一定要明确项目投资战略的目标和原则，作为制定项目投资战略的依据和基础。

2. 基于资源和能力设计旅游项目投资战略

根据旅游投资项目所处外在环境的不断变化及内在能力，项目须不断发展和巩固自己的核心能力，以求得新的进步。基于这种战略的思考方式，旅游项目的投资战略模式必须做到以下几点。

(1) 能正确地认识和选择项目的资源和能力。

(2) 必须对这些资源和能力加以充分发挥形成竞争优势。

(3) 资源和能力随时间的推移会消耗，因此必须不断投入使其充实和发展才能巩固优势。

(4) 基于资源和能力的投资战略并不是忽略外界环境的影响，而是强调要将项目的资源与外部环境相匹配，即需要不断地调整项目的内部资源、组织结构和机制乃至项目本身的追求来适应外在的变化。

(三) 旅游项目投资的基本程序

旅游项目投资的环节多、周期长、风险大，因此，旅游项目投资是一项复杂的系统工程，其基本程序如图 5-3 所示。

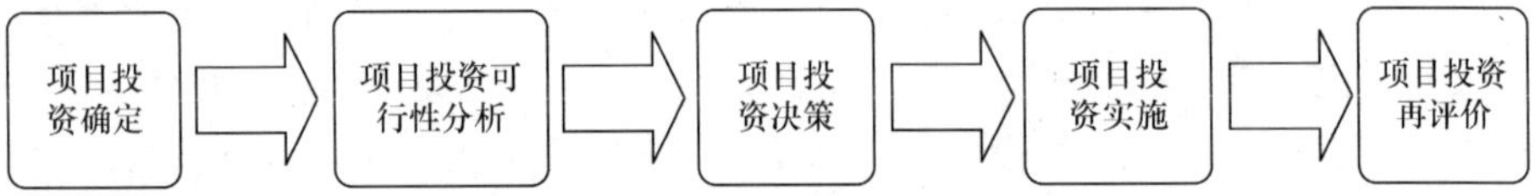

图 5-3　旅游项目投资基本程序

1. 项目投资的确定

根据旅游企业的经营战略目标的需要，在全面分析旅游企业所处的内外部环境的基础上，提出旅游项目投资计划。旅游项目投资环境包括一般环境和相关环境。

旅游项目投资的一般环境主要包括政治形势、经济形势及文化状况。旅游项目投资的相关环境指的是与旅游项目相关的一系列因素，如旅游市场、旅游资源、相关的科学技术、地理环境及旅游基础设施、相关的优惠政策等。

2. 项目投资的可行性分析

对拟投资的旅游项目和投资计划进行分析评价，分析评价的内容包括旅游项目投资的分类、选址的落实、技术和市场的分析、收益性的判断及现金流的预测等各个方面，充分论证投资决策的可行性。

3. 项目投资的决策

对旅游项目的可行性研究结果，做出投资、不投资或者尚需继续分析论证的决策。

4. 项目投资的实施

在确定好投资的旅游项目后，要积极筹集资金，组织好投资实施团队，按计划的投资阶段和资金预算情况，及时地、保质保量地投资项目的各项要求，确保投资项目的顺利实施。

5. 项目投资的再评价

在旅游项目投资实施的过程中，要随时根据变化的情况，对原投资决策评价的准确性和新出现的问题进行再评价，以调整不适当的投资决策，并作出新的决策，使旅游投资项目收益尽可能最大化。

三、旅游项目融资评价与投资决策

(一) 旅游项目融资评价

1. 比较融资的代价

旅游项目在融资活动中，为了获得资金必须付出一定的代价。比较融资代价的方法有以下三个方面的内容。

(1) 比较各种资金来源的资金成本。资金成本是指旅游项目在一定的时期内(通常为一年)使用一定量的资金所负担的费用与筹集到的资金总额的比值。

(2) 比较融资条件。融资条件指各种投资人提出的各种附加条件，如出资者给予投资，可能要购置其设备或者优惠供应某种产品等。

(3) 比较融资的时间代价。项目在融资中，不同的资金来源所花费的时间不同，以及不同资金来源在使用的期限上也有长短，这些都会引起在时间上的差别。

2. 比较融资的机会

(1) 比较融资的实施机会。在资金市场上进行时机选择，主要有两个方面的内容：一是比较具体的筹资时间，就是确定在什么时候融资最佳；二是比较定价时机，即对债券、股票的定价要作适时的选择。

(2) 比较融资的风险程度。项目融资面临两方面的风险：一是项目自身经营商的风险，二是资金市场上的风险。进行融资决策时，必须将不同融资方案的综合风险进行比较，选择最优的方案。

(3) 融资代价与收益比较。将融资代价与项目生产的效益进行比较，是融资决策的主要内容。如果公司融资项目的预计收益大于融资的总体代价，则融资的方案是可行的。

(二) 旅游项目投资管理的评价

在进行投资决策时要以旅游项目为旅游地带来综合效益为目的，而且对于不同规模的旅游项目投资来说，更要综合考虑项目投资管理评价的三个维度。

1. 经济效益

旅游项目投资的经济效益具体体现为旅游投资者的经营收益和当地居民参与旅游经营活动所获得的经济收入。旅游项目投资的经济效益可分为正面经济效益和负面经济效益。

旅游项目投资的正面经济效益主要体现在以下几个方面：首先，旅游消费直接增加当地收入，直接分享这些收入的旅游企业、个人或政府机构，通过再次消费把这些收入投入到当地经济体系中，从而不断启动新一轮的经济活动，即通过旅游业乘数效应，增加了当地的 GDP，促进了当地经济更大程度的发展，为经济增长注入新的活力。其次，落后地区通过发挥自身的资源优势，大力发展旅游业，带动当地经济发展，缩小区域经济发展差距。最后，目前我国旅游投资主体正在发生改变，非国有经济主体逐渐成为旅游投资的主力军，旅游投资逐渐加大，促进了国有经济逐步从旅游等第三产业中退出，将投资重点转向能源、交通或石化等资金密集型基础产业领域中，这种新的旅游投资格局有利于发挥各自特长，为经济结构的调整提供了机会。

旅游项目投资的负面经济效益主要体现在对土地等稀缺资源的最优配置上。由于旅游项目需要投入大量的资源，随着旅游需求的不断增加，旅游企业需要不断增加旅游项目投资规模,从而导致对旅游目的地土地等一些稀缺资源的需求不断扩大，而为了保证旅游业的发展，很多旅游项目的开发需要牺牲该片土地的其他用途。

2. 社会效益

旅游项目投资对当地社会的影响也包括两个方面，一方面是其对当地社会产生的积极影响，另一方面是给社会带来一些问题。旅游项目投资对当地社会文化产生影响的程度，与投资开发的规模、当地社会特点及社会发展程度息息相关。

旅游项目投资对当地社会文化的积极影响主要体现在：为社会提供了更多的就业机会，拓宽了旅游目的地的就业渠道；增加了旅游收入，从而提高了当地居民的生活质量，降低了恩格尔系数；当一些大型旅游项目建成之后，旅游目的地产品品质大幅提升，增加了对游客的吸引力，而随着游客数量的增加，旅游目的地的知名度也会上升；旅游业是文化性产业，旅游活动的本质是人类文化活动，旅游项目投资加深了当地居民对本民族文化的了解，提高了其保护本民族文化的自觉性，同时也促使政府更加重视民族文化的发展与保护。

旅游项目投资对当地社会文化的消极影响主要体现在：短期内致富，进一步加大了旅游从业者与其他居民之间的贫富差距；商品或房租的价格大幅上涨；随着旅游业的发展，当地居民逐渐被异域游客、外来决策者与投资者“殖民化”，有时甚至会使当地犯罪率上升。

3. 环境效益

旅游项目投资所产生的环境效益也可以从两个方面来看待，一方面，旅游项目投资通过采取一些措施来改善生态环境；另一方面，旅游项目建成以后，对目的地物质环境和生态环境产生了一定的负面影响。

因此，要实现旅游投资决策的可持续发展性，必须辩证地看待旅游项目投资的经济效益、社会效益和环境效益，处理好三者之间的关系，找到它们博弈关系的平衡点，从而确立优化模型，制定行之有效的投资方案，实现真正的可持续发展的投资决策。

第三节　个性化定制旅游项目的运作

一、个性化定制旅游项目的类型与特征

(一) 个性化定制旅游项目的含义

从设计看，个性化定制旅游项目是在精准的目标人群细分、兴趣细分、需求细分的基础上，整合能满足游客个性化需求的旅行供应商与跨行业资源的合作伙伴，遵循以客户体验价值为导向的产品设计原则，不仅关注产品的成本和销售价格，更关注游客的时间成本和体验成本，游客也将参与产品的设计与选择，按需定制；从旅游企业的角度看，个性化定制旅游项目是旅游企业通过与旅游者进行一对一的信息交流，让旅游者更多地参与到旅游项目的设计、开发和生产过程当中，按需定制，并在一定程度上进行模块化设计和生产，以满足旅游者个性化体验需求的一种旅游方式。

(二) 个性化定制旅游项目的类型

个性化定制旅游项目主要有三种形式：①单项项目组合定制，如自由行的机票+酒店；②主题定制旅游项目，如奢华旅游，有具体行程和主题，其实就是针对小众的特色旅游线路；③ 完全消费者对企业(customer to business, C2B)定制旅游项目，客人提出具体需求，商家对接，是一种一对一式的服务。近年来该种旅游项目发展火爆，也是本节内容重点探讨的问题。

(三) 个性化定制旅游项目的特征

1. 基于旅游者角度的特征

(1) 个性化特征彰显。定制旅游不仅使旅游者享受到高质量的旅游产品和服务，而且提供了旅游者“我喜欢的”或“单独为我定制的”产品与服务，从而使旅游者的个性化需求得到最大限度的满足。

(2) 参与度增强。定制的过程就是收集顾客偏好信息、邀请顾客参与产品或服务设计，以便快捷、高效地为顾客提供他们最想要产品或服务的动态过程。

(3) 满意度提高。顾客参与定制产品或服务的设计可以让顾客认为这些产品或服务确实是按照他们的偏好设计和生产的，从而可以大大提高他们的满意度。

2. 基于旅游企业角度的特征

(1) 服务全面化。以旅游线路的设计为例，前期阶段，旅游企业应派出相关人员进行实地考察，制定旅游路线的安排预案，以确保旅游者在旅游过程中能真正地享受“定制旅游”的个性化周到服务。每次旅游行程结束后，要有专门的人员对旅游者进行满意度调查追踪，以充实客户数据库，并从中及时发现旅游产品设计缺陷，为今后的旅游运作提供有利条件，以便在未来更有效地满足不同客户的个性化需求，从而制定出更成熟的“定制旅游”方案。

(2) 定位精准化。定制是以满足顾客的个性化需求为存在条件的。出于顾客的价值判断，会更多地考虑商品能否满足其与众不同的个性化心理需要。

二、个性化定制旅游项目的运作原则与流程

(一) 个性化定制旅游项目的运作原则

1. 策划设计是个性化定制旅游项目的前提基础

个性化定制旅游项目与传统的大众旅游项目不同，个性化定制旅游项目更强调满足旅游者追求个性化的旅游经历，旅游活动更加具有针对性。因此如何根据旅游者的需求，使定制旅游项目的策划设计符合旅游者的需求至关重要。通过将定制旅游项目与大众旅游项目在生产模式方面进行对比，便可看出策划和设计对定制旅游项目的重要性，如表 5-2 所示。

表 5-2　大众旅游项目与定制旅游项目的生产模式特征对照表

大众旅游项目生产模式	定制旅游项目生产模式
以生产为中心	以顾客需求为中心
稳定的需求	需求细化
成本低，标准化项目	高质量服务，定制化项目
项目单一，开发与生命周期均长	项目随客户需求而变，开发与生命周期均短
批量化生产	个性化生产
忽略了很多客户的需求	对客户的需求做出快速响应

资料来源：张晓晓. 2015. 定制旅游的运作难点及策略探讨. 旅游管理研究，(1)：73-74

2. 市场拓展是个性化定制旅游项目的发展动力

如何让目标客户群体了解定制旅游，并对之产生兴趣，培养长期客户，成为定

制旅游项目必须突破的瓶颈。旅行企业的供应系统、采购系统、人力资源等都必须达到非常高的水准，才有实力和能力去做好定制旅游项目。

定制旅游项目市场发展缓慢，也受消费者观念与习惯的影响。对于费用相对高的定制旅游，一般消费者显然不易接受，而有消费能力的目标消费群体，因文化、观念等多种因素，还没有形成定制旅游的意识，这也是制约个性化定制旅游项目的主观因素。

3. 个性化是定制旅游项目的本质要求

定制旅游项目，从消费到经营，都需要破除旧观念，不一定奢侈，但一定要有主题特色，有人文、历史、自然的独特之处。游客对个性化定制旅游的诉求主要表现在三个方面：一是集中在差异化的产品设计上，要求有特色，无论是特色美食还是特色酒店；二是深度游，将旅游与文化结合，而非走马观花；三是私密性，可以得到专属服务。根据客人的具体想法或预算，提供一对一个性化服务的定制旅游项目必须满足不同游客的个性化需求，如果没有个性化这一前提，定制旅游项目的意义将不复存在。

(二) 个性化定制旅游项目的运作流程

个性化定制旅游项目将游客需求与旅游企业无缝结合在一起，是一种完全的C2B的旅游项目，客人首先选择感兴趣的旅游定制项目，告知商家具体的出游时间、游玩天数、出游人数、游玩主题等一系列特定需求；商家在客人的要求下定制出行程，将行程单提交给客户；双方就各方面细节进行协商确认；付款之后等待出游时间通知；之后开心出游，在游玩过程中碰到任何问题可以随时咨询解决；最后商家对顾客的旅游体验进行回访，收集改进意见及提升策略，如图5-4所示。

图5-4　个性化定制旅游项目的运作流程

三、个性化定制旅游项目的运作策略与难点

(一) 个性化定制旅游项目的运作策略

1. 建立顾客信息数据库

建立一个全面有效的顾客信息数据库。这样做有利于分析定制旅游者的消费习惯及旅游偏好，为量身定制旅游产品提供信息支持。第二，通过信息库的数据，开展有针对性的营销，激发客人的旅游诉求，使之产生定制旅游购买的行为。第三，便于顾客持久忠诚关系的维护，形成企业与每个顾客之间紧密的黏度，从而加大竞争对手的进入壁垒。

顾客信息数据库主要包括两个部分：一是根据从各种渠道搜集到的顾客需求信息建立详细的信息档案，应当包含顾客基本特征、已实现的旅游方式、旅游目的地类型的喜好、偏爱的旅游交通工具、附加信息等方面；二是建立畅通高效的信息沟通与意见反馈平台，便于定制旅游企业与旅游者随时进行双向互动沟通，提高定制旅游企业对需求变动的反应速度。

2. 细分顾客等级

按照顾客对旅游企业的利润贡献率和忠诚度划分为多个层级，重点选择层级较高的顾客展开定制营销。重点研究分析层级较高顾客的旅游偏好及出行标准，以便根据他们的需要更快速地设计出旅游方案。根据顾客层级安排员工定期回访客户并做好记录，极致细分旅游市场，针对不同类别的旅游者提供符合各类别特点的产品与服务。同时，在同类别中针对个体需求的差异进行产品的细微调整，来满足其需求。

3. 拓宽双向沟通渠道

第一，通过旅游企业官网进行信息沟通。这是连接旅游企业和顾客的最便利快捷的途径。第二，通过旅游企业现有的营销网络平台进行沟通。目前较为常用的旅游企业营销网络平台主要有企业的官方微博及微信公众号两种。这是直接面向顾客的窗口，已经积累了一定的顾客基数，也有与顾客互动的经验。第三，通信工具的充分使用。目前，最广泛使用的交流沟通工具除了邮件外，还包括 QQ、微信和 LINE 等其他实时通信工具。这些工具除了可与顾客交流沟通外，还可将旅游资讯定向地发给顾客。

4. 板块化需求元件

实现定制规模化的最好办法是建立能配置多种最终产品和服务的板块，将餐饮、住宿、游览、娱乐、导游服务等不同旅游元件设计成不同的模块。定制不是无限选择，而是通过一定的标准元件，完成多种搭配，形成满足旅游者需求的产品。这不仅能带给旅游者自主选择的主动权，有利于降低设计成本，也能有效地管理较为烦琐的定制流程。建立旅游产品元件信息数据库是实现产品元件模块化的核心部分。该数据库的内容应涵盖旅行中的各个要素，包括景点、住宿、餐饮、交通、购物、娱乐等多个方面。

5. 提升服务质量

高标准的服务保证了行程设计完美顺利的呈现，是发展定制旅游的根本。另外服务费是定制旅游产品的主要利润来源。为确保服务质量，定制旅游企业需要有先进服务理念、有创新精神、有专业知识、有丰富行业经验的旅游从业人员作为基础。服务的高质量往往体现在各个服务细节中，这不仅能保证行程的顺利进行，还能提高定制旅游产品的附加价值。

6. 注重顾客反馈

顾客反馈是旅游企业了解顾客满意程度，把握顾客需求特点的重要信息来源。这有利于定制旅游企业找到服务质量缺口及旅游者未被满足的个性化需求，为之后旅游企业调整行程、改进服务提供信息支持。另外，通过顾客反馈，尤其是投诉，旅游企业可以从中洞察市场信息，发展商机。

(二) 个性化定制旅游项目的运作难点

1. 顾客信息搜集及隐私保护

个性化定制旅游项目的运作需要顾客的详细信息作为支撑。然而，顾客信息的获取及隐私保护是定制旅游企业面临的挑战之一。一方面，顾客信息的获取与搜集，除了传统的顾客资料获取途径如社交活动、市场调研外，还可通过通信技术，构建有效的顾客信息系统并跟踪大量的顾客个性化信息资料。另一方面，搜集到的顾客信息数据库一般包含了顾客的家庭资料、证件信息、联系方式等个人隐私。因此，要保护好顾客个人信息的隐私，避免信息泄露，这不仅需要旅游企业自身的自律，还必须有配套的保护措施。

2. 成本降低与实现规模化

定制旅游项目原则上根据顾客的个性化需求定制旅游产品。这种特性决定了定制旅游企业的流程更加复杂烦琐，对员工的能力有较高要求，增加了员工的工作量，人力成本相对增加。另外，因受与旅游者交流深度的影响，资讯搜集和沟通成本迅速增加，多样化的交通、住宿和线路要求削弱了旅游企业与供应商议价的能力，造成经营成本和费用相应增加。然而盲目地提高价格来获得利润，必然降低定制旅游的吸引力，使部分定制旅游顾客流失。因此需要定制旅游企业提高整合资源的能力，并在成本管理上有所作为。

3. 专业化服务人才的培养

定制旅游项目对旅游服务人员的综合素质提出了较高的要求。而旅游行业的人员流动性较强、行业进入门槛低，服务质量和人员素质参差不齐。因此创造一个良好的人才成长环境，建立一套合理有效的用人机制，是关系到定制旅游企业生存和发展的前提。定制旅游企业必须加强对员工专业知识、职业技能、服务意识、服务态度和服务理念等方面的培训。

4. 服务质量的把控

顾客高度满意是定制旅游持续发展的重要条件，提高定制旅游的满意度，需要做到满足个性化需求的行程设计和高质量的行程体验。而如今的定制旅游企业更重视个性化、新奇的行程安排，对服务质量关注较少，使得目前市场上的定制旅游呈现出高价格、新设计、低体验的特点，而行程中体验的高低取决于旅游企业运作过程中对服务质量的掌控。

第六章　旅游业顾客资产管理

随着市场经济的飞速发展，现代社会人们的物质生活得到了极大的丰富，社会价值观念趋向于多元化，人本意识也在不断加强。在此背景下，市场逐渐从以产品为导向的交易营销转变为以顾客为导向的关系营销，“顾客就是上帝”强调的就是以顾客为中心的营销理念。顾客是继产品和品牌后，旅游企业的又一重要战略资产。而互联网信息技术的发展成为促进旅游产业顾客资产管理的重要前提。正是信息技术的发展，使得收集、获取、加工、运用顾客信息来识别最有价值顾客成为可能。数据储存与数据处理技术的提高和成本的持续下降，使得旅游产业可以运用数据挖掘等现代信息技术，更好地理解顾客经验和营销活动对顾客的影响，识别最有价值的顾客及其购买模式，在顾客生命周期内为公司创造更多的价值。各旅游企业只有深入了解目标顾客的真正需求，积极主动与顾客建立互动关系，才能更有针对性的创造满足他们需求的价值产品和服务，以此在激烈的市场竞争中站稳脚跟。

第一节　旅游业顾客资产管理概述

一、旅游业顾客资产管理

(一) 旅游业顾客资产管理的内涵

顾客资产是一种无形资产，是由企业对顾客关系进行投资和经营所形成的资产，它的价值为所有顾客在生命周期内直接或间接创造的现金流折现值的总和。基于此，作者认为，旅游业顾客资产是指旅游业在经营活动中由于旅行社、酒店和旅游景区等在产品和服务等事项上吸引的稳定的、持久的、能给企业带来未来经济利益的顾客资源，是旅游企业所有顾客终身价值折现值的总和。目前我国旅游业发展过程中，众多企业的竞争实质就是争夺顾客资源。留住老顾客，等于稳住市场，吸引新顾客，意味着扩大市场，二者的结合将对旅游企业产生持续增长的经济效果。为此，树立游客为中心的理念是旅游业发展的必经之路。

首先，建立顾客关联。在竞争性的市场中，顾客忠诚度是会变化的，顾客忠诚有可能会转移到其他企业。要提高顾客忠诚度，可通过有效的方式在业务、需求等方面与顾客建立关联，把顾客与企业关联在一起，以此减少顾客流失率。

其次，提高市场反应速度。现代企业已经从先前推测性的商业模式转变成高速回应顾客需求的商业模式。面对迅速变化的市场，企业要满足游客需求，与之建立关联，就必须建立快速反应机制，提升反应速度和回应力，以此最大限度减少顾客抱怨，稳定客户群，减少客户转移率。

最后，实施关系营销。在企业与客户关系发生了根本性变化的市场环境中，与顾客建立长期而稳固的关系已转变成抢占市场的关键。这一转变就是从交易转为责任、从顾客转为拥护者、从管理营销组合转为管理与顾客的互动关系。

(二) 实施旅游业顾客资产管理的必要性

1. 旅游业管理思想的相对滞后性

现代服务经济要求企业以顾客关系为导向，以维系和维持顾客关系为核心，以顾客资产为管理中心，实现企业发展方向从产品中心向顾客中心转变。而我国旅游业在资产管理上更侧重于品牌资产管理思想，品牌管理从本质上看仍是以市场交易为导向，以吸引顾客为核心，没有脱离产品经济时代的束缚。因此，研究旅游业顾客资产管理具有十分必要的时代意义。

2. 提升旅游业顾客管理效率的内在要求

目前旅游企业过多地关注规模扩张和价格战而忽略了顾客细分，对所有的顾客群体都是"一锅端"，没有深入细致分析自己所要针对的顾客群，由此造成了当前旅游业顾客管理效率低下的问题。随着服务营销理论的日渐成熟，旅游业应该更加重视维系顾客关系和管理顾客资产，其营销中心应该从以产品为中心的"交易导向"向以顾客为中心的"顾客资产导向"转变。以此便可凭借更可靠的顾客忠诚、更好的顾客关系及更有利的交易与合作赢得更大的经济利益。

3. 服务经济形式下对旅游业管理的新要求

在全球范围内，越来越多国家社会财富主要由服务经济活动来创造，服务经济已成为引领和推动全球经济发展的主要动力。服务经济要以关系为导向，以维持和维系顾客关系为核心，其内在属性决定了研究顾客资产的提升策略十分重要。基于服务经济的优化管理要求，旅游企业需要根据不同时期的需求预测游客人次从而合理安排旅游服务资源。同时，按照旅游服务需求不同划分服务需求等级，确定此需求水平下所需要预备的最低资源，做到用最经济的服务资源实现最高的服务效益。

(三) 旅游业顾客资产管理的实施步骤

1. 确定旅游业顾客资产份额目标

顾客资产份额是企业在市场中所占有的顾客资产的份额。顾客资产是企业在某个时刻所拥有的顾客数量，它是一个时点概念，无法反映企业未来市场发展的趋势。而顾客资产份额关注顾客终身价值，它用长远的眼光看待顾客价值，因此具有可持续竞争意义。旅游企业要想真正确立企业的优势竞争地位，就必须以顾客资产份额为目标。

2. 按盈利能力对顾客进行等级细分

以顾客资产份额为目标的企业按顾客的盈利能力来细分市场，与传统的市场细分不同，这种方法能够考虑顾客讨价还价的能力、对企业的长远贡献率和选择中的障碍等。其中，顾客盈利能力用顾客购买次数和平均购买额的乘积来衡量，此种细分方法是为了有针对性地服务于顾客。

3. 调查顾客

不同行业的顾客资产构成情况也有所不同。服务行业的产品与服务差异较大，市场细分也非常透彻，因此，顾客往往会忽略企业的品牌意义而更看重企业提供的价值。此时，价值资产在顾客资产中的比重就比较大，而在相同的价值资产构成中，不同的顾客对此资产的下一级资产的重视程度又不一样。例如，有的顾客看重产品价格带来的价值时，有可能忽略购买产品的便利性。由此可见，顾客资产的构成自成一体，因此对顾客的调查问卷设计必须细化到顾客好辨识的属性层。

4. 分析数据，找出关键资产

这一步骤是企业顾客资产管理实施步骤中的关键一步，也是企业投资决策的重要依据。对调查得来的数据进行分析，可以找出顾客满意的关键资产及顾客看重的有待改善的关键资产。业绩数据能够反映企业的竞争优势和需要集中资源重点改进的部分。这些重要信息的获得离不开调查问卷设计的科学性和数据处理的有效性，据此才能为企业顾客资产投资决策提供科学建议。

5. 资产改进决策与实施

找出企业关键资产之后，就需要对顾客满意的关键资产及亟待改进的关键资产采取针对性的提升措施。对资产的改进决策应考虑到企业下一步的顾客资产份额目标，而决策的实施效果还能通过企业业绩来反映，以此来实现企业顾客资产的持续、良性提升。

二、顾客资产管理在旅游业中的应用

(一) 旅游业顾客资产的测量

对顾客资产的测量建立在顾客终身价值(customer lifetime value, CLV)计算的基础上。Blattberg 等(2001)对顾客终身价值的计算方法如下：①测量每位顾客在整个生命周期内对公司的期望贡献；②按照公司投资的目标收益率将上一步的期望贡献折现成净现值；③将所有现存顾客期望折现后的期望贡献加总得到顾客终身价值。后来的很多学者在研究顾客资产测量问题时都在使用这一方法。因此，旅游业顾客资产的测量也可借鉴此方法。另外，此类模型可以概括出五种，具体如表 6-1 所示。

第一类是计算 CLV 的模型。旅游企业的内部数据有时间序列性，它可以用于测量单个顾客、某个群体及整体顾客的顾客终身价值。表中的前三个模型需要大量个人层次的信息，在数据可用的情况下，使用此三种模型计算顾客终生价值便于实施。而后两类模型则能够测算到顾客购买的可能性，能够将顾客购买行为的不确定性放到测量过程中，使不易观测的顾客行为得以量化，更能反映企业实际。

表 6-1　计算 CLV 的模型的五种类型

研究学者	测量模型
贝格尔和纳斯尔	CLV 的基础结构模型(1998)
杰恩和辛格	基本的 CLV 模型(2002)
特伯格和托马斯	顾客资产直接营销模型(2000)
德威尔	顾客迁移模型(1997)
法菲尔和凯拉维	顾客关系模型(2000)

资料来源：徐勇明，张瑞. 2014. 顾客资产管理研究述评. 商业经济，(12)：28-30

第二类是顾客群分析模型。此类模型可以为顾客终身价值计算提供数据。此类模型所用的数据同样来自旅游企业内部的数据库，但与第一类模型不同的是将具体参数扩大到群体，从而测量整体。这类模型也考虑到了顾客购买行为的不确定性，在测量过程中以测量整个顾客群的过去购买行为为基础推测下个时期顾客购买的可能性，这种测量也能比较真实地反映企业实际情况。

第三类是 CLV 规范模型。这种模型主要是通过调查数据来计算顾客资产。它不需要复杂的数据和建模技术，比较适用于缺乏数据的小型旅游企业。小型旅游企业可通过此模型明确顾客资产驱动要素的重要性，以优化资源配置。

(二) 旅游业顾客资产的运营聚焦“顾客关系”

顾客资产的运营，包括顾客资产的获得、维系与经营活动。顾客资产的经营，实质上就是一个企业对其已经构建起来并维系着的忠诚顾客关系进行内外部运作，以最大化地追求和实现顾客资产的价值。

1. 顾客资产的获得

企业应着力促成顾客初次购买的全程满意体验，以此使得顾客对旅游企业(品牌)的产品和服务形成良好印象并抱有肯定、信任的态度，且愿意与其继续保持友好联系。根据期望不一致理论，如果顾客的实际体验符合或者超过自己的先前预期，就会感到满意或者很满意，反之，如果顾客的实际体验不符合或者低于自己的先前预期，就会感到不满或者失望，甚至抱怨。为使顾客满意，旅游企业在顾客资产获得的整个过程中务必要做到以下三点：①设法为初次购买顾客提供高感知价值及满意的购买与消费体验，让其产生“惊喜”的“心跳”感觉和积极、肯定的情感依恋。②努力成为顾客的问题解决专家，诚心诚意地与顾客一起探讨其在生活或业务中所遇到的问题，共同寻找问题的解决之道。③立足顾客的亲身体验来建立顾客信任，让顾客感觉到自己是值得信赖的。

2. 顾客资产的维系

顾客与企业之间的维系可能是多种多样的，如顾客的习惯性购买、环境因素提供的方便性、低廉的价格、富有吸引力的替代品缺乏、服务协议的锁定及退出壁垒的存在等。因此，在旅游企业与顾客交往中，企业要能够设身处地地为顾客利益着想、真诚地关心他们，让他们感觉到与企业的交易是值得的，进而增强与企业进一步交易的信心。

3. *顾客资产的关系经营*

一个企业在顾客资产获得阶段所形成的顾客-企业关系，对它在后续顾客资产维系与经营阶段的关系形成具有很大的影响。"心系顾客"是企业成功经营顾客资产的关键。①旅游企业的附加销售，要做到对顾客的生活有细致入微的了解，这样才能够感知顾客的种种附加需要。因为顾客对企业的亲和力影响到企业对顾客实施附加产品销售时的购买反应，所以培养顾客对企业的亲和力显得尤为重要。②旅游企业在进行品牌延伸时，要对品牌赖以存在的基石——忠实的顾客关系加以考虑和保护。企业要时刻关注品牌延伸以后顾客的感受，要关注顾客是否认可和接纳品牌延伸之后的产品或服务，等等。③对于那些为企业做出"口碑宣传与推荐"贡献的忠诚顾客，企业应以适当的方式予以认同和激励。如此一来，这些本来就对企业感到满意和信任的忠诚顾客可能会更加乐意、更加主动地去做口碑宣传与推荐工作。④合理利用旅游企业及其外部企业顾客资产间的合作。旅游企业要把对本企业顾客关系的保护提升到企业战略管理的高度，谨慎地选择合作方，对企业顾客资产的"关系"经营做出长期的思考和规划。

(三) 旅游业顾客资产管理作用于企业营销活动

学者们通过研究顾客资产与市场营销的内在联系，明确营销对顾客行为的作用方式，从而实施各种有利的营销活动，促进顾客资产形成。旅游企业通过营销活动可以鉴别出各驱动要素的重要性，这对于企业实践具有重要的指导意义。同时，企业可尝试针对不同影响要素安排相应营销活动，为不同层次的顾客提供不同的营销策略，以期找到符合企业自身的营销战略。

旅游企业首先应了解和研究顾客，根据顾客的需求来提供产品，同时，企业提供的不仅仅是产品和服务，更重要的是由此产生的顾客价值。其次，在制定营销方案时，需要考量顾客的购买成本，顾客购买成本不仅包括其货币支出，还包括其为此耗费的时间、体力和精力，以及购买风险。再次，在制定分销策略时，更多地考虑顾客的方便，而不是旅游企业本身的方便，要通过完善的售前、售中和售后服务，让顾客在购买和体验旅游产品及服务时，享受便利。最后，应通过同顾客积极有效的双向沟通，建立基于共同利益的新型顾客关系，在双方的沟通中找到能同时实现各自目标的通途。

第二节　旅游业顾客资产的驱动因素

Rust 等(2000)通过主成分分析法，找出解释顾客资产的相对独立成分来定义顾客资产的基本构成，即价值资产、品牌资产和维系资产(关系资产)。而邵景波等(2009)

提出的四维驱动要素模型，将感知资产纳入到此驱动模型中，他们认为感知资产是由口碑宣传和交叉购买两个要素影响的。而张宇和张慧敏(2015)则认为感知资产受以下五个因素影响：口碑宣传、交叉购买、知识建议、重复购买及价格溢价。作者认同四维驱动要素模型，即认为，旅游业顾客资产的驱动要素为价值资产、品牌资产、关系资产、感知资产。

一、价值资产

(一) 价值资产的概念

价值驱动要素是指顾客在对所付出的代价与所获得的顾客让渡价值进行比较的基础上，对企业的产品或服务做出的客观评价。由顾客对企业提供的产品和服务的价值大小的感知而引发出的那部分顾客资产就是价值资产。它是顾客对购买企业提供产品和服务的所得与所失的主观而又理性的判断。

价值资产是企业与顾客关系的基础。旅游业必须通过在质量、价格和便利方面满足顾客需要和预期的能力来传递基本价值。在购买旅游产品之前，顾客通常会有需要和期望。旅游企业应当了解这些需要和期望，并努力满足游客的需求。当旅游业提供的产品与服务满足或超越了顾客期望时，价值资产就有可能升高；反之，不能满足游客需要或导致游客不满时，价值资产就会降低。

(二) 价值资产的驱动要素

顾客与企业进行交易的最终目的是以一定的代价获得最大的顾客让渡价值，企业只有在提供令顾客满意的让渡价值的基础上，才有机会发挥品牌驱动要素、关系驱动要素及感知驱动要素的作用。由此可见，价值驱动要素在顾客资产驱动要素的研究中处于基础地位。具体来讲，价值驱动要素包括质量、价格和便利性三个亚驱动要素。旅游业应当关注并努力改善这三个亚驱动要素，以提升价值资产。

1. 质量

质量是价值资产的第一驱动力，分为四个主要部分：服务产品、实物产品、服务传递和服务环境。

服务产品指产品的无形部分。作为服务性行业，旅游业中不少产品都属于这一类。

实物产品指旅游业为游客提供的产品或服务的有形部分。旅游业的实体产品包括旅游企业为游客提供的所有有形商品。

服务传递指旅游业通过服务的实际绩效传递其承诺的程度。

服务环境指服务发生的环境。环境可以向顾客提供有关企业的总体质量的重要信息。旅游业应当为游客提供舒适、美好，或让游客感兴趣的环境，这也是提高游客满意度和提升价值资产的一个机会。

2. 价格

价格也是价值资产的一个强有力的驱动力。价格是游客选择旅游产品时经常关注的一个问题，旅游企业也经常使用价格折扣来吸引顾客，但是，降低价格同样也有负面作用，如潜在地降低了游客对企业产品总体质量的感知。因此，旅游业合理地运用价格策略才是提升价值资产的有效途径。

3. 便利性

价值资产的第三个驱动力是便利。旅游业为游客提供的服务和产品获取的便利性也是游客关注的一个重要问题。四川省甘孜藏族自治州除了九寨沟以外，还有很多像天堂一样美丽圣洁的地方，如木格错。然而进入木格错的唯一通道是川藏公路，走这条路就要翻越险峻的二郎山，因此很少有人愿意冒险进入木格错去一探美景。自二郎山隧道打通后，既缩短了进入木格错的时间，又保证了交通安全。至此，以木格错为代表的天堂美景也迎来了大批的游客。

(三) 价值资产的地位及作用

价值是顾客与企业之间的重要联系。旅游业必须传递产品和服务的基本价值——在质量、价格和便利性方面满足顾客需要。如果某位游客不能感知到企业的产品或服务能够提供价值，任何广告活动几乎都不会对该游客产生影响。

在旅游业中，游客通常会面对复杂的购买决策，因此，在做出决策之前，他们会仔细评价每一个备选方案，并更多地关注产品和服务的价格、质量和便利性。因此，旅游业顾客资产管理中，旅游者对价值资产的评价和感知会直接影响顾客的购买意向，从而对旅游业顾客资产产生重大影响。

二、品牌资产

(一) 品牌资产内涵

品牌驱动要素是顾客对企业品牌形象和品牌意义的主观评价。品牌资产是顾客对企业品牌认知而引发的那部分顾客资产，也就是量化的品牌价值。品牌资产的大小反映了顾客对企业品牌的重视度，对企业提供的产品与服务形象的认同度，代表企业成功影响顾客对产品、服务主观评断的程度。

(二) 品牌资产的驱动要素

品牌资产的驱动要素是顾客对企业品牌形象和品牌意义的主观评价，是顾客资产驱动要素的重要组成部分。品牌资产包括三个驱动要素：顾客的品牌认知度(传播组合、媒体和传达的信息)、顾客对品牌的态度(信息沟通、特殊事件、品牌合作、品牌延伸、产品展示和名人签名)、顾客对品牌道德的认知。

品牌认知度指顾客所表现出的对某一品牌的知识和记忆的程度，一般通过企业的宣传推广和顾客口头传播实现。品牌认知度是品牌购买的先决条件，它对于建立品牌资产具有非常重要的作用。

对品牌的态度指顾客如何定义一个品牌相对于替代品和竞争者的优势和劣势。顾客对品牌的态度对于建立品牌资产也是非常重要的，如果顾客对一个企业品牌持负面态度，那么此企业就难以建立品牌资产。

顾客对品牌道德的认知是指顾客对企业的公民责任感和道德的评价。顾客在长期购买一个企业的产品时，通常会考虑该企业的公民责任感和道德，通过构建可靠的企业公民责任感，联合使用强势品牌知晓意识和对品牌正面态度的作用，企业就能够成功建立品牌资产。

(三) 品牌资产的功能

品牌资产可以看作顾客对品牌感知的那部分顾客资产。它能够代表企业成功影响顾客对企业产品和服务的主观评价的程度。品牌资产在整个顾客资产中的作用有：①如果企业培养出了顾客对其品牌的偏好态度，那么他们便更偏向于购买该品牌。②若企业增加了顾客对品牌的正面感情，他们就不太可能购买竞争者的品牌。③顾客对品牌的积极态度和感情将会增加顾客将该品牌推荐给其他人的可能性，也会增加其他顾客试用、购买该品牌的可能性。

品牌之所以能够提升顾客资产，是由于品牌是企业产品或服务的精神内涵、价值理念的体现。当品牌所代表的这种精神与价值获得顾客的认同时，便可以获得顾客对企业产品或服务的偏好。因此，品牌不仅可以吸引新顾客，而且能够提醒老顾客持续购买企业的产品或服务，增强顾客与企业之间的感情，这对于顾客的获得与维系具有重要的作用。

三、关系资产

(一) 关系资产的含义

关系资产是顾客对企业与其关系的感知而引发的那部分顾客资产，它着眼于与顾客建立良好的“体验”关系，它以企业对顾客采取的建立、培养和维系高质量关系的活动为基础。关系资产的影响力可通过顾客感知的转移交易相关成本的大小来衡量，顾客感知到的断绝关系引起的相关成本越大，关系资产就会越大。

提升旅游业顾客资产中的关系资产价值就是在最大限度上与顾客建立良好关系，促进关系资产价值的最大化。为此就要促进顾客之间的相互了解，激发他们对企业的共同爱好。同时还可以采取转换成本策略，旅游企业可通过建立顾客管理信息系统、数据库等手段不断与顾客形成相互学习、相互了解的互动关系，在无形中增加顾客的转换成本，从而增强顾客对企业的依赖性。

(二) 关系资产的驱动要素

关系资产的驱动要素是指顾客与企业之间关系的强弱程度，主要包括五个要素：忠诚回报活动、顾客团体活动、特殊赞赏和特殊对待活动、知识学习活动、活动联谊和情感交流活动。

忠诚回报活动主要是指奖励顾客的购买行为。它是企业接近顾客购买行为的有效办法，能够为企业给现有顾客提供个性服务创造机会。

顾客团体活动指的是企业以品牌个性为基础，为组建顾客团体而开展的一些活动。企业能通过顾客团体维系与顾客之间的关系。

特殊赞赏和特殊对待活动是通过向顾客提供与所购买产品(服务)相关或不相关的产品或服务以奖励其购买行为。特殊对待能给顾客额外的刺激，吸引顾客再次购买，提高顾客在本企业的消费支出，从而使关系资产增值。

知识学习活动是要求企业关注与顾客的每次互动。在这一过程中，企业能了解顾客，顾客也得以更了解企业，从而使关系资产增值。

活动联谊和情感交流活动则是致力于把产品(服务)融入顾客的某些强烈爱好或情感联系之中。通过这项活动，企业有机会以品牌个性为基础来组建顾客团体，通过顾客团体来维系顾客与企业之间的联系。

(三) 关系资产的重要性

实践证明，丰富的品牌资产和价值资产也许不足以保持住顾客，企业还需要使用一些方法把顾客吸引到公司来，加强顾客与公司关系的紧密度，关系资产代表了顾客与公司关系的强度。有效的维系顾客的策略可以最大化顾客重复购买的可能性，从而最大化顾客的将来购买价值，同时减少了顾客转向其他竞争者的可能性。

另外，企业与顾客的亲密关系，可以使企业更及时和准确地了解顾客的需求信息和消费感受。这对企业的价值创新是非常有益的，可以为企业顾客资产的价值资产和品牌资产的改善提供信息和依据。

四、感知资产

(一) 感知资产的概念

感知驱动要素是顾客资产驱动要素中不容忽视的内容。国外学者的早期研究中，已经有许多人提出除了价值、品牌和关系驱动要素外，顾客终身价值与顾客资产还受到一些更难以观察和预测的非购买行为的影响。我国学者邵景波(2009)考虑了口碑宣传和交叉购买对顾客资产价值的影响，对营销收益模型进行了改进，建立了顾客资产四维驱动测量模型，提出感知资产在顾客资产驱动要素中同样具有重要作用。

(二) 感知资产的驱动要素

在口碑宣传、交叉购买、知识建议、重复购买及价格溢价这五个影响因素中，口碑宣传是指当用户使用产品或服务，获得满意的体验时，往往会愿意向身边的亲友推荐；交叉购买指的是用户对某企业产品的先前使用体验会影响其后续对该企业其他产品的选择；重复购买和交叉购买相似，重复购买是指顾客购买相同产品或服务的购买行为；知识建议是指客户向企业提供的信息，包括客户满意度信息、客户需求信息、竞争对手信息、产品改进知识信息等；而价格溢价是指对企业产品价格敏感度低的忠诚顾客购买企业边际利润大的产品，给企业带来更大的利润。表 6-2 为感知资产的驱动因素及其亚驱动因素。

表 6-2　感知资产驱动因素及其亚驱动因素

感知资产驱动因素	亚驱动因素
口碑宣传	顾客向他人宣传产品或服务品牌 直接推荐他人购买 顾客“情感可信性” 收受者心目中的“理想群体”
交叉购买	企业可能提供而顾客又有需要的产品数量 客户关系水平
知识建议	顾客需求信息 产品改进知识 竞争对手信息 顾客满意度信息
重复购买	重复购买忠诚品牌 更新购买忠诚品牌
价格溢价	边际利润大的产品 对价格敏感度低的忠诚顾客

资料来源：张宇，张慧敏. 2015. 顾客资产管理研究述评. 财会通讯，(5): 52 55

(三) 感知资产的价值意义

1. 口碑宣传

口碑的产生来自他人的实际经历，是顾客消费体验的一种总结。因为口碑传播方式属非商业方式，不含有任何商业宣传目的，所以相对于媒体广告、公告信息等方式更容易赢得顾客信赖。口碑宣传对品牌效用的影响具有普遍性与实时性，必然会体现在顾客选择的过程中，从而影响顾客的购买行为。因此，旅游企业应注重口碑宣传的影响，在取得正面口碑的同时增强口碑宣传力度。

2. 交叉购买

事实上，顾客在购买一个产品或服务时会产生购买其他产品的想法，这种想法一旦被付诸行动，则会变成实际购买行为。类似的购买行为发生得越多就越会增加顾客选择此品牌的概率。旅游企业应制定全面、合理的营销战略计划，尽可能多的激发顾客的购买意愿并实施购买行为，从而促使交叉销售的行为产生，获得更大的销售市场。

3. 重复购买

顾客购买的出现有着一定过程：首先，在对产品的认知和使用基础上，顾客对产品属性的认知会逐渐加深，也渐渐形成了认知忠诚。其次，顾客会逐渐对品牌产生一种积极情感，故而形成情感忠诚。在情感累积下，加上其他原因的作用，顾客就产生了对该品牌的偏好和重复购买的意向，即态度忠诚。最后，顾客实现了最终的重复购买行为。而重复购买对顾客资产的影响主要与旅游企业产品或服务的质量、企业声誉及顾客信任相关，这些因素共同作用促使顾客产生重复购买行为。

第三节 提升旅游业顾客资产的策略与方法

顾客资产的提升实质上就是顾客资产的保值与增值，也是研究顾客资产的最终目的。顾客资产的增值过程，一方面是培养忠诚顾客的过程，另一方面也是充分利用顾客价值的过程。因此，提升顾客资产必须通过有效的管理和经营来实现。

一、基于顾客盈利能力细分的顾客资产提升策略

在旅游业经营的现实中，不同的顾客给旅游业带来的价值是不同的。旅游企业应当根据顾客盈利能力的不同，对顾客进行细分，在细分的基础上，根据顾客提出的需求不断改善产品和服务中对顾客资产影响较大的方面，提升顾客的满意度和忠诚度，帮助实现顾客资产的维系与提升。

(一) 实行数据库管理

对顾客资源实行数据库管理，是实现有效的顾客细分和提升顾客资产价值的基础手段。对作为服务行业的旅游业而言，在信息和互联网技术的支撑下收集、处理和传递顾客信息的高效性尤为重要。

(1) 企业需要强大的数据库系统去记录、跟踪和分析顾客的购买行为与收益状况。

(2) 数据信息的可获得性和完备性也为科学有效的顾客细分提供了可能。

(3) 完备的顾客数据库资料为企业了解顾客情况、改善服务水平、培育顾客忠诚度、提升顾客资产价值提供了诸多方便。

酒店在每位顾客消费时，通过数据库建立起详细的顾客消费档案(包括消费时间、消费频率、偏好等一系列特征)，借此可以准确找到目标顾客群，降低营销成本，提高营销效率；通过共享个性化顾客信息的数据库系统，预测顾客的需求并提供个性化、人性化的服务，满足顾客特殊需求，建立并发展长期关系，实现伙伴式的关系营销；同时，可以通过数据库保持与顾客的沟通和联系，实现全面互动，强化顾客与企业的社会性关系。

(二) 细分顾客资产市场

根据数据库提供的顾客资料分析顾客盈利能力的不同，将顾客分为以下四个层级。

1. 铂金层级

盈利能力最高的顾客，是企业的重度用户；对价格不敏感，愿意积极尝试新产品。

2. 黄金层级

与铂金层相比，该层级顾客希望价格折扣，忠诚度、盈利能力都较低，与多家企业交易以降低自身的风险；但消费高于顾客平均值，也可能是企业的重要用户。

3. 钢铁层级

这一层级包含的顾客数量很大，能消化企业的产能，提供企业必需的经济收益，但消费支出水平、盈利能力和忠诚度不值得企业予以特殊对待。

4. 重铅层级

此层级顾客不能给企业带来盈利，甚至会侵蚀铂金、黄金层顾客给企业创造的利润。他们的要求很多，超过了他们的消费支出水平和盈利能力对应的要求(购买量小而交易成本却很高)，有时还可能是问题顾客，制造负口碑效应，消耗企业资源。

为了优化旅游业的顾客资产结构，应当在以合理的成本支出前提下，最大限度地维系铂金层级和黄金层级顾客，适当保持钢铁层级顾客，尽量减少企业在重铅层级顾客身上支出的成本。顾客盈利能力细分可用来分析盈利能力不同的顾客层次对服务质量变化的反应，有利于企业综合运用多种营销方法。

(1) 层级划分可让营销资源分配更为有效；企业可以将最优化的资源用于维持高盈利能力的顾客，提高企业资源利用的效率。

(2) 向顶层顾客提供优质化的产品和服务，企业声望可以提升，口碑宣传较好，竞争能力也会加强。

(3) 由于不同层级消费心理和服务目标不同，向不同层级顾客提供不同服务可以更好地满足顾客需求，提高顾客满意度和忠诚度，进而提升顾客资产。

(三) 实施有效的顾客选择

1. 顾客的角色和管理

顾客在企业的投资组合中扮演着不同的角色，这是以购买量、利润和其他的战略考虑为基础的。购买量大的顾客给企业带来利润的同时也带来了麻烦。购买量大的顾客非常重要，因为他们能使企业的生产线保持运行。然而，巨大的购买量使得他们有足够的能力挤压价格并获得服务，这可能会抵消购买量给企业带来的利益。而购买量小的顾客可能对价格不敏感，并且他们不太可能会要求企业提供额外的服务。企业需要对这些顾客采取不同的方法进行管理。

企业利润是消费者支付的价格和企业成本的函数。顾客可能会因为认知不足而支付高价。企业服务顾客的成本可以通过规模经济、减少的顾客需求和企业随时间而提高的效率来降低。对企业来说，在决定如何管理一个特定的顾客之前，理解利润增加(或减少)的来源是很重要的。

2. 顾客选择决策的评价基础

在一个组织中，不同的人通常从不同的角度来观察和评价顾客的吸引力。这很普遍，它突出了顾客选择的决策问题：评价基础因评价者不同而异，并且影响如何排列顾客的优先次序。公司必须明白决策者会把他们的偏见带到对顾客和购买的评价中来。为了不使一线员工产生混淆，顾客选择标准必须清楚地阐明，并且必须有足够的信息可供他们利用。除此之外公司还必须对他们的投资组合中的不同顾客当前和未来扮演的角色有清晰的认识，还要确保所有对顾客选择负责的职员认同顾客选择标准，并且确保他们在做这些决定时能获得适当的、高质量的顾客层面信息。

二、基于驱动因素的顾客资产提升策略

(一) 价值资产提升

价值资产主要受质量、价格和便利性的影响。企业所提供的产品和服务必须满足顾客的需要和期望。如果顾客不能从企业那里获得价值，即便有很好的品牌战略、顾客维系战略也不会获得理想效果。价值资产关系到顾客对产品或服务的期望，在首次购买之前就已经形成。由此，价值资产的增值基本上有以下三个途径。

1. 提升产品或服务的质量

旅游业可以利用实体产品改进顾客对价值资产的感知，如餐厅可以采用透明化的设计将制作过程真实地展示给顾客，提高顾客对产品质量的信心。另外还可以通过服务环境的改善吸引顾客，如酒店个性化的装修。

2. 制定有效的价格策略

因为价格的高低会影响顾客对产品或服务的评价，所以，旅游业应当合理利用价格策略来提升价值资产。旅游企业可以使用常客价格折扣、团体优惠价格、季节性价格等多种价格策略相结合的方法制定价格。但是，无论使用什么样的价格策略都应当建立在保证产品和服务质量的基础上。

3. 方便顾客使用和获得

在市场竞争异常激烈的今天，顾客消费的方便性和便捷性是旅游业应当关注的一个重要问题，也是提升价值资产的一个有效途径。旅游企业应当尽可能地为顾客提供方便、快捷、优质的服务。

(二) 品牌资产提升

提升品牌资产可以从三个方面着手：建立品牌意识、品牌定位、企业公民的责任感和道德。

1. 建立品牌意识

品牌意识是顾客对某一品牌的知识和记忆的程度。旅游业应当整合营销沟通策略，向顾客宣传自己的品牌。除了传统意义上的广告、媒体宣传、公共关系等传播途径之外，旅游业还应当关注顾客的口碑宣传效应。

2. 品牌定位

品牌定位是指通过自身的服务创立鲜明个性，塑造出与众不同的市场形象。这一形象能够在顾客心目中占据一定的位置，有利于企业抓住客户和赢得客户。旅游企业在品牌定位中要立足实际，注重市场调研，体现特色、差异、个性。旅游企业如果没有自己的创意，产品缺乏差异和个性，定位不明晰，很难激发起顾客对企业的正面态度，也不可能捕获顾客的心。

3. 企业公民责任感和道德

企业的社会责任，可视为企业的公民责任。“企业公民”意味着企业不能只满足于做个“经济人”，还要做一个有责任感和道德感的“人”。旅游企业应建立企业公民意识，这是参与国际竞争的必然选择，也是提升品牌资产的途径之一。

(三) 关系资产提升

1. 建立顾客电子档案，与顾客保持沟通和交流

通过给顾客建立顾客电子档案，与建档顾客保持亲情化对话和信息沟通，不仅可以有效挽留住老顾客，增加顾客满意度和忠诚度，还可以有效地掌握市场需求动向，发掘市场机会。

2. 建立与顾客的长期关系

旅游业可用忠诚回报活动(企业给予常客某种物质奖励)、特殊赞赏和特殊对待活动(向顾客提供与所购买产品、服务相关或不相关的产品或服务以奖励其购买行为)、联谊活动等方法，把产品和服务融入顾客资产增值的途径。

(四) 感知资产提升

源于顾客感知的满意或者忠诚会导致顾客的两种行为，即顾客的口碑宣传和交叉购买，它们直接对资产的提升产生影响，是非常重要的顾客资产驱动要素。

1. 给顾客提供超期望的感知价值，增加顾客满意度

顾客价值剩余是顾客感知价值与期望价值之间的差额，若能不断地给顾客提供超期望的感知价值，就可以增加顾客价值剩余和增加顾客满意度。而价值创新和全方位服务也是增加顾客价值剩余的有效途径。

2. 根据不同顾客层级顾客的需求，提供相应的感知价值

提升铂金层级顾客资产的关键，就是让每一次交叉购买行为都是令其满意的。对于黄金层级的顾客，需提供适应的购买升级优惠策略，并且发挥其正面口碑宣传效应，避免负面宣传。对钢铁层级的顾客，企业应当致力于控制对其服务的成本的同时令其满意，进而提高其重复购买的次数，传播对企业有利的正面口碑。对于重

铅层级的顾客，企业需要极力控制其传播消极口碑。对于低层级顾客，要尽量发掘能够使该层级中多数顾客满意的驱动要素。

三、基于顾客资产管理能力的提升策略

提升旅游业顾客资产必须注重提高顾客资产管理能力，而顾客资产管理能力实际上是由一组能力所构成的能力平台。其中，每种能力都与一类顾客资产管理活动相对应，如图 6-1 所示。因此提升顾客资产管理能力就要求旅游企业能够做到全面提升顾客知识管理能力、顾客盈利分析能力、顾客识别能力、顾客获取能力、顾客挽留能力、顾客定制能力和顾客盈利开发能力。

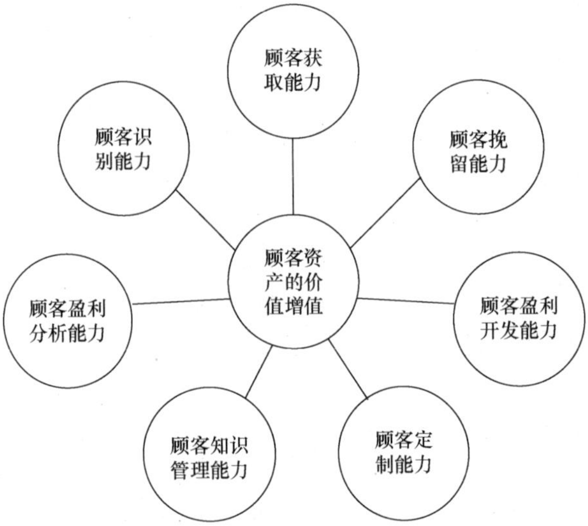

图 6-1　顾客资产管理能力平台及其构成(王永贵等，2008)

(一) 顾客知识管理能力

顾客知识管理能力是指企业收集和分析顾客信息以指导顾客管理的技能，是产生和整合顾客知识的过程。只有对其顾客的需求、偏好及购买模式等具有合理的了解，企业才能提供顾客所需的定制化产品或服务，因此顾客知识管理能力是顾客资产管理能力平台中最重要的能力之一。一般而言，顾客知识管理能力主要包括四种组织过程：①顾客信息过程；②市场营销和信息技术接口；③高级管理层的参与；④员工评价与奖励。

(二) 顾客识别能力和顾客获取能力

顾客识别能力指的是企业对其现有顾客、潜在顾客或流失顾客的偏好、盈利性或忠诚性等加以精确辨别的技能。因为企业资源有限，不可能为所有顾客都提供同等服务，所以就必须对顾客进行筛选和划分，以便为所选择的目标顾客提供优异的顾客价值，进而在特定顾客群体中营造出明显的价值优势。

顾客获取能力指的是把潜在顾客转变为现实顾客的技能，它根据顾客基础的增长和长期盈利而不是短期品牌试验展开。它是在顾客基础赢利性分析、顾客基础更新与顾客获取和挽留的战略整合上进行的，以此吸引到更多高价值、高忠诚度的顾客。一般而言，顾客获取应遵循三条规则：①所获顾客都必须保证其折现的未来收益超过获取成本；②拓展获取顾客时要有低反应率的准备；③把顾客获取与挽留和追加销售联系起来。

(三) 顾客挽留能力和顾客定制能力

顾客挽留能力指的是尽力延长与现有顾客的关系长度的技能。其重点在于通过挽留现实的或潜在的高盈利顾客、降低流失倾向和提供抱怨机会等来提高顾客的忠诚。因此，企业必须制定明确的顾客挽留计划、专门的预算，设置对顾客挽留管理负有具体责任的执行者，以及有效地处理顾客的抱怨。

顾客定制能力指的是根据顾客的有关偏好与行为向其提供满足其差异化需求的产品或服务的能力。其中，大量定制能力尤为重要。为此，企业的设计、生产与交付过程都必须同时具有高度灵活性和较低成本性。

(四) 顾客盈利分析能力和顾客盈利开发能力

顾客盈利分析能力指的是企业把收益与成本摊配给顾客细分群体或个体顾客，从而计算出其盈利性的技能。盈利分析可以获悉每位顾客的盈利性和顾客基础中的盈利分布状况，这就为顾客细分提供了依据。一般而言，顾客盈利分析过程始于对现有顾客的审查，特别是识别出“积极”顾客及其盈利性，以便对其进行定制化营销。

顾客盈利开发能力：指的是向现有顾客销售更多的相同产品或其他产品，从而提高顾客资产价值的技能。此技能主要表现为追加销售技能、升级销售技能、交叉销售技能和利用口碑推荐的技能等。它们在很大程度上决定了企业现金流增长的机会与这种增长的可持续性。分析顾客盈利的开发机会时，除了考虑收益之外，还应考虑开发所需要的成本，如果成本太高，则会对企业顾客资产产生负面影响。

第七章　旅游产业链的优化整合

随着经济全球化的发展及社会分工的不断细化，产业各要素及各产业间的分工合作逐渐深化，各环节和部门间的经济技术联系日益紧密。企业竞争优势的基础越来越多地取决于企业所在产业链上各环节之间的系统整合，打造发展产业链成为提高企业竞争力和促进经济发展的重要举措。旅游产业是一个综合性很强、关联度很高的经济产业，相对于其他产业更加多元化，涉及层面更广，与众多国民经济相关产业关系密切，其发展对相关产业具有明显的关联带动作用，显现出鲜明的产业链发展的趋势。构建和优化整合旅游产业链是提高旅游产业市场竞争力、促进区域旅游产业经济及整体经济发展的重要举措，当前旅游产业链构建问题已然成为我国旅游产业持续发展的“瓶颈”。因此，深入开展对旅游产业链构建与优化整合等问题的研究，具有十分重要的现实意义。

第一节　旅游产业链概述

一、旅游产业链的概念

(一) 旅游产业链的内涵

产业链理论的研究主要体现在产业内部各个生产要素间的关联关系、企业之间的供给关系和价值形成等方面。旅游产业链的界定存在争议，大致可分为三类：第一类界定方式是基于旅游产品供给的旅游产业链。如王起静(2005)指出旅游产业链即为了满足旅游者相关的旅游需求，以旅游产业中具有竞争力或竞争潜力的企业作为链核，同时与相关联产业企业通过技术、产品、资本等纽带联合起来，进而通过包价、零售等方式将旅游产品以直接或间接的方式销售给旅游者，以此来实现其客源地与旅游地之间的旅行和游览等目的，从而形成在旅行社、饭店、餐饮、旅游交通、旅游景区、旅游商店等相关行业之间的链条关系。第二类界定方式是基于投入产出关系。如赵小芸(2010)指出旅游产业链就是上游产业资源开发和下游旅游产品消费的全过程中物质和信息之间的投入产出关系，以及该投入产出关系形成过程中所涉及的相关产业企业和部门所构成的链条架构。第三类界定方式是基于供求关系。如王保伦等认为在旅游者从客源地到目的地的空间转移及旅游消费过程中，相关产业企业为满足其完成到达目的地的旅行与游览等目的，为其加工、运输并提供旅游产品等过程中所形成的以旅游企业为核心的各种产业供求关系。

综上所述，可以认为旅游产业链是指为了谋求社会、经济和生态等效益，以旅游产业中的关键企业为链核，以旅游产品为关联，产业部门间在对应的价值利益的指向下进而形成的动态关系链，建立在旅游产业内部分工、旅游产品供需关系及旅游体验消费增值等因素的基础上，共同向旅游者提供旅游服务时所形成的相互协作关系。

(二) 旅游产业网的提出

黄常锋等(2011)的研究发现，从产业功能的角度来讲，①铁路运输、道路运输及航空运输等行业构成了为旅游产业提供对应交通运输服务支持的系统模块；②餐饮、住宿等行业构成了为旅游产业提供日常饮食住宿服务支持的系统模块；③环境管理、公共设施管理等行业构成了为旅游产业进行管理支持的系统模块；④保险行业形成了为旅游产业提供风险防范的系统模块；⑤石油及天然气等能源行业形成了为旅游产业提供能源需求保障的系统模块。同时，黄常峰等认为由支持、服务、公共管理、安全及保障五个子系统模块构成了“旅游产业网”，有利于上下游各个产业部门之间形成横向与纵向融合的交流与合作，有利于各个产业部门之间明确职责分工，有利于形成合理的“责、权、利”关系格局，同时也有利于进一步对我国旅游产业深化改革产生积极的影响。尽管黄常锋等提出了旅游产业网的概念，但其实质仍是旅游产业链的延伸。

二、旅游产业链的形成原因与基本形态

(一) 旅游产业链的形成原因

由于旅游产业的持续发展及旅游市场不断扩大，旅游产业的专业化分工也在不断细化。因为旅游产业的多产业融合等特点，旅游产业内各个行业间交易频率不断上升，从而导致交易环节的增加，交易费用也呈现出逐年递增的趋势。所以，为了达成减少因交易费用的增加而产生的额外谈判成本及组织成本的目的，交易双方应当进一步巩固旅游产业链上各行业之间的协作关系，主要表现形式就是制定有利于旅游产业发展的正式制度与非正式制度，以此避免潜在的旅游市场失灵现象。

从传统制造业产业链内涵的经验来看，社会分工导致产业链的形成，同时在交易机制的作用下，产业链组织不断深化。因此在一定程度上可以将旅游产业链的经济学成因归结为：由于旅游细分市场的不断扩大，旅游产业的专业化分工逐步细化、旅游系统网络中的节点不断增加，节点之间的交易程度提高，旅游产业链逐渐形成，与此同时，旅游产业链的逐步延伸又会要求旅游产业进一步深化专业化分工，从而又进一步提高了旅游市场交易程度，催生更高级形态的旅游产业链的形成，如此循环往复，旅游产业链将不断丰富发展。

(二) 旅游产业链的基本形态

从上下游投入产出的视角来看，旅游产业链的基本形态可以从两个方面进行刻画：第一，根据从上游原材料、中游产品生产、下游销售到最终旅游者的动态联系，

刻画出旅游核心产业链(图 7-1)；第二，根据核心产业链各环节所涉及的产业部门，刻画出旅游相关产业链(图 7-2)。

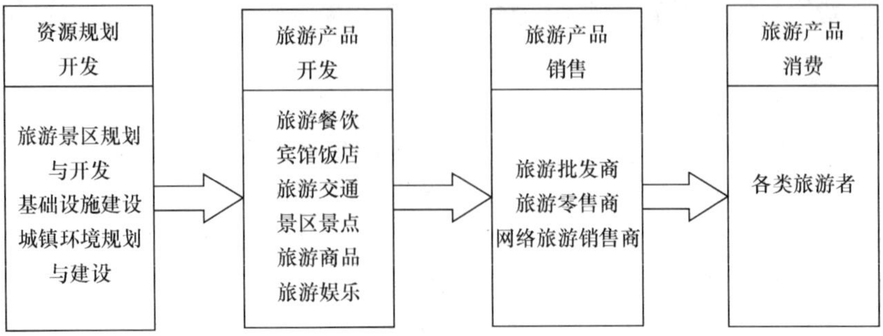

图 7-1　旅游核心产业链(赵小芸，2010)

从图 7-1 中可以看出，旅游核心产业链指明了旅游产业从上游原材料、中游产品生产、下游销售到最终各类旅游者的动态关联关系，具体包括四个环节：资源规划开发、旅游产品开发、旅游产品销售和旅游产品消费。其中资源规划开发提供旅游产业的资源基础，包括从事旅游景区规划与开发、基础设施建设和城镇环境规划与建设的相关企业和机构。旅游产品开发依据当地资源特点和环境状况进行相应的设计和生产，该环节包括提供食、住、行、游、购、娱等产品与服务相关的企业。旅游产品销售作为旅游产品生产企业与旅游者之间关联的纽带，依据旅游者的需求对旅游产品进行相应组合，进而提供给旅游者，包括旅游批发商、零售商、代理商，也包括网络旅游电商等。经过销售环节，旅游产品最终到达各类旅游者手中，也就是旅游产品消费环节。

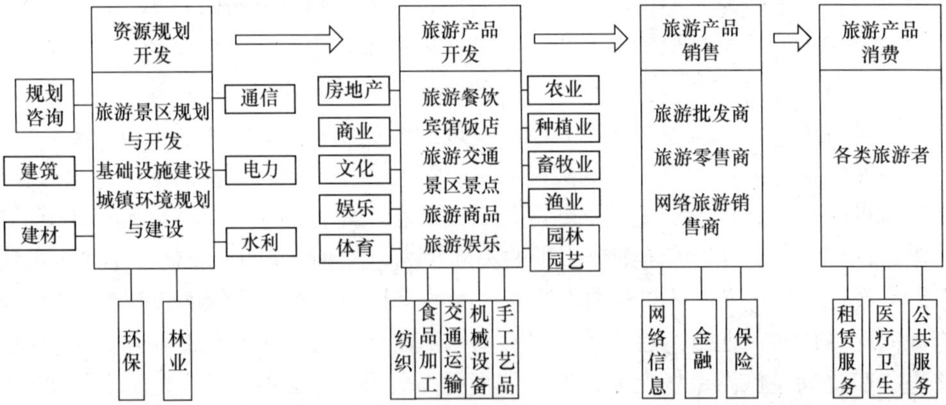

图 7-2　旅游相关产业链(赵小芸，2010)

从图 7-2 中可以看到，旅游核心产业链的上下游生产过程与第一、第二和第三产业的 29 个相关产业部门产生关联，这正是由旅游业的综合性和关联性特征所决定的。这些相关产业部门构成了旅游相关产业链。核心产业链的产业部门与相关产业链的产业部门间长期存在着物质和信息的供求传递关系及相对较为稳定的合作和交易形式，通过核心产业链的连接，旅游产业链整体呈现出网络状拓扑的特征。

三、旅游产业链的特征

(一) 需求导向性

旅游需求是影响旅游产业链的最根本因素。首先，哪些行业应包含在旅游产业链中由旅游需求的特点决定。为应对多元化、个性化的旅游需求，旅游行业的试点、改革也在悄然实施，新的功能主体也会纳入旅游产业链中。其次，旅游需求的空间指向性将直接影响旅游产业链的空间结构和整体布局。近年来，乡村旅游的快速发展，使得旅游产业链在空间上延伸到乡村郊区。不同类型的旅游方式，其旅游产业链也会存在差异，如团队旅游，旅游产业链的构建多以旅行社为主体，涉及的旅游企业形式以景点景区、交通部门、饭店、旅游购物商店为主。因此，旅游需求的变化会引导旅游产业链向适应旅游需求的方向不断演进。

因为旅游产业链围绕旅游需求不断发展，所以旅游产业链具有动态性。为了能够满足游客的旅游需求，旅游产业链应不断升级改造，从无序走向有序。虽然这种完善可能会随着需求的变化而变化，导致旅游产业链的稳定性降低，但随着旅游产业链内旅游企业间的相互作用，各个企业按照需求不断调整，又会使旅游产业链由无序向有序演进。因此，旅游产业链总是随着旅游需求的变化而处于动态演进中。

(二) 中间性和链核特殊性

1. 中间性

旅游产业链上的企业之间并不是简单的市场关系，而是一种长期战略同盟关系。与纵向一体化不同，旅游产业链是独立企业间的联合，与企业联合不同的是旅游产业链中的企业同盟在各方承诺的关键性领域中单独运作。旅游产业链不属于简单的市场交易关系，也不属于纯粹的企业组织关系，而是一种介于宏观和微观之间、同时兼备微观和宏观特征的中间组织，是一种同时具有市场的组织和组织的市场特点的中间组织。

为了能够生产出满足游客需求的旅游产品，某一旅游企业的产品成为其他旅游企业的投入品，它们之间存在相应供需关系。同时，旅游产业链的价值以旅游企业的内部价值为基础，通过生产和销售对应的旅游产品，各旅游企业的内部价值关联起来，形成整个旅游产业的价值链。旅游企业之间通过合作产生的协同效应使得旅游产业链的价值大于产业链中各企业的价值之和，从而实现整个产业链中企业的价值增值。

2. 链核特殊性

产业链围绕核心企业，通过对信息流、物流、资金流的控制，将各节点企业及最终用户组成一个经济组织。核心企业就是产业链的链核，协调产业链中各个节点企业的行为。而在传统产业链中，往往是以市场前景比较好、科技含量比较高、产品关联度比较高的优势企业为链核，通过这些链核之间的联系形成链条。在旅游产业链中，处于链核地位的不是旅游产品或者服务的生产商，而是担负着大量组织协调工作的大型旅行社和掌握客源信息的旅游运营平台。但对于自发形成的自驾游产业链体系，不存在核心企业。

(三) 网络性和复杂性

传统产业链是基于产品工艺分工的纵向产业关联，表现为企业间上中下游形式的关联形态。旅游产业综合性较强，决定了其产业链是基于旅游客流的网络状关联形态，核心企业和节点企业之间的关联复杂性更高，既有纵向关联(上游大型旅游商、下游景区、饭店、宾馆、导游、司机)，又有横向关联(宾馆、饭店、景区、商品部门)和混合关联。

旅游产品综合性决定了旅游产业链环节较多，产业链各要素在数量、质量和层次结构上协调难度比其他产业更大。此外，由于产业链中各个企业隶属于不同部门，它们相互影响和制约，旅游产业链呈现出高度的复杂性。

第二节　旅游产业链的构建

一、旅游产业链构建的动力和阻碍因素

(一) 旅游产业链构建的动力

1. 合作需要

产业链是产业节点的集合，产业节点之间通过合作而实现链接。旅游企业之间的合作形式主要体现在两个方面，即基于分工与交易的合作形式和基于技术与资源共享的合作形式。存在分工关系的企业之间能够通过合作减少信息的不对称性，降低交易费用及创新风险；而共享技术和资源的企业之间因为分工关系不明确，相互交易数量少，所以企业之间的合作主要是基于产业特征的要求或企业能力的约束。

从博弈论的角度来看，旅游产业链是旅游产业内相关企业之间重复博弈的结果，经济行为主体目标的实现程度不仅受其自身选择的影响，也受对手选择的影响。只要联盟可以带来更大的收益，企业之间的合作就会存在。相关区域企业团体的生产能力、个人产出、经济效率等研究结果也表明，单个一体化企业的经济效率与区域产业链或集群相比要小，合作、结链等方式是企业发展的理性选择。由此可见，旅游产业链因旅游企业之间有合作的需求而产生。正是因为企业合作，旅游产业链的经济性才能够实现。凭借合作机制，产业链能够突破企业之间的有形界限，延伸企业的社会功能，使产业链上的主体获得更强的竞争能力和更好的发展前景。

2. 市场拉动

旅游产业链是围绕旅游需求而构建的，同时根据市场的需求变化而不断变化。因此，市场是旅游产业链组织运行的决定因素。换句话说，产业链的运行主要依靠下游市场的拉力驱动。在市场经济条件下，旅游产业链上的产品或者服务，最终需要经过市场的检验和认可。旅游需求的多变性在一定程度上决定了旅游产业链上各个企业必须具备较强的适应性，各个企业能够依据需求的变化不断调整自身的经济行为。由于旅游产业链组织形式是一种非刚性结构，产业链的推力相对而言是次要的、较弱的。如果下游市场发生阻塞，上游企业仅凭自身能力强行推动而非凭借市场需求拉动产业链运行，结果必将事与愿违，甚至带来灾难性后果。因此，掌握通向市场渠道的旅行社等节点在旅游产业链中占据优势地位。

3. 自组织拉动

自组织是指系统在没有其他外力干预下，通过与外界进行物质、信息和能量的交换，降低自身熵值，不断提高系统结构的有序度，增强自我适应与自我发展能力的过程。在这个过程当中，系统无须外界干预而自行创生、自行组织、自行适应和自行生长，自主地从无序演变成有序。旅游产业链同样是一种以内力驱动为主的自组织系统，这是它能够形成并稳定发展的一个重要原因，系统成员间的非线性竞合作用是产业链运行与演化的基本过程和主要形式。旅游产业链的演化与形成是链内所有主体基于生存与发展的动机而采取的自发行动的结果，产业链组织内的每一个企业都是自发、自主地寻找合作者，依次链接、延伸，相互竞争、协作，共同构成完整的产业链条。

综上所述，在旅游产业链的形成与演进的过程中，市场机制起着关键性作用。通过市场作用和旅游产业链上各成员的自发行动，使产业链整体具有了自组织性，影响和改变着产业链中要素的流动与组合、产业联系的缔结和转换，进而推动旅游产业链的升级及组织结构与空间结构的演变。

(二) 旅游产业链构建的阻碍因素

近些年来，旅游产业链的构建在国内受到了政府、企业等的广泛关注。在部分城市，旅游产业链的构建已成为当地旅游业发展规划的主要目标，拉长旅游产业链已被认为是发挥旅游业对相关产业带动效应的有效途径，各大旅游企业集团也纷纷加入到产业整合浪潮中来。然而，旅游产业链的构建仍存在一系列尚未解决的问题。

首先，旅游产业结构的不合理影响到整个旅游产业的协调发展。我国旅游产业结构不合理主要体现在三个方面：其一，数量结构不合理，旅游产业内部各个行业的生产在数量上应该具有一定的比例关系，如不同规格的旅游景区应该配备适当比例的旅游饭店、旅游商店、交通工具等。其二，层次结构不合理，如旅游景区不同星级饭店之间的比例关系。其三，质量结构不合理。旅游产品具有生产与消费同时存在的特征，任何环节的产品质量缺陷都可能影响最终旅游者的消费体验，从而影响整个旅游产业链的构建。

其次，我国行政区域性市场壁垒(简称行政性壁垒)过高，资源要素缺乏合理的流动与共享。行政性壁垒指的是政府及其行政机关采用行政手段和行政命令建立的排除区域竞争，使区域内企业形成垄断的行为。旅游产业涵盖交通业、住宿业、餐饮业、景点景区业等不同层次的行业，单一的地区很难在每个行业都占据优势，加之旅游活动所涉及的范围已然超出了行政区域，某一行政区域内的产业链可能只是整个旅游产业链中的某一个或几个环节，仅仅依靠自身实力在区域内部建立完整的旅游产业链是不切实际的。

最后，旅游产业链上各个企业之间也缺乏合理的协调机制和利益分配机制。利益分配和协调机制是企业协作的前提要素。旅游产业链上的大多数企业直接与旅游消费者打交道，为旅游消费者提供相应的产品和服务。为了增强旅游产业的整体竞争力，产业链利润需要重新分配和转移从而实现企业利润的均衡化。因此，缺失合理的利益分配机制将会严重影响旅游产业链的健康发展。而如何通过解决这些问题来构建合理的旅游产业链结构是发展旅游产业的首要任务。

二、旅游产业链构建步骤及策略

(一) 旅游产业链构建步骤

1. 动员和组织

旅游产业链构建需要得到相关部门、企业和公众的支持，尽管旅游产业链各成员之间凭借自组织作用形成了产业联合，但这些自发的利益驱动的联合并不足以推动整个旅游产业链的形成。因此旅游产业链的构建必须由旅游产业相关政府职能部门，如地方旅游局带头组织旅游产业链构建的前期工作，向各旅游机构和公众宣传旅游产业的发展战略，宣传构建旅游产业链对地区、各产业部门及公众带来的社会和经济效益。旅游行政管理部门应着重动员旅游创收较高的核心企业加入到旅游产业链的构建中来，起到引领和带头作用，并影响其他旅游产业相关要素积极参与其中。此外，政府机构还要成立旅游产业链构建工作小组，由旅游相关的政府部门领导指引整体构建方向，并协调旅游产业链中各要素之间的关联关系，有条不紊地构建旅游产业链。

2. 调查与分析

在构建旅游产业链之前，应针对性地对特定地区或区域的旅游产业整体状况及周围环境、社会经济条件等进行详细的调查分析，明确哪些旅游产业要素对旅游产业链构建的影响较大，需要考虑的重点环境因素有哪些，做到不遗漏任何与旅游产业链构建相关的要素。

3. 提出并筛选构建方案

根据对旅游产业整体发展现状等情况的调查分析，确立以政府旅游产业发展目标为导向，提出针对性的旅游产业链构建的具体方案和实施条件。同时根据旅游产业、社会经济等方面的发展状况，对所提出的旅游产业链构建方案进行分析筛选，从中选取最优的旅游产业链构建方案。

4. 实施、调查、分析、反馈

根据筛选出的最优方案实施旅游产业链的构建，同时在构建过程中继续不断地对社会经济、环境及旅游产业各要素的发展状况进行调查分析，及时解决构建过程中产生的实际问题，保证旅游产业链构建的合理性。构建完成后，需要进行产业链的构建及运行效果分析，及时进行信息反馈，进一步优化完善旅游产业链。

(二) 旅游产业链构建策略

第一，优化旅游产业结构，奠定完善旅游产业链的基础。优化旅游产业结构就是要使得旅游产业结构向合理化、高度化和均衡化的方向发展。具体的优化途径主要体现在以下两方面：一方面是政府应根据旅游产业经济运行的内在特点和要求，制定与此相适应的产业政策，以调整完善产业结构；另一方面，旅游企业应该根据市场竞争状况及旅游者的需求来调整自身发展的模式。

第二，构建旅游产业链要求各种旅游资源和要素在区域内和区域间自由流动，因此必须降低行政性壁垒，按照构建产业链的客观需求配置旅游资源和要素。为了实现这一目的，就要求在跨行政区域配置旅游资源时必须淡化单边运作，强调互动协作，建立健全区域旅游发展的协调与磋商机制；淡化行政手段，强化市场作用，使政府逐渐从旅游企业所有者的地位上退出。当然，打破区域的行政性界限，除了通过政府退出市场运作手段外，还要发挥政府在区域间旅游发展政策制定、统一协调区域旅游产业布局、统一规划区域重大旅游基础设施体系及生态环境保护和建设、开展技术协作和信息交流等方面的积极作用。

第三，旅游产业链要加强内部的组织协调，形成合理的利益分配机制。旅游产业链中各个企业之间都存在着相互合作与利益分配问题，因此链条上旅游企业的利益合理分配的实现是构建合理旅游产业链的前提。在旅游产业链中，景区往往处于核心地位，从国内旅游发展的现状来看，过高的门票价格是制约旅游者旅游行为的重要因素之一。从旅游产业链发展规划的宏观大局来看，适当降低景区门票价格，可以有效提高旅游产业链的整体发展。

第三节　旅游产业链的整合

一、旅游产业链整合理论

产业链的整合是对原始状态下离散的各产业的组合、调整、纵向一体化和横向一体化的过程。产业链整合理论研究包括产业链组成的原因、组合形式和变化原理。传统意义上的产业链整合理论主要是建立在产业组织理论、交易费用理论和企业竞争力理论等经济学理论基础上的。

(一) 产业组织理论

产业链整合的思想来源于古典经济学家亚当·斯密，他认为专业化分工的好处是揭示了工业生产是一系列基于分工的迂回生产链条，这一论断为后续的产业链整合研究起到了启蒙作用。而马歇尔对于规模的经济性的论述则成为产业整合理论的源头，他认为同一工业或行业中许多企业合并成为一个大的联合企业的动力是实现规模经济。至此，产业组织学分成了三个流派，即哈佛学派、芝加哥学派和新产业组织理论。其中新产业组织理论使用非合作博弈分析方法对企业策略性行为进行分析，这一理论发现在产业链整合中信息的不对称也发挥着重要作用。

(二) 交易费用理论

交易费用理论最早出现于科斯的《企业的性质》一书，他认为企业之间的交易是存在成本的，企业的内部交易也同样存在成本，企业与市场的边界是企业市场交易的成本与企业内部交易的成本的切点。威廉姆森和马斯顿等人在此观点的基础上表明了新的观点，即企业在进行一体化整合时会损失被整合企业的内部交易效率和提高企业的市场交易效率，企业在进行一体化决策时所要考虑的是损失被整合企业效率与提高企业的市场交易效率的差额，也就是说企业是否决定进行纵向一体化取决于企业实施纵向一体化所减少的交易成本的量。迈克尔·迪屈奇则认为要将交易费用理论和规模经济理论结合起来才能完全解释产业链整合的多样化形态。

(三) 企业能力理论

企业能力理论认为，无论是横向整合还是纵向整合，企业要想在激烈的市场竞争中生存下去，就需要能有效地整合其内外部能力。阿兰·奥佛尔研究认为，技术对于企业的一体化整合至关重要，技术越先进，产业链的整合效果就越明显；反之，如果技术不能达到企业的整合要求，一体化整合效果就会明显下降。这说明一体化的整合效果和技术是反向相关的。

上述理论都是基于新古典经济学理论的均衡分析，本质上属于静态分析。在新技术日新月异的今天，稳定的行业越来越少，产业链分解整合的速度越来越快，这些变化改变着产业的组织结构和发展规则。传统的以静态分析为主的产业链整合理论已经不能适应新技术的发展，因此，需要新的产业链整合理论。

在一个环境变化迅速的时代，首先要求新产业链整合理论基于演化的视角分析企业内部与外部的互动。其次，知识经济的到来进一步改变了传统理论所依据的技术基础，知识的分工与合作是产业演化的中心问题，这就要求新产业链整合理论要以知识基础观为基本出发点。在新的技术经济条件下，现代企业竞争优势的基础已经超出了单个企业自身的能力和资源范围，竞争范围从单个企业扩展到了整个产业链，竞争方式也更多地表现为创新竞争和速度竞争。传统产业链整合理论研究如何争取垄断地位，新产业链整合理论需要研究的应该是如何更好、更快地挖掘顾客的潜在需求，为客户创造价值，以顾客价值为导向。

二、旅游产业链整合途径

(一) 旅游产业链的区内接通：产业集群

旅游产业集群是指旅游核心企业及旅游相关的支持企业和部门，彼此存在密切的经济联系，在一定地域空间内集中并协同发展。因旅游目的地供给企业本身具有的群簇性，所以在旅游目的地发展产业集群有利于旅游产业链在区域内的连接，实现区域旅游产业链的整合。旅游产业链上的企业存在关联性，这种强关联性是形成旅游产业集群的内在动力，旅游产业链上各个旅游企业被旅游者和旅游资源紧密联系在一起。从这个意义上讲，在旅游目的地建立以产业链为基础的旅游集群在很多方面表现出优越性，如实现资源互补、共享外部经济性、实现环境共享。

通过利用上述产业集群优势，能够帮助链内企业实现协同效应，从而降低旅游企业之间的交易费用，发挥产业集群对经济增长的重要作用。一方面，旅游产业集群有利于提升旅游产业间的良性竞争力，另一方面，通过旅游产业集群的发展能够塑造该地区的整体旅游形象，发挥品牌效应。

(二) 旅游产业链的区际延伸：区域旅游合作

区域旅游合作是指基于某种利益，不同区域主体之间，采用一定的约束形式，在旅游经济活动范围内进行的各种合作。旅游企业间的区域合作可以实现产业链的区际延伸，促进整体旅游产业发展。这种合作既能产生于旅游目的地之间的产业，又可以发生在旅游目的地与旅游客源地之间的产业。

旅游产业链围绕旅游需求而构建，旅游活动的跨区域性特点使得旅游产业链的整合必须要跨越行政区划的界限，才能实现在旅游目的地之间及旅游客源地与旅游目的地之间的接通。借助于区域旅游合作可以打破行政性壁垒，这有利于各种资源在旅游产品开发、交通、宾馆饭店等设施建设、管理机构设置等方面进行统一规划、合理布局，使得资源实现优化配置、效益得到提高、旅游供给得到优化重组。

需要注意的是，不应将区域旅游看作是对旅游企业的简单叠加，而应视为各区域旅游产业链的有机整合。只有这样旅游产业链才能够生成区域旅游合作与发展的内在机制，实现旅游供给体系的垂直分工，推行和打造区域之间的无障碍旅游和无缝隙服务，促进旅游目的地之间及旅游目的地与旅游客源地之间的畅通，实现合作区域内旅游规划一体化、旅游交通畅通化、旅游信息系统化。

(三) 战略联盟

旅游战略联盟是指旅游产业链中同一个行业内部，以旅行社、酒店、交通、景区为主的旅游企业之间，或是旅游企业与其他相关行业企业之间出于各种战略考虑，签订协议，建立起的长期合作的资源共享网络式组织。这种战略联盟常见的形式有：酒店或旅行社的预订系统、委托管理、酒店联合体、旅行社联合体、酒店及旅行社或航空公司组成的旅游网站联盟、特许经营、合资企业等。旅游企业间的战略联盟不仅可以共担企业风险，还能够降低企业间的竞争强度，帮助企业获得专项资源、专有技术和能力。

构建战略联盟时要特别注重其稳定性。这一稳定性取决于多种因素：联盟伙伴匹配性、收益与风险对称性、联盟管理合作性、战略方向一致性、联盟文化协同性。同时，还受到联盟协议的完备性、信用机制及调节机制的完善性等因素的影响。另外，战略联盟的稳定性会随着技术、实力对比等因素的变化而发生变化。要成功运作战略联盟就要求旅游企业在实施战略联盟时，要注重对联盟内企业核心能力的建设、信任机制的建立，同时还要推进信息化管理、协调联盟组织学习及促进文化融合。

三、不同视角下旅游产业链的整合模式

（一）基于顾客价值的旅游产业链整合

1. 顾客价值

所有的产品和服务都必须对顾客有一定的价值，顾客才会购买，这种价值不是由企业决定的，而是由顾客决定的。对于顾客价值的理解可以从两种角度出发，一是从价值工程，顾客价值是指顾客的获得与费用支出的比例；二是从经济学的效用理念，顾客价值就是产品满足顾客需求的程度。顾客价值是顾客的感知价值，而顾客感知价值的核心是感知利益与感知成本之间的权衡。感知利益是指顾客从某一特定产品或服务中所能感受到的利益总和，包括功能、服务、品牌等；感知成本是指顾客在评估、获得和使用某一产品或服务时所付出的成本，包括产品价格、搜寻成本、交通使用成本等。可见，可以通过提高感知利益和减少感知成本两个途径来实现顾客价值的改善。由于旅游企业是通过旅游产业链的一系列价值创造活动来向顾客提供产品和服务的，顾客在旅游体验中关于自身得和失的感知与评价，其实也是对整个产业链的感知和评价。因此，通过对旅游产业链的优化整合提供更多顾客感知价值，是旅游企业获得竞争优势的源泉。

2. 基于顾客价值的旅游产业链整合模型

构建基于顾客价值的旅游产业链整合，需要旅游产业链上各企业部门之间建立协同合作、信息共享、全程优化、风险分担、利益均沾的联盟伙伴关系，以此增强价值链的整体运作水平，才能为旅游者提供和创造更有价值的旅游产品和服务。

根据旅游产业链的特点，基于顾客价值的旅游产业链整合模型如图 7-3 所示。

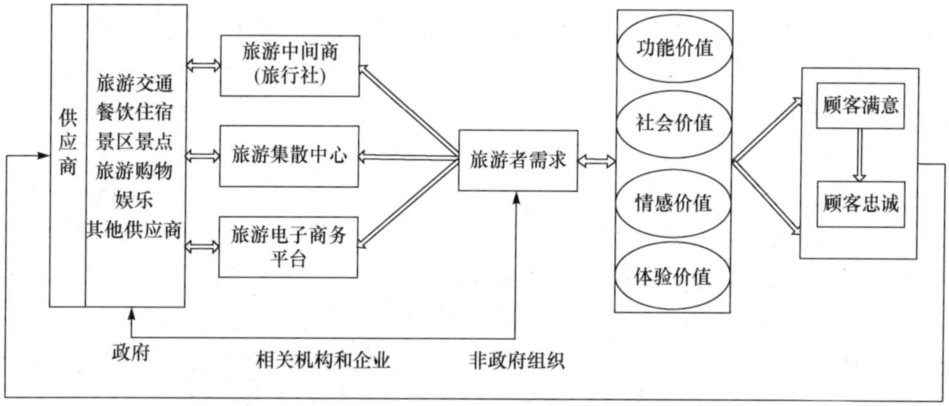

图 7-3　基于顾客价值的旅游产业链整合模型(盖玉妍，2008)

旅游产业链基于顾客价值整合以后，呈现以下两个特点。

1) 以旅游者的需求为主线

这里的旅游者包括向旅行社等旅游中间商购买包价旅游产品的旅游者，以及直接向供应商或通过旅游集散中心和旅游电子商务平台向供应商购买旅游产品的散客。旅行社、旅游集散中心和旅游电子商务平台成为旅游供给要素和旅游者之间的纽带。旅行社承担着对跨区域的旅游吸引物和旅游供给要素进行组装的任务，起到了协同整合完整产业链的作用。旅游集散中心是为散客提供旅游产品和服务的组织，它提供的服务包括旅游目的地的客房预订、景区门票、旅游交通等。电子商务和现代化信息系统则改变了传统旅游产业链“一对一”的单体价值链模式，转变为“多对多”的网状模式。电子商务平台将众多的旅游供应商、中间商和旅游者联系起来，使产业链中各主体间的信息变得更加通畅，产业链连接也更加灵活。

2) 以顾客价值为核心

顾客价值是顾客对产品和服务的主观评价。从学者的研究中可知顾客价值维度包括四个方面：社会价值、情感价值、功能价值和体验价值。其中社会价值源于产品或服务中社会自我概念的强化；情感价值源于产品或服务可使顾客产生积极情绪；功能价值源于产品的感知质量和预期效用；体验价值则来自于顾客参与旅游过程所获得的愉悦体验。

基于顾客价值的旅游产业链的整合，要求企业内部实施有效的顾客价值管理，要使为旅游者提供的产品或服务淡化企业界限，实现协同。同时，还要求旅游供应商和中间商从创造最大顾客价值的理念出发，重新审视其渠道机制和客户关系，实现从交易型关系向伙伴型关系的转变，以在扩大顾客价值的同时实现旅游产业链的协调发展。

(二) 基于品牌延伸的旅游产业链整合

品牌延伸是指具有一定地位的品牌形成后，所有者将这种成熟品牌的巨大影响力运用到相关产品领域或类别中去的企业发展战略。品牌延伸理论的研究一直以来局限于制造业的有形产品上，但从品牌延伸基本理论与旅游产业链内涵要求的相似性来看，品牌延伸战略也适用于旅游业的产品和无形服务，为旅游产业链的优化整合所用。

旅游产业链的品牌延伸优化按产业与旅游活动的关联程度分为：①链内主要产业；②链内辅助产业；③链外产业三个逻辑圈层，如图 7-4 所示。链内主要产业圈层是直接为旅游消费者提供旅游核心服务和基本服务的企业，圈上的产业关联性强，因而在此圈层进行旅游品牌延伸的可能性与可行性比较大，对旅游产业链的优化作用明显；链内辅助产业圈层是间接为旅游消费者提供服务的企业，旅游消费不太看重此类企业的实力，因而旅游品牌向该圈层的产品延伸对旅游产业链的优化效果小；链外产业圈层的企业提供的产品基本脱离了旅游产品与服务的范围，因而旅游品牌向该圈层的产品延伸基本上不会对旅游产业链起到优化作用。但强势的非旅游品牌有可能成功延伸至旅游产品，并以此为核心形成新旅游产业链。

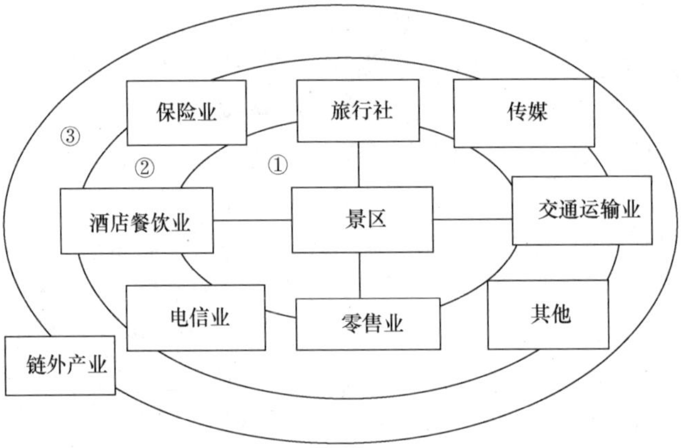

图 7-4　旅游产业链的品牌延伸优化模型(覃峭等，2009)

基于品牌延伸的旅游产业链优化路径包括三个基本要素：核心品牌起点、树型品牌延伸路径、多种品牌延伸方式。企业核心品牌或产品是其运用品牌延伸战略进行旅游产业链优化的动力起点，它应具备旅游产业链优化对核心企业的一般要求；品牌延伸路径指品牌所经历的与各圈层、各产业、各企业的合作路径，或者是企业内部品牌延伸的轨迹；品牌的延伸路径可以是单射线型的，也可以是树型的，即原产品和延伸产品都可能在一定范围内再进行品牌延伸，这也符合旅游产业链优化对核心企业的强关联性带动旅游产业集中实现链接路径通畅的要求。

(三) 基于产业协同的旅游产业链整合

1. 高新技术对传统旅游产业链的“嵌入式”渗透整合

这里的高新技术特指互联网技术，互联网+旅游形成了一个新兴产业，即在线旅游产业。由于旅游者对信息的依赖性，以及旅游产品消费不依赖于物流等特点，互联网与旅游业的融合发展成为水到渠成的事情。互联网技术的优化提升也带动了旅游业整体素质和产业竞争力的提高，改变了传统旅游业科技含量低、劳动密集型的生产方式，从而转向高科技、知识密集型的生产方式，实现旅游产业的跨越增长、转型增长。互联网技术的嵌入，改变了传统旅游产业链的游戏规则和运作模式，旅游产业链的运作模式从原本僵硬的“一对一”模式向网状模式过渡，并开始形成旅游价值网。

旅游产业由很多子行业组成，并且由子行业间的相互配合来运行这一综合产业。旅游供应商环节是由“吃、住、行、游、购、娱”等旅游企业共同组成的，旅游集团、旅行社、旅游公司则组成了旅游中间商。借助互联网技术而形成的旅游价值网上的所有企业都依托互联网这一平台来传递旅游消费者、旅游供应商、旅游中间商间的信息，有效地提高了交易效率，同时也缩短了整条价值链的交易时间，降低了交易成本。这一交易方式表现出了旅游产业链上的企业间合作的开放性、协作共赢性和创新性。

2. 旅游产业链与相关产业的产业链间的延伸协同

旅游产业链的延伸协同发生在旅游业和与其并行的第一、二、三产业间，常见的旅游业与其关联产业的延伸整合形式有农业旅游、工业旅游、会展旅游、体育旅游、医疗旅游、影视旅游、地产旅游等。

3. 旅游产业内部集群式产业链的协同重组

旅游产业集群是产业链的特点。从表象上看，旅游产业集群是旅游业内部相关旅游企业在有限地理空间下的集聚，但从产业链，特别是集群式产业链的角度来看，旅游产业集群的形成过程，实际上是首先形成一个旅游单链供应链，然后旅游单链供应链间协同、聚合而成为一个网络组织的过程。在旅游集群式供应链中，集群中的各个单链核心企业对供应链的网络形成具有较大影响。单链式供应链的形成建立在核心企业的基础之上，而旅游集群式供应链之所以能够形成网络，则是由于这些单链式供应链纵横交错的关系。

其实，任何形式的旅游产业整合模式都是产业链间的协同结果，可以发现上述两种协同方式都具有嵌入意味，其中一种是一个产业链的价值单元嵌入，依附到另一个具有较高旅游价值的产业链条之中；另外一种模式是旅游产业链单链协同成为旅游集群式供应链的过程。

第八章　旅游产业的人力资本管理

旅游产业作为第三产业，其发展离不开人才的支持，他们的智力、体力和心力的有机结合，构成旅游产业的“人力资本”，形成体力和智力劳动为支撑的人力资源新格局。而企业家作为旅游产业的核心人物，其人力资本是旅游产业人力资本的重要部分。企业家社会资本又反作用于企业家人力资本，能够帮助旅游企业获取资源的网络化联系。因此，旅游产业应科学合理地管理人力资本，加强培训，提高员工的职业素质，加大激励力度，不断发掘管理新模式和新方法；利用好旅游企业家社会资本，获取一手消息，降低交易成本，建设企业文化，提高成员的凝聚力，促进企业的技术创新。

第一节　旅游人力资本管理概述

一、旅游人力资本

(一) 旅游人力资本的含义与功能

1. 旅游人力资本

原亚太旅游协会主席斯科特·斯伯努曾提出，旅游业的发展是人类的进一步发展，在旅游行业中，最重要的就是人力资本，只有发展人力资本，确保满足游客的需求和期待值，旅游行业才能得到进一步的发展。

作者认为：旅游人力资本是指为了实现旅游业当前及未来的收益，各相关主体通过有意识的投资活动获得的，凝结于人身上的知识、技术、能力、协作力、良好的态度与价值观等质量因素的总和。

2. 旅游人力资本的功能

1) 旅游人力资本是企业成长的核心资源

人力资本是劳动力技能、知识、健康和态度等质量因素的集合，是可以提高企业生产率和收益率的能力，包括个人能力和群体能力。旅游人力资本是旅游企业实现未来收益的保障，员工掌握的知识、技能越多，对企业成长的贡献越大。管理者可以通过对人力资本进行培训、激励、配置、使用、评估等，促进员工价值的动态增长，从而实现企业的持续兴盛。

2) 旅游人力资本等同于旅游企业价值创造

旅游人力资本的提升，有利于企业在激烈的市场竞争中处于优势地位。企业价值越高，企业利益相关者得到的回报就越多，与此同时，人力资本价值的提高可以促进企业价值的提升。人力资本创造的价值可以用财务指标来量化，主要表现为企业利润的增加。

3) 旅游人力资本价值提升促进旅游业可持续发展

旅游产业市场环境敏感多变，企业之间的竞争实质是人才与人才的较量。旅游人力资本价值及管理的滞后势必会影响旅游企业经济效益及旅游行业整体的发展，因此，旅游从业人员综合素质、服务意识与精神、创新能力等质量因素的提升是实现旅游业可持续发展的保证。

(二) 旅游人力资本特征与类型

1. 旅游人力资本特征

1) 投资特征

人力资本是经过有意识的投资活动获取的，作为投资成果的技能、知识等在人力资本配置、使用过程中，能够创造更多的经济收益。然而，人力资本投资是一种长期性投资，可能需要几十年，甚至伴随人的终身，因为投资期限长，所以人力资本投资效应会远远超过其他资本。

2) 价值特征

对于物质资本价值的大小，可以选取一定的尺度标准来衡量，如酒店设施、设备等，而人力资本，如领导能力、经验等，一般难以用某个标准来度量，所以，人力资本成本对于每个企业来说是不等同的。此外，人力资本的价值是动态变化的，可以连续增值，也可能会贬值。其价值高低需要在动态使用过程中通过对其绩效的评价加以确定。

3) 组织特征

人力资本的组织特征首先表现为人力资本的相互依赖性，人力资本主体通常需要与组织中的其他人力资本主体或物质资本主体分工协作。企业生产的本质就是人力资本与非人力资本之间的相互依赖，两者在财富的创造过程中相辅相成。其次，人力资本具有专用性，当人力资本所拥有的知识、技能等价值只适用于某一领域时，人力资本的流动性较差，会影响旅游企业组织形式的构建。

4) 产权特征

人力资本具有排他性，人力资本只能属于与其密不可分的载体，不能离开其载体而独立存在，即人力资本为私人所有。然而，人力资本是可分解的，即人力资本的使用权、所有权等可以分属于不同的主体，市场交易过程可以实现产权在不同主体之间的让渡。

2. 旅游人力资本的类型

旅游人力资本按照不同分类标准，可以进行如下划分。

(1) 按其在旅游企业中的价值大小，可分为企业家人力资本、专业人力资本和一般人力资本三个层次。

企业家人力资本：拥有这类人力资本的员工可称为企业的高层员工，把经营企业作为自己职业的企业职业经理人。这主要包括旅游企业中的中高层管理者，他们在单位中具有一定职务职称、负有较大责任，且高层管理人一般具有决策权利。

专业人力资本：拥有这类人力资本的员工可称为企业的中层员工。中层员工是指企业中具有专业特长的，以创造性劳动为主的经营管理者和专业技术人员。旅游企业中初级管理人员，包括旅行社、旅游饭店、旅游交通运输等单位的基层管理人员和财会人员，以及各种技术人员，如专业计算机操作人员、网络技术人员等，都属于旅游专业人力资本。

一般人力资本：拥有这类人力资本的员工可称为企业基层员工，是指在企业内从事规范性操作流程的任务，具有相对比较普遍的知识和技能的员工。这类人力资本主要是旅游业服务人员,他们主要是旅游企业中直接或间接从事服务的工作人员，如导游人员、客房服务员、餐饮服务员、采购员、电工、水暖工、洗衣工、清洁工、木工、园林绿化工、司机、修理工、搬运工等。

(2) 按照人力资本所拥有的知识、技能等构成因素的不同，旅游人力资本可以划分为经营管理型人力资本、技术型人力资本和普通型人力资本。

(三) 旅游产业人力资本和人力资源之间的联系与区别

旅游人力资本和人力资源两者之间的联系如下。

首先,从内涵来看,旅游业人力资源主要是指所有旅游从业者劳动能力的集合，通常由劳动者的数量和质量来表示，其数量由具有劳动能力的人的总量来表示，质量由拥有劳动能力的人的知识、能力、技术、经验等表示。而旅游人力资本是指从业人员身上所凝结的技能、知识、经验、努力程度等质量因素的总和，即旅游劳动者质量存量。旅游人力资本是人力资源的重要组成部分，是旅游人力资源的升华。

其次，从其形态来看，旅游人力资源属于静态的概念范畴。旅游人力资源大致可以分为三大类，旅游管理人员、技术人员和服务人员，而旅游人力资本则是一个动态概念，实际上是人力资源在生产过程中的使用。当人力资源具有经济价值并能带来收益时，即被赋予了人力资本的内涵。旅游人力资本的使用是指劳动者身上知识、技能、经验等存量的运用，在使用过程中可以带来经济收益和社会收益，而这一过程也是劳动者自身价值保值、增值的过程。

旅游人力资本和旅游业人力资源的区别主要表现在以下几个方面。

理论视角不同。旅游人力资本是通过一定的投资活动获得的、凝结于人身上的技能、知识、经验等资本形式，强调投入一定成本，其经济价值通常通过投入产出来衡量。旅游业人力资源主要是通过科学而有效的开发与管理，充分挖掘和发挥员工的内在潜能。

外延不同。人力资源是一个宏观的概念，既包括不经过任何形式的培训和教育就拥有的劳动能力，又包括培训才能上岗的、从事复杂劳动的劳动者的能力和知识。

而人力资本是一个微观的范畴，仅包括从事复杂劳动的能力和知识。

强调的重点不同。一般而言，旅游业人力资源强调劳动者的数量，反映的是劳动力存量问题，而旅游人力资本强调劳动力身上的知识、技术、能力、经验等质量因素，是将人作为投资对象，反映的人力资本存量和流量的问题。

二、旅游人力资本管理

(一) 旅游人力资本管理内涵

1. 旅游人力资本管理概念

人力资本管理以人力资源管理为基础，统筹“人”的管理与经济学的“资本投资管理”两大维度，将人作为资本进行投资与管理。

Lado和Wilson(1994)强调人力资本管理是企业保持持续竞争优势的唯一重要源泉。

Wright和Snell(1998)重在强调人力资源管理活动内在构件之间及与企业战略间的匹配性和适应性问题。

Chen 等(2016)认为人力资源管理是企业为实现战略目标而实施的一系列相关联的人力资源配置要素和构件间的有机集合。

关于人力资本管理概念还没有统一的定义，但他们都强调人力资本管理是以人力资源管理为基础，对员工进行投资与管理，以期获得长期的价值回报。

作者认为旅游人力资本管理是指以旅游劳动者为投资对象，在旅游人力资源管理的基础上，通过积累、保持、使用和管理人力资本，实现旅游企业和员工共赢的局面。

2. 人力资本管理与人力资源管理的区别

人力资本管理是对人力资源管理的升华与发展，在包含人力资源管理最基本职能的同时，还实现了一些附加职能。人力资本管理是人力资源管理的核心，与人力资源管理相比，更强调对企业知识的管理和对员工的培训与激励，重视员工自身价值的提高和可持续发展。人力资本管理与人力资源管理的区别具体见表 8-1。

表 8-1　人力资本管理与人力资源管理的区别

项目	人力资本管理	人力资源管理
范畴	资本性人力资源	自然性人力资源和资本性人力资源
性质	存量与流量	存量
关注点	收益	价值
对待员工的观念	双赢理论	视员工为财富
用人原则	基于能力和价值观选拔	基于能力选拔
导向	战略为导向	职能为导向

(二) 旅游人力资本管理的作用

1. 有利于提高旅游企业竞争力

旅游产业作为服务业，员工的服务将直接影响游客对企业的评价。通过人力资本管理完善员工的专业知识和技能，为顾客提供更为优质的服务，进而为企业带来收益。

2. 有利于旅游企业资源的优化和效率的提高

由于旅游资源分配不均，旅游产业淡旺季明显。通过人力资本管理，合理分配旅游从业人员，淡季地区的从业人员可以流向旺季地区，解决了旺季地区供给不足的问题，同时也降低了淡季地区旅游企业的成本，实现了资源的优化管理。

3. 有利于促进旅游产业的发展，优化行业结构

旅游业是劳动密集型产业，也被称为无烟产业，除了可以吸收大量从业人员，旅游业还可以促进旅游产业的快速发展，同时也能推动行业结构转型升级，优化行业结构。

(三) 旅游人力资本管理模型

人力资本管理模型是在实现人力资本战略的基础上最终实现企业发展战略的体系模式，包含人力资本规划、获得、激励、发展四个环节，是围绕企业岗位体系和能力模型形成的闭环管理体系。旅游人力资本管理模型则是该模型在旅游业中的应用，具体见图 8-1。

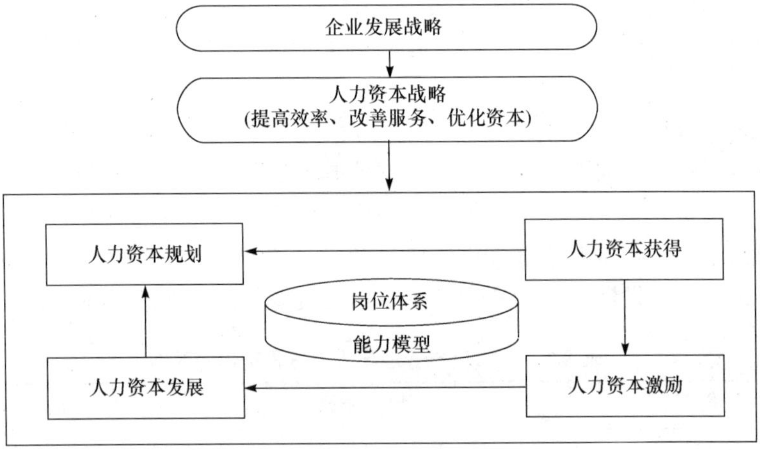

图 8-1　人力资本管理模型(李欣等，2014)

1. 岗位体系构建

岗位体系是以岗位层级和岗位族群构成的矩阵式架构，其中岗位层级的设置要以业务需求为标准，根据专业知识、业务领域影响力等要素进行评估与设置。岗位族群是指工作内容相似的岗位集合，主要根据工作内容、员工的知识和技能的相似

性来进行划分。通过岗位矩阵的构建明确了企业各岗位的职责、任职要求等内容，在此基础上形成正式的岗位说明书。同时构建岗位体系也可以使员工晋升渠道清晰、公开，方便管理。旅游企业的岗位体系要按照以业务为基础、以能力为衡量标准、以业务目标为指引三项原则进行构建。

2. 能力模型构建

能力模型的构建包含两大步骤：第一步统一能力架构。能力架构包括三大部分：领导力、核心能力和专业能力；第二步分步骤构建能力模型。旅游企业可以以能力条目、能力等级和对岗位能力的研究为主要内容，以员工访谈、问卷调查等方式对员工进行评估，进而建立企业的能力模型。一般来说，每个岗位序列设置 15～25 个能力指标最佳，核心能力数量小于 10 个。

3. 人力资本规划

旅游企业的人力资本规划应该是由下而上进行的，以企业最关心的具体问题为切入点，以点带面不断拓展，最后形成战略层面的人力资本规划。企业应在参考外部市场发展和分析竞争对手的基础上，对照企业内部的实际情况和发展历史确定业务范围和目标；对内部人力资本进行供需分析，确保旅游企业的人力资本供需平衡。同时也要做好人工成本费用规划，合理控制人力成本。

4. 人力资本获得

招聘、人力资本池机制、人力资本交流机制是旅游企业获取人力资本的主要体系。企业可以采用如内部人力资本交流、内部推荐、员工返聘、员工招聘等方式获取人力资本。例如，可以结合企业内部的人才中心和外部的人才市场进行人力资本培训、信息交流、人员评测、咨询有关岗位供求状况分析，这在一定程度上可以降低企业人力资本产权交易费用。企业新招聘的员工通过上岗培训成为企业的人力资本储备，形成满足企业人力需求的人力资本池。同时可以引进人力资本交流机制，以提高人力资本池的效益，实现员工人力资本价值与企业资本效益的双向提升。

5. 人力资本激励

旅游企业可以将绩效指标与工作目标层层分解，通过全员参与签订个人绩效合同提高激励力度，实现企业与员工的双赢。另外，对于不同岗位性质的员工应该制定不同的评估内容，加强绩效管理的过程控制，把员工的自身发展、晋升、薪酬激励与绩效考核直接挂钩，激发员工的积极性与主动性。

6. 人力资本发展

对于旅游企业而言，建立学习型组织是推动旅游企业人力资本发展最重要的方式。自上而下的模式不仅能形成规范性的制度引导，还能激发人力资本的积极性与主动性。具体来说，就是要建立完善的学习体系，同时，将正式和非正式的学习方式结合起来，形成混合式的学习机制，营造全员学习的氛围。

三、中国旅游人力资本管理现状及问题

1. 人力资本投资不足

人力资本投资不足主要表现在：首先，企业在教育培训上投资不足；其次，教育培训投资主要是例行性培训；最后，教育培训投资常常流于形式。

2. 人力资本结构不够合理

旅游企业更关注人力资本的总量，而忽视了人力资本的结构。通过劳动生产率衡量企业的人力资本水平，无法辨别企业价值的核心贡献者和一般贡献者，一概而论的管理方式使得人力资本的异质性得不到体现，无法发挥其最大价值，也无法增强企业的竞争优势。

3. 人力资本积累和传承不足

很多旅游企业对人力资本的管理还停留在对“人”的管理，而忽视了对其具有的“资本”的管理，使得旅游企业频频出现“天天招聘，天天缺人”的局面。究其原因，是没有积聚和保留员工内在的人力资本，以形成企业自身的资本，使得企业人力资本无法积累与传承。

4. 人力资本流动性差

现阶段我国的旅游企业制度还不够完善，很多旅游企业内部管理者并不认同员工轮岗换岗的机制，这在一定程度上限制了企业人力资本的自身增值，降低了人力资本的异质性。缺乏合理的流动机制和人力资本配置机制直接影响了企业竞争优势的提升。

5. 人力资本转化效率偏低

当今企业所拥有的人力资本总量都不少，但各个企业的竞争优势依然存在较大差别，究其原因，主要是企业的人力资本的转化效率偏低，在价值链上的附着程度存在差异，没能很好地实现它的递增收益。人力资本转化效率偏低的主要原因是驱动力不足与考核引导性不强。

6. 人力资本激励约束机制不健全

人力资本的资本价值常常得不到回报，企业家“59 岁现象”就是个典型案例。这在很大程度上反映了企业的激励与约束机制不健全，无法留住人才，影响了企业的可持续发展。

中国旅游人力资本管理还存在人才观念上只重学历不重“经历”；人才构成比例严重失调；人才流失现象严重；人才招聘、管理方式落后等问题。

第二节　旅游产业人力资本运营

一、旅游人力资本管理原则和方法

（一）旅游人力资本管理原则

人力资本管理应遵循以下五个方面的基本原则。

1. 人力资源资本化原则

在知识经济的时代背景下，企业发展最重要的就是知识、信息与技术，而人力资本正是指企业员工所拥有的技术、知识和经验等，因此企业应该将现有的人力资源视为“资本”来进行投资与管理，确保企业的健康快速发展。

2. 职业教育终身化原则

人力资本强调通过投资来获取“资本”的不断增值，因此旅游企业必须建立终身教育的学习机制，重视人才知识的丰富与更新，为企业创造更大的经济效益。

3. 管理方法人性化原则

当今社会提倡以人为本，旅游企业管理也是如此。旅游企业应该充分关注人才的精神与物质需求，给予足够的自由与信任，激发员工的工作积极性与创造性，在提高自身价值的同时实现企业价值的最大化。

4. 管理手段科学化原则

传统的经验式、被动式的人事管理已经被淘汰，企业人才管理开始步入科学化、专业化的人力资本管理时代。它通过科学化的管理手段，如职业生涯规划技术、员工激励管理技术等专业化手段提高人力资本管理的效率。

5. 薪金报酬绩效化原则

合理的激励制度是促进人才为企业创造价值的动力。将员工的工作绩效与企业业绩相结合，能够实现人才与企业价值的共同提升。

(二) 旅游人力资本管理方法

1. 建立国际化旅游人力资本的激励机制创新体系

激励机制是调动和发挥人力资本作用，进而实现企业价值的重要手段。但是，一个企业的激励机制也并不是一成不变的，它会随着企业不断发展而发生改变，如激励的强度、频率等。对于不同类型的员工，其激励机制也应有所侧重。

2. 旅游人力资本股权化

(1) 质量因素整合类型区分原则。根据人力资本质量因素的不同可以形成不同的人力资本类型。管理型人力资本、企业家人力资本和技能型人力资本由于其拥有较高的人力资本质量因素，都能实行股权化，而一般型人力资本蕴含的质量因素较少，可以不实行股权化。

(2) 人力资本岗位区分原则。具体来说，就是根据人力资本的岗位属性来确定是否实行股权化，如管理者或创新性人才，可以通过实行股权化起到激励作用。

(3) 资本效益区分原则。以人力资本为企业带来效益为衡量指标确定是否实行股权化。

3. 建立旅游人力资本绩效考核管理新模式

(1) 明确人力资本的各项指标。

(2) 建立以员工个人业绩为基础的公司业绩考核制度。

(3) 强化企业管理中的文化理念定位。

二、旅游人力资本管理过程

(一) 人力资本规划

1. 人力资本预测

在组织制定人力资本规划前，通常需要进行三套人力资本预测：人力需求预测、组织内部供给预测、外部人员供给预测。

1) 人力资本需求预测

人力资本需求预测就是根据组织的目标能力、岗位要求和发展前景，确定未来所需员工的数量、质量和类型，进而制定人力(补充)计划方案、教育培训实施方案的过程。

从实践看，预测组织未来人力需求应考虑五个因素：组织工作任务(销售额/营业额)，完成工作量(达到销售额/营业额)的决定因素；完成工作量所需人员估计；人员因辞职或中止合同而发生的滚动比率或流动频率；现有人力的素质和性质、产品或服务的竞争性、技术与管理能否适应增加和提高效率的需要、资金财务状况等；组织所处社会环境变化趋势。

运用趋势分析法、比率分析法、散点图法和经济计量模型法等基本方法，结合管理人员的判断，对人力资本做出最准确的预测。

2) 组织内部供给预测

在组织岗位出现空缺，或者新添业务需要增加员工的时候，着眼于在现有组织供职的人员中内部调剂，应是基本的途径。美国的一些调查表明，差不多90%的管理位置都是由内部调剂补充的。许多对雇员有高度认同感的企业都有综合性的从内部晋升的规划。

3) 外部人员供给预测

如内部人员不足以选聘填补空位，就需从外部招聘。人力供给预测的一般内容为：①组织职工队伍的基本现况，包括职工人数、性别、年龄、文化、工种、技术等级等。②组织职工流动意向，包括现有职工精神面貌、职工行为倾向、流动情况及原因和趋势等。③组织人事动态，包括内部提拔、调动的规章制度及实施情况、职工的反映等。④组织运作的内部环境，包括组织内部的软硬环境条件，如外在形象标志和企业文化、工作制度、人际关系、信息网络化程度、厂房和车间的工作条件、生活福利、发展前途、辐射/吸纳能力等。⑤组织发展的外部环境。

2. 人力资本规划的内容

(1) 岗位职务规划。它有三项基本任务：①定员(定位)，就是根据企业的发展目标、技术革新等，明确相应的组织结构、岗位职级等。②定责(岗位准则)，即确定每个岗位的职务标准。③定权(或定保障条件)，即确定岗上人员应具有的相应权利。

(2) 人员补充规划。即企业人力资本的外延扩张。

(3) 教育培训规划。即企业人力资本内涵的扩张。

(4) 人力配置规划。即企业根据组织结构、岗位职责等来配置人员。

(5) 职业发展规划。即企业对员工的职业生涯的规划，强调将个人发展与企业发展结合起来，实现双赢。

(二) 旅游人力资本培训与开发

旅游人力资本的培训与开发包括工作分析、培训方案的设计、培训技术与方法的选择、培训结果的评估与检验四个部分。

1. 工作分析

工作分析是依据组织经济社会效益最大化的目标，通过观察和研究把职工担任或即将担任的每一项工作加以分析，明确每项工作在组织中所处的位置及与其他岗位之间的相互关系，从而确定工作职位及其权责、任职条件的过程。

工作分析的一般程序如下。

(1) 准备阶段。重点确定工作分析的目的与分析结果的用途。

(2) 收集资料。用于收集工作岗位的任务、责任和工作活动等资料的方法有多种，例如访谈法、问卷法、观察法、日记(日志)法等。

(3) 公司职位的分类。经过对内、外的调查研究，确定公司设置的职位与类别。旅游企业人力职位主要有四类：①管理人员。②工程技术人员。③服务人员。④辅助人员等。

2. 培训方案的设计

(1) 培训需求评估。培训需求评估是企业设计培训方案的首要任务。运用系统方法，根据企业组织、工作任务、个人三方面需要相结合的原则确定。

(2) 培训对象定位。培训对象不同，培训目标和内容也不同。旅游企业的培训对象大体上可划分为管理人员和普通员工，可将管理人员进一步分为高层、中层和基层。

(3) 培训目标定位。旅游企业的培训目标大体上包含三大类：一是技能培训，分为对底层员工的技能培养、对高层员工的思维训练和如人际关系沟通、分析等具体的技能。二是对先进知识与理念的培训。三是对员工工作态度的培训。

(4) 培训内容定位。一般来说，培训内容会根据新老职工的差别而有所侧重。具体来说，对新职工一般更倾向于企业历史、现状，相关法律法规及基础技能的培训；对老职工则更倾向于学习先进知识与经验、企业文化、先进技术等的培训。

(5) 培训计划编制。就是在考虑企业与员工发展的基础上，将培训定位具体化并予以实施的过程。培训方式大体上可以分为内部培训与外部培训两种。

3. 培训技术与方法的选择

依据培训对象和培训内容，选择合适的培训方法。一般来说，培训方法大致包含六种：①在职培训。②工作指导培训。③讲座。④远程培训。⑤程序化教学。⑥新雇员培训或模拟培训。

4. 培训结果的评估与检验

培训项目的评估主要检查参与者对项目的看法、参与者所学资料的范围、参与者学习后行为的变化，以及是否达到了培训的目标。

(1) 评估的内容包括：①评估培训项目的目标和具体要求。②通过中期考核、征求教学双方意见等方式评估培训过程。③以口试、笔试、实际操作等进行培训结束考核，检查培训是否达到预期效果。④培训的财务审计。⑤跟踪评估。

(2) 控制实验。控制实验的关键是将培训组与对照组(即未参加培训的)进行对比，需要注意的是，应收集培训组与对照组培训前与培训后的相关数据，这样可以确定是培训产生的工作绩效的提升，还是整个企业变化所引起的绩效提升。

(3) 培训效果的衡量。企业的培训效果可以通过反应、知识、行为、成效这四个部分来进行评估。

(三) 旅游人力资本绩效评估与激励

1. 绩效评估

绩效评估是旅游企业管理的基本任务。通过绩效评估可以帮助员工改进工作，提高企业的管理效率，并为人力资本管理工作提供依据。

1) 绩效评估的内容

(1) 德。德即道德，人们常说的思想品德、道德素质。当今社会“德”包含以下几个方面：事业心、奉献精神、尊重别人、善于与人合作、组织纪律性、法律意识、职业道德、进取心、团队精神等。

(2) 能。能即能力，狭义上指人的素质，包括能够反映人知识、技能等的要素，如分析能力、公关能力、创新能力、表达能力、组织能力、指挥能力、决策能力等。

(3) 勤。勤即勤勉、敬业的精神，包含出勤率、纪律性、积极性、责任心、承担社会工作情况等。

(4) 个性。个性包括性格、气质、爱好、兴趣等。性格属于心理特质范畴。心理特质不同，往往导致不同的工作效率和结果。因此，工作组织者往往把不同性格(如性格内向、外向)的人安排在一起工作，以便提高工作效率。另外，也可以根据个性来安排员工适合的工作岗位。

(5) 绩。绩即工作业绩、工作效率及效果。包括完成工作的数量、质量、成本、收益情况，开拓项目的能力与情况，立功受奖情况，创造精神和贡献大小，等等。绩效或效益是企业的最终期望，是以上四项内容的客观表现。正因为如此，在一些人力资源管理教科书中，讲到人员考核评估的时候，一般都只讲人力资源绩效评估或业绩评估。

2) 绩效评估的程序

从设计评估程序的不同角度出发，一般将评估分为纵向评估和横向评估。

(1) 纵向绩效评估程序。纵向程序是按照评估对象的先后顺序确定的程序，或者根据组织结构的层次确定的评估程序。一般地说，这类评估考核是一个由下而上逐步推进的过程，即从基层开始，逐级向上推进，最后考核最高层。通常情况下，这种评估考核都是从上到下，一级级布置下去。实际进行时，基层领导考核其下属、上级领导考核其下属领导、上级组织考核其下级组织。

(2) 横向绩效评估程序。第一，制定评估标准。第二，实施评估，即对员工的工作绩效进行考核、测定和记录；评估的结果分析与评定。第三，结果反馈与实施纠正。

3) 绩效评估的步骤

无论哪种绩效评估程序，其评估步骤大体如下。①制定计划：确定目的、对象、内容、时间与方法。②技术准备：拟订、审核考核标准，选择考核工具与方法，培训考核人员。③资料准备：收集评估资料信息。④分析评价：对被考核对象做出全面评价，能够定量的尽量定量化。⑤结果运用：改进绩效、反馈给员工个人、作为人力资本管理的基础。

2. 人力资本激励

1) 激励的原则

激励机制的设计和实施应遵循下列原则：①民主、公正、公平的原则。②正面激励与负面激励相结合，以正面激励为主的原则。③按需激励的原则。激励的起点是员工的需要,但一个人不同时期的需要及组织内不同的人的需要都是各不相同的，要有针对性地进行激励。④组织目标和个人目标相结合的原则。⑤物质奖励与精神激励相结合的原则。⑥外部激励与内在激励相结合的原则。根据双因素理论，应以内在激励为主，外部激励为辅。

2) 激励手段

企业的激励手段包含：目标激励、物质激励、任务激励、荣誉激励、信任激励、强化激励和情感激励。在现代旅游企业中，更重视情感激励(即通过建立良好的情感关系来激发员工的工作热情)、荣誉激励(即对那些为企业做出贡献的员工给予一定的荣誉)和信任激励(即员工之间相互信任，凝结成一个集体，提高员工工作的效率与积极性)。

3) 激励过程

激励是激励者与被激励者的一个互动过程，大致可分为四个阶段：激励者决策、激励实施、被激励者决策和激励者评价，如图 8-2 所示。

(1) 激励者决策。激励者决策是激励过程中的首要环节，包括理解、识别和确认。

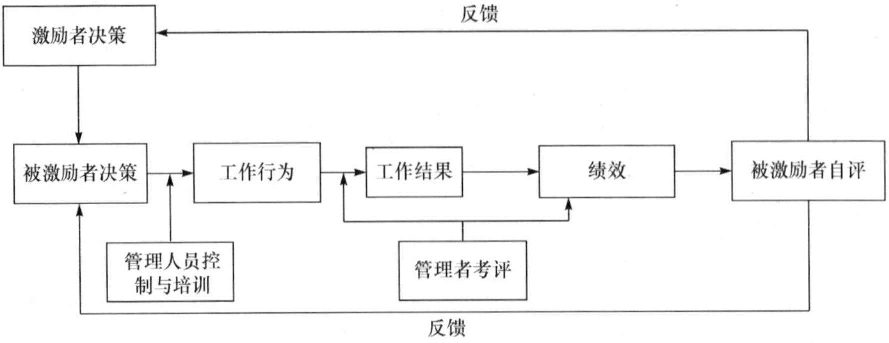

图 8-2　激励过程（何承金，2000）

理解。理解包括两个方面的含义，即激励者对激励理论和激励机制有充分的认识，以及激励者确认管理者在激励过程中所扮演的角色。

识别。识别员工的需要是有效激励的前提。识别员工的需要和需求，就是要研究促使员工努力工作，为实现组织目标而付出的原因。同时需求的个性和动态性特征，增加了识别需求的难度。

确认。即激励者在理解激励对企业的意义和对员工需要识别的基础上，制定出公开且持久的激励制度，并传递给被决策者的行动。其中，稳定、公开、制度化是激励制度确认中必须注意的关键问题。此外，激励制度的确认必须从组织的经营目标和激励的有效性、持久性和可操作性出发，一定的激励制度既能恰当地迎合员工的不同需要，又能从组织的大局出发，避免激励制度的随意性。

(2) 激励实施。实施激励是激励过程的关键环节。即使有最好的激励制度，没有切实可行的实施，也是徒具虚名的枉然。首先要坚持“民主管理”的思想，激励的实施应该是双向进行、反复讨论的，只有个人目标和组织目标协调一致，才能实现员工个人和组织的“双赢”。其次强调激励手段多元化与具体化。奖励方式多样化，如物质的、精神的、个别适用的、群体适用的、对获奖者实行弹性工作时间(在规定时间以内)等。激励手段的具体化，如激励的数量、内容、时机等。

(3) 被激励者决策。激励的一个重要内容是信息公开，即每一个被激励者能了解激励制度与其工作绩效之间的关系。激励者根据既定的科学制度实施激励行为，并根据实施效果做出进一步决策。这里，被激励者对激励的认可程度是对激励者决策的检验，是激励决策体现其积极作用的关键环节。被激励者在对激励决策作出判断时，会依据自己的价值观(如过去被激励的程度、自己现时的需求状况、企业过去激励决策的兑现情况，以及企业内部和社会上类似工作的激励程度等)去审视。

(4) 激励者评价。一般说来，被激励者的工作积极性是激励制度的试金石。因此，激励者应根据对被激励者绩效的评估，评价企业现实激励决策的有效性。要分析被激励者需要的变化趋势，结合企业的发展定位，考虑对企业现行激励政策的调整。进行激励再决策，对提高激励决策的有效性和实效性具有非常重要的作用。

树立人力资本战略管理理念、加大人力资本投资力度、积累和传承人力资本、促进人力资本内部流动、建立健全激励机制，提高人力资本转化效率是促进人力资本科学管理的有效措施。

第三节　旅游企业家社会资本

一、旅游企业家社会资本概述

(一) 旅游企业家社会资本的概念

Nahapiet 和 Ghoshal(1998)提出社会资本是嵌入在个体和社会团体的网络中的可获得的现实的或潜在资源的总和。而企业家处于企业与外部环境交互的枢纽位置，是企业社会网络中的关键角色，企业家的这种特性使得他们能够有效地获取外部资源，由此激发了学术界对企业家社会资本的研究热情。目前国内外对于企业家社会资本没有形成统一的定义，但大致上可以分为以下两大类。

基于网络视角定义企业家社会资本。Adler(2002)和 Inkpen(2005)认为企业社会资本是指蕴含在企业家关系网络之中，表现为通过关系网络借用资源的能力，是现实的或潜在的资源集合体，有助于企业家拓宽资源获取渠道、提升企业竞争能力，进而对企业发展起到积极的推动作用。

基于资源视角来定义企业家社会资本。资源视角强调企业家社会网络关系中蕴含的资源，认为企业家社会资本是嵌入在企业家社会网络关系中的资源，以及企业家变现社会网络资源的能力。

这两类视角对企业家社会资本的界定存在着一定的共性，表现在：第一，企业家社会资本来源于企业家的社会关系网络(内外部社会关系网络)；第二，本质上是互惠共同体，具有信任和规范的机制；第三，体现的是调动网络资源的能力。

结合旅游业的特点，本书将旅游企业家社会资本定义为：旅游企业家与企业外部的利益相关者所建立的，能够帮助旅游企业获取资源的网络化联系。

(二) 旅游企业家社会资本特点

企业家社会资本具有以下特点。

(1) 价值的不确定性。企业家社会资本不是存在于行动者本身，而是存在于他们与其他行动者之间的关系之中。这种外部关系常常会受到经济、文化、政治和法律等方面因素的影响，如不稳定的社会结构和政企不分的现象等都会导致企业家社会资本量缩水。

(2) 资本专用性。强调企业家社会资本的不可转移性，依附于网络成员，属于企业家主体，不可能再次转移。

(3) 时效性。企业家社会资本与社会群体和外部环境紧密相连，所以它的大小受到空间的限制。例如，某一企业家离职，企业就丧失了该企业家所拥有的那部分社会资本，同时企业家也会因为离开特定的企业环境使得社会资本贬值。

(4) 增值性。企业家社会资本归根结底也是一种“人力资本”，可以通过长期投资达到预期收益。企业家在利用社会资本的同时，其社会网络关系也会不断扩展，形成新的社会关系网络，进一步扩大企业家社会资本量，在使用的过程中使得企业家社会资本不断增值。

(三) 旅游企业家社会资本功能

旅游企业家的工作就是维系和经营企业与外部的各种关系网络，不断促使企业家社会资本的增值。之所以如此重视企业家社会资本，主要是因为以下几点。

(1) 企业家社会资本能够降低企业的交易成本。企业家社会资本的本质是企业家与外部的社会关系网络背后所蕴含的资源，这种资源，如与当地政府的良好合作关系，有助于企业及时有效地获取资源，降低企业搜集信息等成本；同时，企业家的社会关系网络建立在信任机制上，在此基础上进行的商业活动在一定程度上可降低交易费用、讨价还价、订立合同等成本。

(2) 企业家社会资本有助于获取信息。当今社会是信息社会，获得及时有效的信息能帮助企业在激烈的市场竞争中赢得先机。旅游企业家社会资本是企业获取外部信息的重要途径。企业家在其拥有的社会关系网络中处于中心位置，是信息交汇的重要枢纽，通过这个特殊的位置，企业家可以及时了解有关供应商、竞争对手、顾客等相关信息，从而洞察市场需求变化、技术变革、行业新动态等信息。

(3) 企业家社会资本有助于企业文化建设。企业家是企业文化建设与推行的首要力量。企业家在企业内部建立信任与权威的过程很大程度上就是企业文化的建设过程。企业家社会资本的不断增值可以增强企业家的权威性，提高员工对企业家的信任感，进而推动企业文化的传承与发展。企业家是企业文化建设和创新的首要推动力。从某种意义上来说，企业文化就是企业家文化。企业文化的建设，很大程度上是企业家在企业内部建立信任与权威的过程，企业家与企业成员的关系要建立在相互信任、相互依赖、共同协作的基础上，要协调全体员工同心同德、群策群力、提高企业的凝聚力，使员工的价值观与企业的核心价值观趋同，从而保证企业战略顺利实施。

(4) 企业家社会资本能够增强组织成员的凝聚力。企业家维系和构建社会资本的行为都会对员工的道德标准和行为产生巨大的作用，使得员工的价值观与企业的核心价值观趋同，增强成员之间的凝聚力。企业家社会资本在组织内部表现为一种信任机制，与组织成员良好的关系将有助于激发员工的工作热情，提高企业的向心力。

(5) 企业家社会资本能够促进企业技术创新。企业家与外部环境的紧密联系，有助于企业及时获取先进技术信息和机会，进而降低企业的研发成本和风险，提高企业研发能力，推动企业技术的不断创新。

二、旅游企业家社会资本的维度与测量

(一) 旅游企业家社会资本的维度

近些年来，社会资本理论越来越受到学界的关注，对于企业家社会资本的维度，不同领域的学者和专家从不同的视角进行了分析和研究。本书借鉴梁强和杨学儒(2011)的观点，研究我国中小企业普遍存在的三种联系：政治关联、商业协会关系和技术协会关系。

1. 政治关联

政治关联是指企业与政府之间存在的一种特殊关系。目前，学术界对于政治关联还没有形成统一、明确的定义，研究更多关注的是政治关联的度量。国外学者认为只要公司的大股东、高管(CEO、董事长、副董事长、董事长秘书)或董事会成员与政府高官有紧密联系都看作政治关联；也有学者将国有股比例作为衡量政治关联的标准。而国内学者常常以企业家是否为人大代表或政协委员来作为评判标准，同时细分各级人大、政协的级次来分析政治关联的程度；还有学者利用公司的公益捐赠来度量政治关联。

2. 商业协会关系

商业协会关系是指企业家是各种工商业联合会和地方民间商会组织成员。工商业联合会是目前我国最具代表性和权威性的商业联盟；另一个是如商业协会、同乡会等非政府组织的行业协会。需要注意的是，这些非政府组织也需要政府的批准。随着我国市场经济体制和民营经济的不断深化与改革，商业协会关系得到了企业家们的广泛关注。

3. 技术协会关系

企业家在所处行业协会任职是扩展其社会关系网络的渠道之一。一般来说，如果企业家在技术协会上任职或担任某些专业协会(如信息、医药、化工、生物制药等)的组织成员、理事、理事长或专家委员会成员，即拥有技术协会关系资本。

(二) 旅游企业家社会资本的测量与提升

1. 旅游企业家社会资本的测量

1) 企业家社会关系网络结构的测量

这类测量方法以社会资本的结构主义观点为基础，选取企业家社会关系网络的规模、联系的频率、网络的密度、关系的强度等指标，运用社会网络学说的个体中心网络分析法对企业家社会资本进行度量。

2) 企业家及其社会网络成员特征的测量

企业家及其社会网络成员特征的测量方法是从社会资本的资源观视角出发，以企业家个人及其网络成员的社会地位特征为指标间接测量企业家社会资本的大小。

事实上，这两种测量方法在实际研究中并不是截然分开的，一些学者就综合运用两种测量方法，既度量了企业家社会网络结构特征，同时又分析了企业家及其社

会网络成员的特征，使得测量内容更加全面和具体，测量结果更加精准。

这两种方法都是通过数据调研获取一手数据来进行分析，存在主观性强的缺点。在此基础上，一些学者开始选取财务指标等二手数据来进行企业家社会资本测量。例如，孙俊华和陈传明(2009)利用上市公司的公开资料，在控制了企业特征和企业家个人特质变量的基础上，以企业家的纵向关系网络、横向关系网络、政治身份和声誉等指标来测量企业家社会资本。

2. 旅游企业家社会资本的提升策略

1) 积极参与重塑政商关系

传统的政商关系是以双方利益交换为纽带，主要表现为企业家个人与某官员的关系，这种扭曲的政商关系是短期的、无法延续的，一旦企业家职务变动或官员任免，这种资本维系就不复存在，不利于企业的健康可持续发展。随着我国制度化、规范化进程的不断加快，企业家也应该积极推动政商关系的升级转型，以企业与政府的关系代替个人与官员的关系，构建透明的、长期的、可持续的互动关系，在获取政府支持的同时有效规避风险。

2) 维护利益相关者关系和谐

企业家的社会网络体系包含政府、消费者、竞争者、供应商、员工、公众等利益相关群体，与他们之间的相互联系形成了企业家的社会资本。企业家要想实现社会资本的不断增值，就必须保持企业所处生态圈的稳定，处理好与利益相关群体的关系。具体来说，首先要建立与内部员工的信任机制，形成合作共赢的企业文化和氛围；其次是强化与外部利益相关者的沟通与联系，诚信经营，树立良好的企业形象，为企业创造良好的发展环境，提升企业发展能力。

3) 融入行业组织

行业组织是企业家社会资本的重要组成部分，是维系企业家与政府、行业和企业家之间的重要桥梁，能够帮助企业家不断地拓展自身的社会网络，提高企业家社会资本存量；另外，行业组织也能及时、快速地为企业提供人才、市场信息、技术、知识等资源，优化企业的资源配置，同时还能借助行业组织的平台提高企业的危机处理能力，降低企业经营风险。

4) 承担社会责任

积极承担社会责任不仅是每个企业义不容辞的义务，更是提升企业形象的重要手段。旅游企业作为服务业，更应牢固树立社会责任的理念和价值观，把社会责任融入企业的经营与管理中去,通过主动承担社会责任赢取利益相关者的信任与支持，提升企业品牌形象，增强企业的市场竞争力。

第九章　旅游企业的成长性与管理效率

第一节　现代旅游企业制度构建

一、现代旅游企业制度概述

(一) 现代旅游企业制度的内涵

旅游企业制度是指在一定条件下形成的旅游企业中的经济关系，包括企业经济运行过程的一些规定、规章和行为准则。旅游企业制度包括两方面内容：一是企业形态，即企业的经济关系，主要有企业的产权制度与财产关系、企业经营方式和法律形态；二是企业的组织形式和结构、领导体制等具体管理制度。现代旅游企业制度是市场经济条件下适应社会化、专业化和规模化要求的企业组织形式和产权制度，其中，产权问题是现代旅游企业制度的核心内容。

(二) 现代旅游企业制度的特征

市场经济是以产权自主为基础的，自由、平等、竞争的开放性经济。市场经济的社会化，不仅包括生产服务社会化，而且包括资本社会化、风险社会化和经营管理社会化。现代旅游企业制度就是一种能够充分体现市场经济本质要求的企业形式，其特征表现在以下四个方面。

(1) 产权关系明晰。现代旅游企业资产明确，企业的债权债务关系明晰，各经济主体的权、责、利界定清晰。

(2) 法人制度健全。现代旅游企业制度要求企业拥有独立的法人地位和法人财产。

(3) 政企分开。政府依法进行管理，企业依法自主经营；企业是经济组织，不承担政府的行政管理职能，政府则不能直接参与企业的经营管理活动。

(4) 管理科学。现代旅游企业制度是管理科学、行为规范的企业制度，企业要有一整套科学的管理制度，企业的权力机构、经营机构和监督机构权责分明、相互制约。旅游企业要按照市场经济规律及组织制度进行经营管理活动。

(三) 现代旅游企业制度的内容

在我国社会主义市场经济条件下，现代旅游企业制度主要包括：现代旅游企业产权制度、现代旅游企业组织制度、现代旅游企业管理制度三个方面的内容。

1. 现代旅游企业产权制度

对于传统企业而言，建立现代企业制度的首要任务是进行公司化改造，明确企业产权归属和划分。同时，根据投资的多少，确立相应责任和权利。企业与国家之间、企业与股东之间，各自的责任与权利是明确的；对于所有权属分散的股东，企业通过自己独立的法人地位运营全部资产。现代旅游企业产权制度是建立现代旅游企业制度的基础。

2. 现代旅游企业组织制度

现代旅游企业组织制度遵循企业所有权和经营权相分离的原则，公司决策权、执行权和监督权三权分立，在此基础上形成股东大会、董事会、监事会和经理层并存的组织机构框架。公司的组织机构通常包括股东大会、董事会、监事会和经理人员四大部分，由股东大会、董事会、监事会及经理层组成相互制衡的现代企业组织制度。

3. 现代旅游企业管理制度

现代旅游企业管理制度包括公司治理结构、经营思想、经营战略、领导制度、职工队伍、现代化管理方法、企业文化及企业精神和企业集体意识等多个方面。现代企业管理制度是建立现代企业制度的根本保障。

二、旅游企业产权制度与治理结构

(一) 旅游企业产权制度内涵

产权，又称财产权，指法定主体对财产拥有的各项权能的总和。产权具体包括所有权及其衍生的占有权、使用权、经营权、收益权、处置权和让渡权等权利。产权制度是指由产权关系和产权规则结合形成的，能对产权关系实行有效的组合、调节和保护的制度安排和法律规定的总和。旅游企业产权制度，是以旅游企业产权为依托，对财产关系进行组合、调节的制度安排和法律规定。其具体表现为建立在一定的生产资料所有制基础上的，对企业财产占有、支配、使用和处置过程中所形成的旅游企业产权主体的权、责、利关系加以规范的法律制度。

(二) 旅游企业产权制度的特征

(1) 产权归属明确。产权主体可以是私人，也可以是法人或国家，但必须是明确、实体化的，且在法律上和经济上是清晰的。产权主体明确、产权边界清晰，旅游资源才能得到有效配置，旅游产业才能实现有效供给。

(2) 产权结构多元化。产权结构分为一元化产权结构和多元化产权结构。产权多元化利于产权交易和市场机制的有效运转。旅游企业可以通过增资扩股、出让产权、资产转换和设立独立董事制度等方式实现产权结构多元化。

(3) 权责明确。现代产权制度要求在责、权、利上要有明确的、人格化的产权主体，权、责、利对称，避免滥用权力、逃避责任、利益分配不合理等问题的产生，确保产权的激励和约束作用。

(4) 产权保护严格。产权保护严格是现代产权制度的一个重要特征，严格、可靠、有效和公正的产权制度要靠国家的法律来保证，规范产权主体自身行为、约束非产权主体不良行为也需要法律来保障。

(5) 产权支配自由。产权能力主要体现在产权主体对其产权处置的运作能力上。旅游企业的存量资产，如物质、设备设施等，只有不断地更新换代才能保证企业的经营活力和市场竞争力。

(6) 产权交易简便。产权具有可交易性，可以在不同主体之间转手和让渡。产权从静态占有转为动态的流动需要一套使产权交易易于操作的机制。目前，旅游企业产权交易有产权租赁、拍卖、股份转让、资产转让等多种方式。

(三) 旅游企业治理结构的内涵与建立

1. 旅游企业治理结构的内涵

迄今为止，公司治理还没有统一的定义。我国理论界认为公司治理有狭义和广义之分，狭义的公司治理即内部治理，主要是通过股东大会、董事会、监事会及管理层之间的权力分配解决股东与经理之间的代理问题，实现权利的监督与制衡；广义的公司治理即外部治理，是协调公司与所有利益相关者利益关系的一整套法律、文化和制度的有机整合。

公司治理结构也称为法人治理结构、内部治理，是指由所有者、董事会和高级执行人员即高级经理三者组成的一种相互制衡的组织结构。实现股东利益最大化是企业治理的目标，可以从以下四个方面来概括对公司治理结构含义的理解：第一，公司治理结构是一种制度安排；第二，治理结构是要解决因所有权和控制权分离而产生的委托代理问题；第三，公司治理结构的基本特征在于构建激励约束机制；第四，有效的公司治理结构需要一定的外部环境条件，尤其需要完善的产品市场、资本市场、管理者市场等。现代法人治理结构由股东大会、董事会、监事会和由高层经理人员组成的执行机构四部分组成。

2. 旅游企业治理结构的建立

公司治理结构的特征在于构建激励约束机制，关键是建立人力资本的激励和约束机制。

1) 确立以经济利益为核心的激励机制

人在工作中的表现取决于利益、信念和心理状态三个要素，这三个要素中利益占首位，在当今人力资本管理中，物质激励仍是一种重要手段。所以人力资本的回报就不只是工资，还要建立新的经济利益回报形式，即人力资本的薪酬制度，如年终奖金、岗位工资、福利补贴、股票期权等。

2) 对人力资本的权利与地位进行激励

这种激励主要是提高人力资本在企业经营中的地位，增大人力资本在管理活动中的权力。主要包括：设立首席执行官、战略决策委员会、独立董事等制度来约束企业行为；整合人力资本，尽可能为人力资本提供实现自我价值的机会与环境；关注人力资本的个体成长和职业生涯设计，使员工个人发展与企业的可持续发展得到最佳的结合。

3) 人力资本的企业文化激励

企业文化是一种价值理念，其核心在于创建企业精神，发挥人力资本的最大效用。人力资本的企业文化激励要求从观念上承认人力资本的地位和作用，体现对员工人格的真正尊重，强调以人为本，重视沟通与协调工作。

4) 构建人力资本的约束机制

对一个良好的治理结构来说，仅有激励是不够的，还必须有约束机制。其中，外部约束包括法律约束、市场约束、道德约束、媒体约束和民间团体组织的约束；内部约束包括公司章程约束、合同约束、偏好约束、激励中体现的约束和机构约束。

三、旅游企业管理制度和组织结构

(一) 旅游企业管理的内涵与特征

1. 经营与管理的区别和联系

经营与管理是两个不同的概念，国内习惯上把经营和管理连在一起使用，实际上二者是有区别的，主要表现在以下方面。

(1) 内容不同。经营是指企业在分析内部资源状况与外部市场环境的基础上为公司长远发展而制定的战略性规划和部署、企业远景目标和方针等战略层面的活动；而管理是为实现组织目标，通过计划、组织、控制、激励和领导等环节来协调人力、财力和物力资源的过程。

(2) 根源不同。经营是由商品经济发展而引起的一种调节或适应职能，是市场经济的产物；管理是由共同劳动而引起的一种指挥职能，是集体劳动和分工协作的产物。

(3) 目的不同。经营解决的是企业的发展方向、发展战略问题，追求的是效益，是扩张性的，要开源，其目的是让企业的资本不断获得最大的增值机会，具有全局性和长远性；管理要解决的是在一个企业如何组织各项经济活动的问题，追求的效率是收敛性的，要节流，是企业的内部和局部问题，是企业生存和发展的保障。

(4) 理念不同。经营以满足顾客需求为核心，强调企业品牌建设，中心是如何取得更大效益；管理强调以人为本，尊重和调动企业全体成员的积极性和主动性，将培养和树立员工的敬业创新、团结协作、勤俭节约的精神和意识等作为重点，中心是如何提高效率。管理适用于任何组织，经营只适用于企业。

此外，经营是管理职能的延伸与发展，二者是不可分割的整体，有着必然的联系。

经营和管理的根本目标一致。实现企业价值的最大化是企业经营与管理的根本目标。

经营和管理相辅相成。管理始终贯穿于整个经营的过程，没有管理，就谈不上经营。而管理的结果最终在经营上体现出来，经营结果代表管理水平。经营是龙头，管理是基础，管理必须为经营服务，二者必须同时抓，对外抓市场经营，对内抓规范管理，相辅相成，促进企业健康发展。

2. 旅游企业管理内涵

旅游企业管理是指为了有效地实现旅游经济活动的预期目标而进行的计划、组织、领导和控制的综合性动态活动过程。这一概念主要强调以下几点：旅游企业管理是一种动态的经济活动；管理的目的是实现预期目标；管理具有时效性；管理包括一系列的职能。旅游企业管理是一个复杂的过程，涉及资产管理、计划管理、组织管理、人力资源管理、沟通管理、控制管理、协调管理、预算与财务管理、经营管理等多方面的内容。其生产服务要素主要有：旅游资源、游客资源、人力资源、资本资产投资、流动资金、技术、信息和企业才能等。

3. 旅游企业管理的特征

旅游企业管理的特征如下。

(1) 综合性。旅游业是一个集食、住、行、游、购、娱于一体的综合性经济产业。这种综合性的客观需求，决定了旅游企业管理具有综合性的特点。

(2) 复杂性。旅游企业具有国内与国外两个市场，每个市场又有不同的细分市场，针对不同的细分市场要制定不同的经营管理体系，体现了旅游企业管理的复杂性。

(3) 区域性。旅游业发展的物质基础是旅游资源，而旅游资源则因地而异。

(4) 季节性。旅游资源的季节性导致客流量的淡旺季差异，旅游企业管理也随之产生相应的调整。

(5) 超前性。旅游企业的发展水平很大程度上受当地经济和旅游的发展水平影响，所以旅游企业的经营管理必须具有高度的预见性和前瞻性。

(二) 旅游企业管理制度的内涵与分类

1. 旅游企业管理制度的内涵

旅游企业管理制度是指为贯彻执行经营管理目标，强化内部管理，提高管理服务质量和运作效率，科学合理地处理好旅游企业经营管理中的责、权、利的关系而制定的，在企业内部执行的各项规章和制度。旅游企业管理制度使基础管理活动具有延续性，使企业日常的经营管理活动自动化，是全体员工行动的准则和沟通的工具。

2. 旅游企业管理制度的分类

旅游企业管理制度的基本内容和基本类型如图 9-1 所示。

(三) 旅游企业组织结构

旅游企业组织结构是指旅游企业全体员工为了有效地实现组织目的而在工作

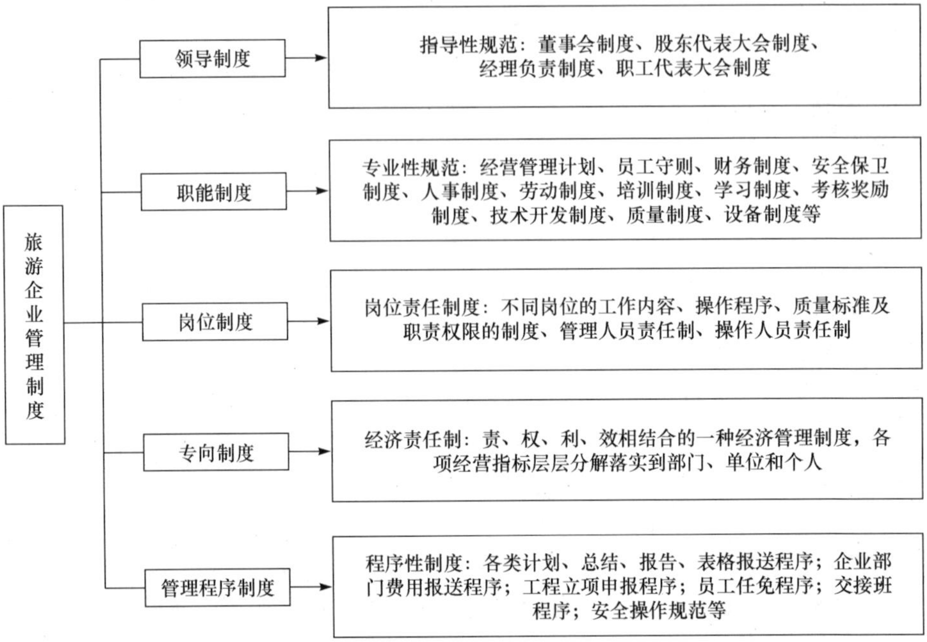

图 9-1　旅游企业管理制度的基本内容与分类(董观志，2000)

中进行分工协作，在职务范围、责任、权力方面所形成的结构体系。主要涉及旅游企业部门构成、基本的岗位设置、业务流程、管理幅度和管理层次的确定、管理职能的划分、权责关系及企业内部协调与控制机制。

1. 组织机构设置的基本原则与要求

(1) 明确性。在既定的组织结构网络中，每一个管理部门、每一名员工，都应该了解自己的确切位置，明确从哪里得到信息与帮助，与哪些单位或个人协作。

(2) 经济有效性。用于控制、监督、引导、鼓励组织员工取得成绩的力量应该保持在最低限度。组织结构本身应该形成员工自我控制与自我激励机制。

(3) 具有全局和战略目标。组织结构应该把各个部门和每个员工的目标都引导到整个企业取得成绩与发展的目标上来。

(4) 责、权、利分明。组织结构中每个部门和每个员工都必须明确自身的任务、所负的责任、所拥有的权利和权限、所能够支配的利益。

(5) 科学决策。组织结构必须保证企业的各项决策都能在恰当的组织层次上做出，并使决策转化为工作行动和实际成果，不允许事无轻重均由高层决策，更不允许议而不决、空泛无物的决策。

(6) 合适的管理跨度。在一定范围之内，一名上级领导所能直接、有效领导的下级人数，控制在一定范围内，既有利于精简机构，又有利于有效指挥。

(7) 适应性。组织结构应能适应各种复杂的变化，应能面对各种新情况、新问题、新任务、新的条件与需求而有效地运转。

(8) 自我更新能力。一个组织结构必须给人才的个体成长和适时提拔创造条件，必须能够在每一个层次上培养和考查每一名员工担任更高一级职务的能力。

按照上述要求确定的组织结构，能在企业内部形成明确的职责、权利网络路线，促成企业经营活动的高效运转和信息情报的高速流通，使每一个员工都能在一定的岗位上尽职尽责地工作，并使企业充满活力。

2. 旅游企业组织结构类型

传统组织结构类型如下。

1) 直线制

直线制是一种结构最简单的组织形式，其基本特点是企业各级行政单位从上到下实行垂直领导，下属部门只接受一个上级的指令，各级主管负责人对所属单位的一切问题负责，不设专门的职能机构。信息途径单一，层层传递，员工只需服从其直接领导的决定，便于管理及统一行动。适用于提供单一旅游产品，占有某一简单旅游市场的旅游企业。直线制一般适用于技术单一、环境简单的小型旅游企业。图 9-2 是直线制组织结构示意图。

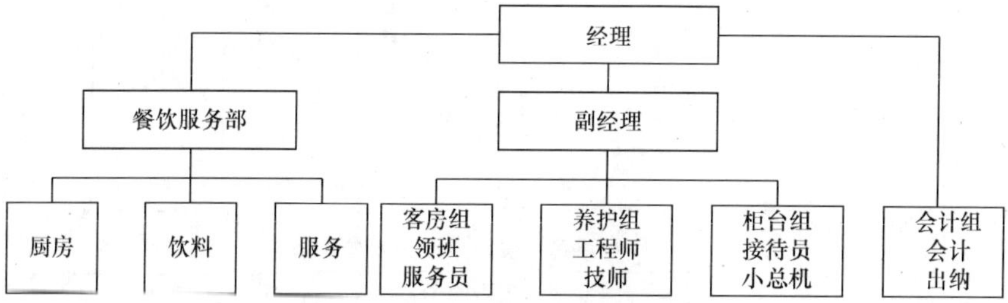

图 9-2 直线制组织结构示意图

2) 职能制

该模式是在直线制基础上为各职能领导者设置相应的职能机构和人员。下级行政负责人员除接受上级行政主管命令外,还需接受上级职能机构部门的领导和监督。职能制形式具有分权管理的特点，适用于提供较为复杂的旅游产品，多样化程度低的旅游企业，按业务性质的不同划分部门。通常，专业化的中小型旅游企业采用职能制组织结构，其组织结构如图 9-3 所示。

3) 直线-职能制

直线-职能制，也叫做直线参谋制或生产区域制。它是在直线制和职能制的基础上吸取两种形式的优点而建立起来的，将管理机构和人员分为两类，一类是直线领导机构和人员，另一类是职能机构和人员，既能保证企业管理体系的集中统一，又能在各级行政负责人的领导下充分发挥各职能部门的监督指导的作用。但是职能部门间的协作和配合性较差，需向上级领导请示后才能处理问题，效率低。直线-职能制适用于市场稳定、旅游产品较为复杂但是品种少的旅游企业。目前我国饭店普

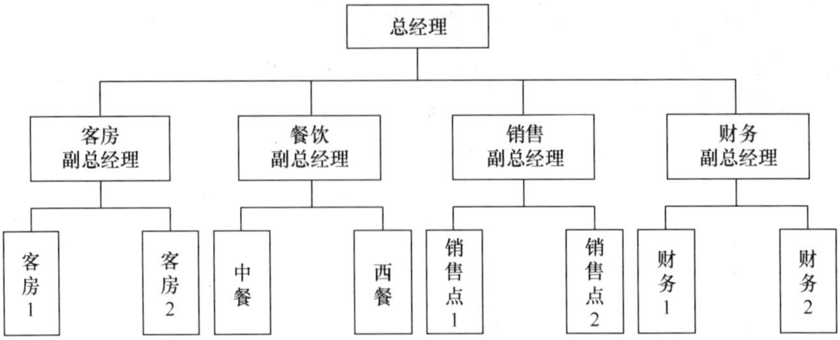

图 9-3　职能制组织结构示意图

遍采用直线-职能制组织结构。直线-职能制组织结构适用于中型或大型旅游企业，其组织结构如图 9-4 所示。

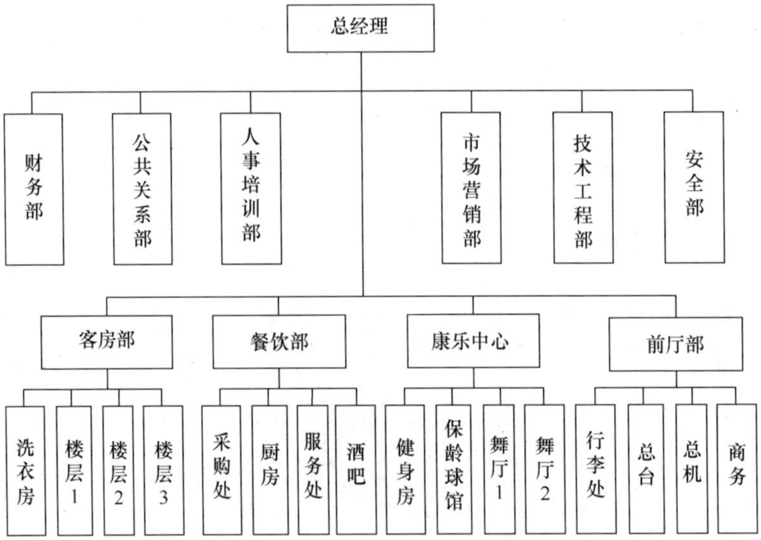

图 9-4　直线-职能制组织结构图

4) 事业部制

事业部制，又称为联邦分权制。在这种组织结构模式下公司按地区或产品类别分成若干个事业部，从产品设计、原料采购、成本核算、产品制造，一直到产品销售，均由事业部所属单位负责，实行单独核算、独立经营，每个事业部都有其完整的职能结构。适用于规模庞大、旅游产品品种繁多、技术较为复杂的大型旅游企业。国外的旅行社多采用这种结构。连锁饭店、集团公司等规模大、业务多样的企业多采用事业部制组织结构，其组织结构如图 9-5 所示。

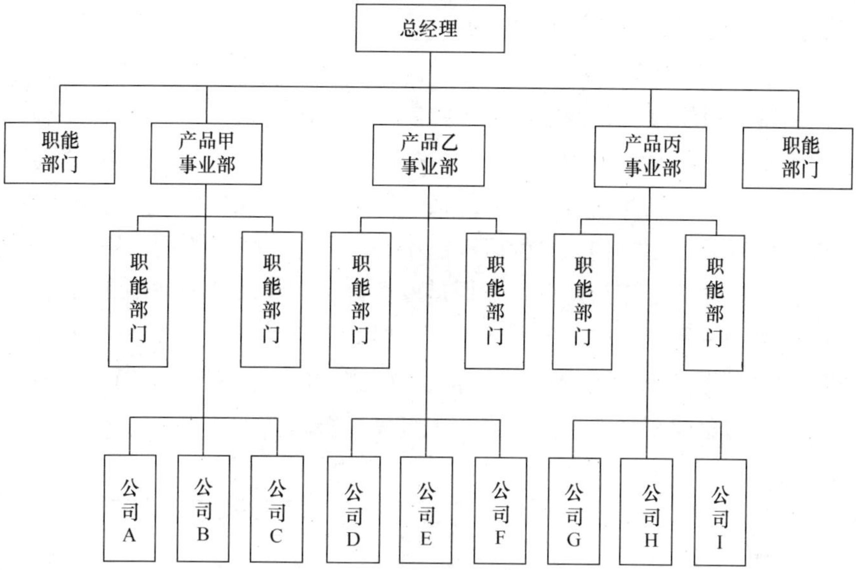

图 9-5　事业部制组织结构

5) 矩阵制

矩阵制结构兼具职能制和事业部制两种结构的优点，在管理体系中不仅建立按职能划分的垂直领导关系，而且建立按产品或项目划分的水平领导关系，既能充分利用职能部门内部的专业知识，又能促进职能部门之间的横向协作，将集权和分权很好地结合起来，强化职能部门之间、职能部门和生产部门之间的联系。其特点是密切配合、反应灵敏、节约资源、高效工作，双重性领导、素质要求高。适用于扩大规模，实施多元化战略或有重大项目的旅游企业。矩阵制一般适用于大的旅游开发项目及重要的工程项目等，其组织结构如图 9-6 所示。

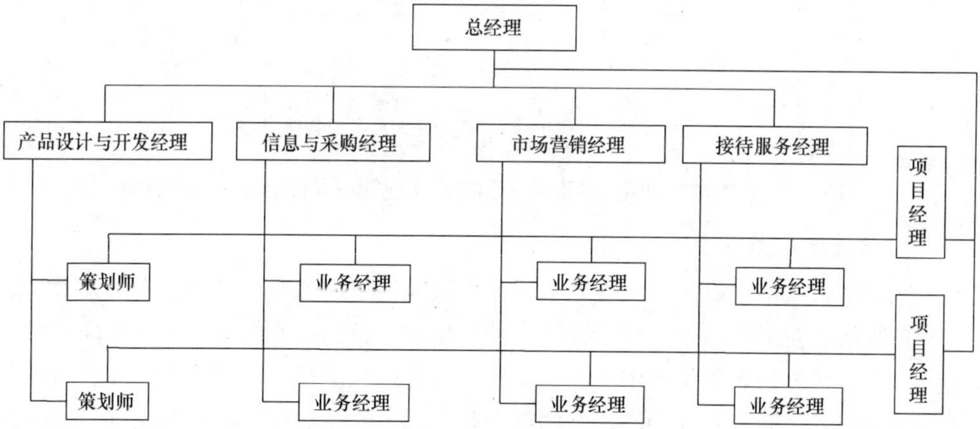

图 9-6　矩阵制组织结构示意图

新型组织结构类型有如下几种。

1) 立体多维型组织结构

立体多维型组织结构是职能制、矩阵制和事业部制结构综合发展的结果，是一个企业的组织结构包括三类以上(含三类)的管理机构。第一，按产品或服务项目划分的事业部，是产品利润中心；第二，按职能划分的参谋机构，是专业成本中心；第三，按地区划分管理机构，是地区利润中心。通过立体多维型组织结构，能促进各部门、各层经理的合作与协调，在保持专业分工的同时加强联系和沟通，使这三方面的机构协调一致。同时，有利于把管理职能、产品的产销及地区市场因素综合起来加以考虑，为实现共同的利润目标合理配置资源。体制健全的跨国公司或跨地区的规模庞大的企业集团通常采用立体多维型组织结构。图 9-7 为某公司立体多维型组织结构示意图。

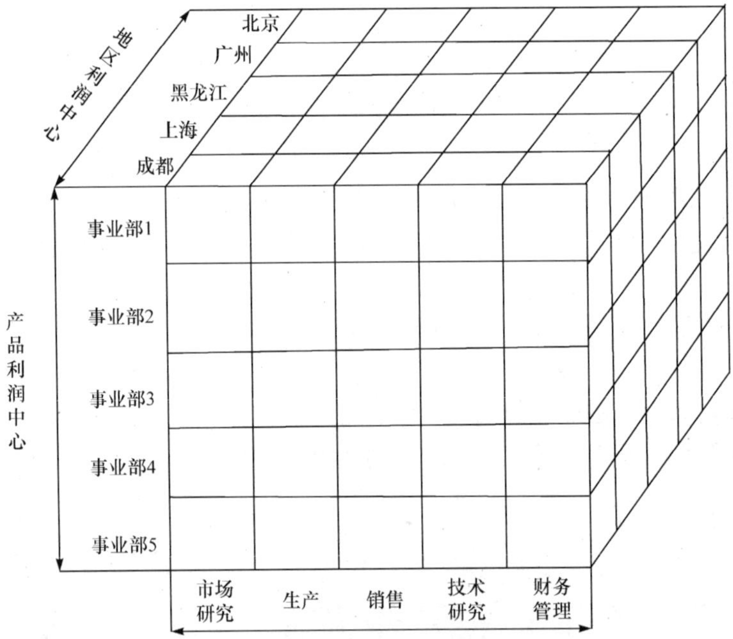

图 9-7　立体多维型组织结构示意图(中国企业管理百科全书(上)，1984)

2) 流程型组织结构

流程型组织结构以业务流程为中心，更加强调组织各要素之间的横向关系，如图 9-8 所示。在组织内部，所有提供一种产品或服务所需要的职能人员安排在同一部门，设计必要的职能服务中心，这个部门通常由“流程负责人”来管理。团队之间、业务流程之间与职能中心之间的整合和协同工作需要信息技术的支持。这种组织结构能够提高企业组织对顾客需求的反应速度与效率，同时降低对产品和服务的供应成本。流程型组织结构一般适用于中型或大型组织的旅游企业。

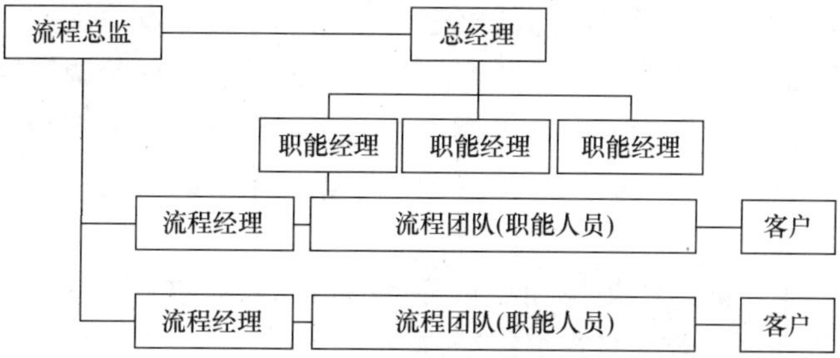

图 9-8　流程型组织结构示意图(邢以群和郑心怡，2003)

3) 网络型组织结构

网络型组织结构通常是指虚拟组织，它依靠高度发达的网络将供应企业、生产企业、消费者甚至竞争对手等独立的企业或个体连接成暂时性联盟，每一个伙伴各自在设计、制造、分销等领域发挥自己的核心能力，而将其他功能虚拟化，以在竞争中最大限度地发挥企业有限的资源。它是一种企业间动态联盟的暂时组织形式，其目的在于共享技术、共担费用、联合开发。一般处于高度复杂和不确定市场环境下的小型旅游企业适合采用网络型组织结构，Dell 公司网络型组织结构如图 9-9 所示。

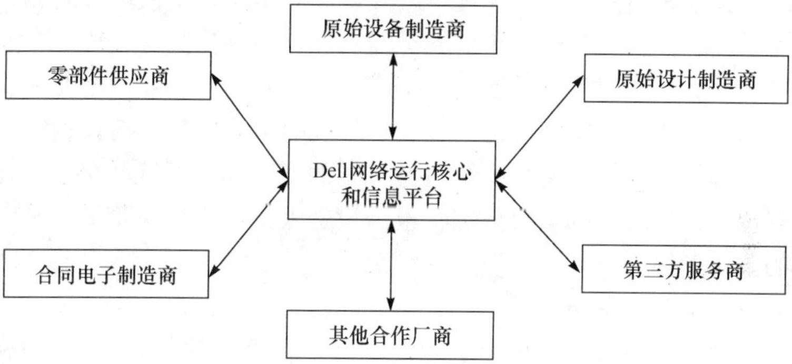

图 9-9　Dell 公司网络型组织结构示意图(朱雅彦和徐碧琳，2010)

3. 现代旅游企业组织结构的发展方向

传统的金字塔式、自上而下、逐级控制的多层组织结构适合相对稳定、对组织反应速度要求不高的经营环境。但是在现代市场和顾客需求变化快，需要迅速、灵活作出决策的情况下，多层级的组织结构显然无法适应高效率的要求。因此，应促使企业尽可能地减少管理层次，扩大各级管理人员的职责范围，追求组织结构的扁平化。

现代旅游企业组织结构发展的另一种趋势是网络式组织，即将企业内某些或全部工作通过承包的方式交给专门的企业去完成，公司只保留人数有限的雇员。对于旅游企业来讲，网络式组织由两部分组成，管理中心和项目团队。因此，在旅游行业一般也称为旅游网络式团队组织。由各项目团队独立开发旅游市场，行使外联、内调、接待等作业功能，以在激烈的旅游市场竞争中突显竞争优势；而管理中心拥有中长期战略决策、财务控制、旅游产品开发、人员最终任免调配权和绩效评价，以及信息汇总、分类、咨询、沟通等能力，因而处于各团队的核心位置。网络式团队组织在结构和运作过程上突破了传统的以层级为中心的制度特征，实现了信息共享，市场反应灵敏。

从目前旅游企业的组织规模和经营特点的角度来考虑，旅游饭店更适合扁平式组织结构，旅行社更适合网络式组织结构。

第二节　旅游企业成长性与核心竞争力

一、旅游企业成长概述

(一) 旅游企业成长含义

成长(growth)的概念来自生物学，一般是指生物体从小到大发展的机制和过程。在这里，成长是企业生存和发展的一种存续状态，是企业规模由小到大，各方面能力由弱到强的扩张过程。

公司的成长性是指公司通过优化生产要素而获得公司价值增长的能力，表现为公司产品前景广阔，公司规模逐年扩大、经营效益不断提高等趋势。企业成长性由发展性、持续性和结构变革三方面内容组成。发展性是指企业由小变大、由弱变强和整体扩张的扩张态势；持续性是指企业在较长时期内的持续成长；结构变革是指企业的技术、制度、产权结构、组织运作机制的变革和创新等。企业成长性不仅是企业经营管理者科学决策的重要依据，也为投资者进行投资决策提供参考，是衡量企业发展的关键指标。

(二) 旅游企业成长影响因素

在现代旅游企业成长中，企业家能力、企业战略与企业文化、资源配置与组织管理能力、核心能力、创新能力等方面的因素共同影响企业的成长。

1. 企业家能力

在现代企业成长中，企业家的能力体现在承担风险的能力、创新能力、协调能力、市场预见能力、对员工激励和监督的能力。一个优秀的企业家是企业稳定成长的关键因素。

2. 企业战略与企业文化

战略就是企业发展的方向，战略还起着将企业中不同的力量加以整合，朝一个共同的目标迈进的作用。企业文化有助于提高企业凝聚力，推动企业的可持续成长。

3. 资源配置与组织管理能力

资源配置能力是旅游企业成长的基础和前提条件，主要表现在两个方面：一是资源的获取能力，二是资源的整合能力。有了企业资源，有了前进的方向和目标，如果没有组织管理执行力，仍无法实现战略目标。

4. 核心能力

在知识经济条件下，企业核心能力是集体学习能力和整合知识的能力，是企业开发独特产品、发展独特技术和营销手段的能力。其根本价值在于它能根据外部环境的变化不断进行调整，使企业获得动态的成长优势。

5. 创新能力

创新能力是旅游企业成长的核心动力，旅游企业必须在经营理念、组织结构、管理方法、技术手段、营销策略、产品设计等方面不断寻求创新与变革，以更经济的方法提供更好的产品和服务，才能保持自己的竞争优势。

(三) 旅游企业成长的方式与商业模式

1. 旅游企业成长的方式

1) 内部成长

内部成长是旅游企业依靠自身盈利的再投入及内部经营条件的改善而实现的，表现为企业的专业化经营和持续改进，采取的措施有提高管理能力、开发新产品、开拓新市场、调整组织结构、员工的教育和培训等。

2) 外部成长

外部成长是指通过外部行为实现企业的成长，如通过组建合资和合作公司、吸收外来资本、建立战略联盟、兼并与收购、租赁经营、长期融资等方式实现企业规模的扩大或资源的优化，以此迅速扩大生产能力，占领新的市场。其中，兼并与收购是企业实现外部成长最常见的方式。

3) 创新型成长

创新型成长主要指通过技术、管理、制度、产品和服务、营销策略创新等使企业素质提高，使企业获利能力增强，进而促使企业成长空间进一步扩大，实现企业的成长。

4) 多元化成长

多元化又被称为多样化或多角化，指企业在多个相关或不相关的产业领域同时经营多项不同的业务，而这些业务之间并不构成上下游的生产关系。通过多元化成长，企业可以降低市场风险，扩展成长领域，同时可以提高企业资源的利用率。

2. 旅游企业成长的商业模式

随着旅游业的蓬勃发展、国家政策的有力支持和网络化、信息化的技术支撑，中国旅游业呈现出了产品多极化、战略联盟经营和产业融合的三大发展趋势。就目前国内旅游企业的成长状况来看，旅游企业成长的商业模式大体有以下几种类型。

(1) 产业一体化，即通过资产重组、收购、兼并等形式，将旅游行业的“吃、住、行、游、购、娱”六大产业要素有机组合经营。如西安旅游集团有限责任公司，以旅游为主导产业，以景区建设和经济型酒店为重点，构建了“吃、住、行、游、购、娱”全面发展的经营格局。

(2) 旅游+景区，即对旅行社作为旅游代理商的客源市场优势和旅游目的地服务商的景区、景点资源优势采取联合开发、联合运营的模式。如中青旅控股股份有限公司和乌镇旅游景区的联合开发，形成了“旅游+古镇文化”的企业联盟合作运营新模式。

(3) 旅游+交通，即旅游企业与交通企业合作创建的新型旅游代理商的运营模式，交通企业包括汽车、火车、轮船、航空及汽车租赁等运输企业。如上海春秋国际旅行社(集团)有限公司及其旗下的航空公司，依靠旅行社组织客源的优势，开拓航空旅游经营服务，创新了旅游企业的运营模式。

(4) 旅游+多产业组合，即围绕旅游主题，是将旅游与航空、地产、食品、物流、工业等进行跨行业组合的一种运营模式，它在扩展旅游产业发展领域的同时促进了企业的快速发展。如深圳华侨城集团，凭借以主题公园为核心的旅游地产发展模式发展成为大型的旅游集团。

(5) “鼠标+水泥”或“水泥+鼠标”，即电子商务企业和实体企业通过网络围绕“酒店+机票+旅游线路”预订而形成的一体化运营模式。如 7 天连锁酒店的快速成长，得益于将电子商务成功地应用到酒店经营中；携程旅行网采取“水泥+鼠标”的模式成为中国旅游电子商务的领跑者。

此外，“旅游+演艺”的宋城演艺发展股份有限公司、“旅游+免税品”的中国国旅股份有限公司、“旅游+酒店+租车+机票”的锦江国际集团、“景区+酒店”的黄山旅游等，都是对旅游企业经营新的商业模式的探索。

二、旅游企业成长性的评价

旅游企业的发展与成长是旅游产业化的基础，因为只有高成长型的旅游企业才能够大力开展并购重组、市场扩张，完善旅游产业链条，实行集团化、集约化经营。在我国，旅游上市公司是旅游行业发展的“风向标”，对其进行成长性评价研究，能够清晰地观测到旅游行业整体发展运行的基础态势，进而指导全行业健康快速发展。

(一) 旅游企业成长性特征

1. 持续性

随着科技的不断发展，企业的产品或服务、技术和知识更新速度不断加快。企业成长不再是单纯追求成长速度和企业规模的盲目扩大，而是在与外部环境相协调的前提条件下的可持续成长。企业可持续成长性的关键在于以持之以恒的创新，超越产品和技术本身固有的寿命期限。缺乏持续性成长的企业大多在竞争市场上昙花一现，能在瞬息万变的市场上坚守住一年的企业并不多见，只有持续成长的企业才能在竞争激烈的外部环境中争得一席之位。旅游企业的更新速度较之其他行业更快，因此，旅游企业应通过旅游服务产品的创新和旅游产品的升级来延长企业的寿命。

2. 动态性

企业的成长性体现在数值上，不是某个特定的数字，而是通过企业生产要素不断投入和成果不断产出的资金运动表现出来的。企业生产要素的投入和资金运动不是静止不变的，它们均是企业生产的动态过程，体现企业成长性的动态变化。此外，随着经济发展和企业成长性理论的日益成熟，评价企业成长性的指标也在不断变化和完善。例如，CEO 的管理能力，之前学者并没有把它纳入企业成长性的评价指标体系中，现在则成为衡量企业成长能力的重要指标之一。

3. 波动性

企业在成长过程中，会受到各种因素的影响而表现出一定程度的波动性。随着企业内部环境因素，如员工的流动、产品的更新升级等变化，企业的成长能力不可避免地出现一些波动。企业外部宏观环境因素的变动也会影响企业的成长能力，较之内部影响，外部因素对企业的影响更难以把握。例如，国家政策的变动，若利用得当，企业可以获得新的市场机会和市场份额，反之，企业则会失去竞争能力，被淘汰出局，所以企业的成长并非严格的线性增长。

4. 效益性

企业经营有经济、社会、环境等多重目标，企业经营目标的多元化并不意味着企业不再重视经济效益。本质上，企业的主要和首要目标是实现经济效益的最大化，企业的成长仍是以经济效益的增长为标志的，具体通过投入要素和产出要素的优化对比加以反映。追逐经济利益仍然是企业成长的内在要求。

5. 扩张性

企业成长是以企业价值的增长为目标的，初步表现为企业规模的扩大，具体表现在企业权益资本的保值、增值及其股本的扩张。企业扩张是企业的普遍追求，其本质是资本扩张。利润只是企业扩张的浅层次动机，生存才是企业不断扩张的深层次动机。企业正是借由其不断成长来实现企业规模扩张的目的，并最终实现在激烈的市场竞争中立于不败之地的目标。

(二) 旅游企业成长性评价指标

旅游企业成长性评价指标的选取，既要考虑企业的一些静态指标，又要考虑动态指标；既要考虑财务指标，又要考虑非财务指标；在考虑企业经营现状的同时也应该考虑企业的历史经营情况，因为成长是相对于历史经营情况的成长，在设计成长性评价指标时应当有一些指标包含历史情况。

1. 财务指标

虽然企业成长性影响因素涉及面较广，但企业财务才是企业生产经营活动的综合反映，企业成长性因素的作用结果最终会直接或间接地反映在财务指标信息上。

可以从以下几个方面的财务指标来评价旅游企业的成长性。

(1) 发展能力。这是一个企业具备成长性的重要标志。企业的发展能力主要体现于规模扩大、获利增加、主业扩张三个层面，所以评价企业成长性发展能力的指标应该包括资产增加、净利润增加和主营业务收入增加的指标。

(2) 盈利能力。盈利性是企业成长性的主要标志。成长性好的旅游企业可以依托旅游产品的独特性获得较高的报酬率，同时具有较强盈利性的企业可以在持续经营过程中为企业不断积累后备资源以促使企业良性化发展。可以选取总资产报酬率、主营业务利润率、每股收益、净资产收益率等指标来衡量盈利性。

(3) 运营能力。资产运营能力是指企业充分利用资源创造财富的能力，体现了企业的经营效率。成长性强的旅游企业不一定是资产规模很大的企业，但应该是能够应对外界挑战、把握市场机遇的企业。选择的指标有应收账款周转率、存货周转率、总资产周转率、流动资产周转率等。

(4) 偿债能力。能否及时偿还到期债务，是反映企业财务状况好坏的重要标志。通过对偿债能力的分析，可以考察企业持续经营的能力和风险。一些企业虽然具备较强的获利能力，但由于资本结构不合理，偿债能力较差，导致公司承担风险较高。常用指标有：流动比率、速动比率、利息保障倍数等。

由于没有一个普遍适用的成长性评价指标体系，目前多使用复合指标评价体系。

2. 非财务指标

与财务指标不同，非财务指标数据的获取难度较大、成本较高。非财务指标主要有：管理能力、人力资源状况、企业类别、企业核心竞争力、企业创新能力、市场营销能力、市场份额、产品结构等，非财务指标主要通过问卷调查、深度访谈等方法获取。

(三) 旅游企业成长性评价方法

影响企业成长的因素很多，为此，评价中小企业成长性的方法一般都属于综合评价方法，即依据企业的实际统计数据计算综合评估得分(或称指数)的数学模型。目前国内外企业成长性综合评估方法有很多，但实际测算中普遍采用的方法则主要有以下几种。

(1) 突变级数法。陈晓红等(2005)指出突变级数法是一种对评价指标进行多层次矛盾分解，然后利用突变理论与模糊数学相结合产生突变模糊隶属函数，再由归一公式进行综合量化运算，最后归一为一个参数，即求出总的隶属函数，从而对评价指标进行排序分析的一种综合评价方法。该方法的特点是没有对指标采用权重，但它考虑了各评价指标的相对重要性，从而减少了主观性，增强了科学性、合理性，而且计算简易、准确。其应用范围广泛。

(2) 回归分析法。回归分析法是在掌握大量观察数据的基础上，利用数理统计方法建立因变量与自变量之间的回归关系函数表达式(称回归方程式)。回归分析法预测是利用回归分析方法，根据一个或一组自变量的变动情况预测与其有相关关系的某随机变量的未来值。

(3) 二维判断法。陈晓红等(2004)认为，二维判断法就是从两方面同时考察企业的变动状况，一是空间，即正确反映企业在本行业(或全产业)时点状态所处的地位；二是时间，即尽可能考虑一段时间内企业连续成长的速度和质量。其基本原理是在确定各指标状态值及标准分值的基础上，首先测算评估期前三年企业各指标的平均数值，并确定平均分值，考察企业以往(评估期前 3 年)的发展状况；其次根据企业评估期某一指标的实际值，测算企业该指标的行业比较得分，考察企业该项指标在同行业(或全产业)所处的地位，据此再计算该指标行业(或全产业)比较得分与前三年平均分值的比值，考察企业该指标在整个测评期内的成长状态；最后将各指标的比值加总得出综合成长指数，从整体上反映企业的成长状况是越来越好，还是有进有退，抑或是逐渐萎缩。但是，与其他综合评价方法相比较，二维判断法也存在明显的不足，一是这种方法在确定标准分值上仍存在较多的人为因素，只能靠充分调查、分析和征询专家的意见，尽可能避免人为失误；二是这种方法的计算过程比较烦琐，需要的数据量非常庞大，只能借助计算机等设备，在事先编好运算程序和做好基础数据处理的基础上，才能取得较好的结果。

(4) 隶属函数评估法。隶属函数评估法是根据模糊数学的原理，利用隶属函数进行综合评估的方法。一般步骤如下：首先利用隶属函数给定各项指标在闭区间[0，1]内的相应数值(称为单因素隶属度)，对各指标做出单项评估。其次对各单因素隶属度进行加权算术平均，计算综合隶属度，得出综合评估的指标值，其结果越接近 0 越差，越接近 1 越好。隶属函数评估法较之加权评分法具有更大的合理性，但该方法对状态指标缺乏有效的处理办法，会直接影响评价结果的准确性。同时，该方法未能充分考虑企业近几年各项指标的动态变化，评价结果很难全面反映企业生产经营发展的真实情况。

(5) 成长型中小企业评价方法。成长型中小企业评价方法由原国家经济贸易委员会中小企业司、国家统计局工业交通统计司和中国企业评价协会共同设立的“中小企业发展问题研究”课题组于 2003 年年底提出。此方法以企业实际财务指标为直接依据对成长型中小企业进行评估，对企业发展状况、获利水平、经济效益、偿债能力和行业成长性五大类指标进行综合评价。

(6) 灰色关联分析(grey relational analysis, GRA)法。陈晓红等(2005)认为，灰色关联分析法是一种把因素之间发展趋势的相似或相异程度(即灰色关联度)作为衡量因素间关联程度的方法。其基本原理是将研究对象及影响因素的因子值视为一条线上的点，与待识别对象及影响因素的因子值所绘制的曲线进行比较，比较它们之间的贴近度，并分别量化，计算出研究对象与待识别对象各影响因素之间的贴近程度的关联度，通过比较各关联度的大小来判断待识别对象对研究对象的影响程度。GRA 方法的优点在于其为一个系统发展变化态势提供了量化的度量，非常适合动态历程分析且思路清晰，可以在较大程度上化解信息不对称带来的损失，对数据要求较低。其主要缺点在于要求对各项指标的最优值进行现行确定，主观性过强，部分指标最优值难以确定。

(7) 层次分析法(analytic hierarchy process, AHP)。程海峰和吕道明(2005)提出，AHP 是在建立有序递阶的指标系统的基础上，通过指标之间的两两比较，对系统中各指标予以优劣评判，并利用这种评判结果来计算每层次中各指标的权重，从而得到各指标在总体中的权重，进而进行定性和定量分析的决策方法。

(8) 平衡计分卡。平衡计分卡是从财务、顾客、企业内部业务流程及企业学习与成长四个维度(这几个维度分别代表企业三个主要的利益相关者，即股东、顾客、员工，每个维度的重要性取决于维度的本身和指标的选择是否与公司战略相一致)将组织的战略落实为可操作的衡量指标和指标值的一种新型绩效管理体系。设计平衡计分卡的目的就是建立“实现战略指导”的绩效管理系统，从而保证企业战略得到有效的执行。因此，人们通常称平衡计分卡是加强企业战略执行力的最有效的战略管理工具。

(9) β调和系数法。李柏洲和孙立梅(2006)指出，β调和系数法是将两种具有互补性的评价方法得到的结果再次赋权而得到最终结果的方法，其中一种方法获得结果所赋予的权重称为β系数，另一种方法获得结果所赋予的权重称为对β系数。运用该方法的关键是β调和系数的确定。β调和系数的确定应根据三个指标的具体情况进行，即评价指标体系的结构(定性指标和定量指标个数的比例)、样本数量、运用定性方法进行评价时参与赋权的专家的数量和素质，情况不同，赋予β系数的值不同。

(10) 判别分析法。判别分析法又称分辨法，是在分类确定的条件下，根据某一研究对象的各种特征值判别其类型归属问题的一种多变量统计分析方法。其基本原理是按照一定的判别准则，建立一个或多个判别函数，用研究对象的大量资料确定判别函数中的待定系数并计算判别指标，据此即可确定某一样本属于何类。判别分析有二级判别、多级判别、逐步判别等多种方法。进行判别分析必须已知观测对象的分类和若干表明观测对象特征的变量值，然后从中筛选出能提供较多信息的变量并建立判别函数，使利用推导得出的判别函数对观测量判别其所属类别时的错判率最小。

(11) 主成分投影法。林莉(2009)认为，主成分投影法是在对指标值进行无量纲化和适当加权处理的基础上，通过正交变换将原有的指标转换为彼此正交的综合指标，消除指标间的信息重叠问题，并利用各主成分设计一个理想决策变量，以各被评价对象相应的决策向量在该理想决策向量方向上的投影作为一维的综合评价指标，并根据投影值的结果进行排序的方法。这种方法的缺点是只能对计算结果进行排序，了解所评价对象的前后顺序，而无法确定所评价对象的等级，即只能确定评价对象的相对位置。

(12) 主成分分析法。主成分分析法是一种数学变换的方法，它把给定的一组相关变量通过线性变换转成另一组不相关的变量，这些新的变量按照方差依次递减的顺序排列，在数学变换中保持变量的总方差不变，使第一变量具有最大的方差，称为第一主成分，第二变量的方差次大，并且和第一变量不相关，称为第二主成分，依次类推，i 个变量就有 i 个主成分。该方法的主要目的是希望用较少的变量去解释原来资料中的大部分变量，将我们手中许多相关性很高的变量转化成彼此相互独立或不相关的变量。该方法通常是选出比原始变量个数少、能解释大部分资料中变量的几个新变量(即所谓主成分)用以解释资料的综合性指标。由此可见，主成分分析法实际上是一种降维方法。

三、旅游企业成长的核心竞争力

核心竞争力是其他企业偷不去、买不来、拆不开、带不走的，能获得客户忠诚度，让顾客满意的能力。旅游企业要保持持久的成长性就要特别注重培养企业的策划能力、服务能力和系统整合能力，以此形成企业独特的核心产品，为顾客提供优异的体验价值。对于中国旅游上市公司而言，在面临国内外激烈的竞争环境的情况下，提升企业自身成长性，培育企业的核心竞争力更是必不可少的。在培养企业核心竞争力的过程中，旅游上市公司在做大做强的同时，更应该注重朝着“精”“细”方面努力，在经营模式及管理理念上不断寻求创新，将自身品牌优势发挥得淋漓尽致，朝着一条综合的发展道路前进，如此，旅游上市公司才可以在未来激烈的竞争过程中居于不败之地。

(一) 旅游企业核心竞争力的概念与特征

1. 旅游企业核心竞争力的概念

旅游企业核心能力指在竞争性市场中，旅游企业经过长期积累所拥有的、带有本企业特性且优于其他竞争者的，能够不断实现优异的顾客体验价值的企业系统综合能力。旅游企业在成长过程中，不仅要重视产品本身的内涵，更要注重企业的品牌形象、企业文化的影响，注重企业服务能力、创新能力的提升和企业所拥有资源的优势。

2. 旅游企业核心竞争力的特征

与其他类型企业的核心竞争力一样，旅游企业的核心竞争力也具有价值性、异质性、不可模仿性、动态性、持久性等特点。但旅游企业的核心竞争力也区别于其他企业核心竞争力而更加强调其产品的特殊性、顾客价值性、企业特质性、文化性、延展性五个特征。

1) 产品的特殊性

旅游企业出售的产品具有无形性、生产消费同时性、不可储存性和不可转移性等特点，旅游产品的无形性是旅游企业产品与其他企业产品最显著的区别，因而旅游产品的特殊性是旅游企业核心竞争力的显著表现。

2) 顾客价值性

旅游企业的核心竞争力应能给旅游企业产品的消费者带来独特的价值感受，能为企业创造更高的价值。旅游产品的价值在服务传递的过程中体现出来，能否不断实现优异的顾客体验价值是旅游企业经营成败的关键因素，也是旅游企业核心竞争力的重要体现。

3) 企业特质性

旅游企业核心竞争力是旅游企业在发展过程中长期培育和积淀的结果，根植和依附于整个企业，因而带有本企业的鲜明个性，体现了本企业的特点和文化，且渗透于整个旅游企业中，不易被同行企业或其他组织所分享。

4) 文化性

旅游产品更加强调产品的审美性和愉悦性，这就要求旅游产品比其他产品应更具文化内涵。旅游企业核心竞争力的文化性不仅要求旅游开发者、经营者深入了解产品的文化，也要求旅游消费者有一定的审美能力，这样才能在旅游消费过程中获得愉悦的感受。

5) 延展性

旅游企业核心竞争力的延展性是指旅游企业能够依托核心能力衍生出一系列的新产品或服务，它是旅游企业盈利的核心源，可以为企业打开多种产品潜在市场、拓展新的行业领域。它为旅游企业通向其他市场提供潜在通道，从而为消费者不断提供创新产品。

(二) 旅游企业核心竞争能力的构成要素与影响因素

1. 旅游企业核心竞争能力构成要素

关于旅游企业核心竞争能力构成的问题并未得出统一的结论，较为典型的有文化中心论、知识创新论、人力资本论等。邵金萍(2012)通过对旅游企业中高层管理人员进行问卷调查，实证分析出旅游企业核心竞争能力的构成要素包括策划能力、服务能力、系统整合能力及企业文化四个方面。其中，企业策划能力起着核心作用，可以说，旅游企业核心竞争能力是围绕着企业策划能力展开的，如图 9-10 所示。此外，影响旅游企业核心竞争能力的因素还有资源性因素、企业的差异化因素、相关性产业因素及成本因素等。

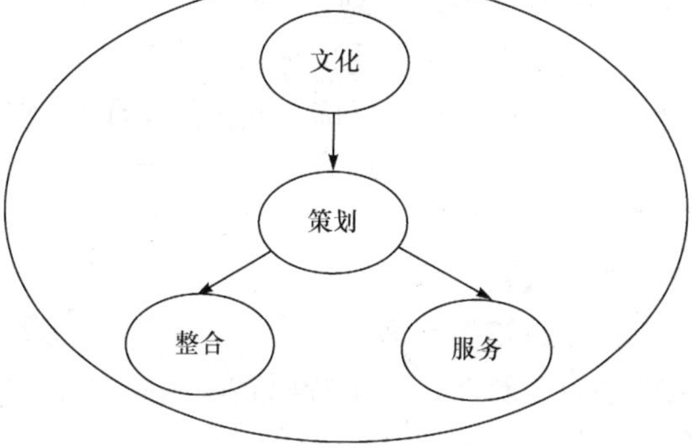

图 9-10　旅游企业核心竞争能力结构模型(邵金萍，2012)

1) 旅游企业的策划能力

策划能力是服务型企业重要的能力。在旅游企业中，策划能力表现在产品策划、价格策划、营销策划、节庆活动策划、重要团队接待策划等方面。策划是对企业现有产品或经营方式的改良与前瞻性的规划，同时，企业通过一系列的策划活动对企业的经营和发展方向及市场定位有着准确的把握，不仅提升了企业的服务能力、创新能力，培育了企业文化，更重要的是提升了企业整合各种资源的能力。

2) 旅游企业的服务能力

服务能力是旅游企业核心竞争能力的重要组成部分。对于旅游企业，服务的竞争是整个企业市场竞争的重要方面，旅游企业的服务质量关系到整个企业的生存和发展。因此，优质的服务不仅能增加顾客的体验价值，还是旅游企业的核心产品。

3) 旅游企业的系统整合能力

旅游企业的系统整合能力表现为旅游企业在发展过程中将资本运营能力、企业扩张能力、管理及产品和服务创新能力通过一系列的策划使之形成高效的企业服务能力，并能够在成长过程中取长补短，为顾客带来更好的体验价值。

4) 旅游企业的企业文化

旅游企业文化是旅游企业核心竞争能力的主要组成部分。旅游企业文化是企业提倡的精神、价值观和行为规范的总和，因而带有浓郁的本企业特色，不易被模仿，是提升企业凝聚力的有效手段，对旅游企业自身及企业员工、消费者都有着巨大的影响。

2. 旅游企业核心竞争能力的影响因素

从资源性因素来看，旅游企业核心竞争能力的影响因素如下。

(1) 自然资源和人文资源。自然和人文资源是旅游企业生存与发展的基础与前提，独特的旅游资源是旅游企业形成竞争优势的根本。同时，旅游资源的不可移动性和地域性的特质也有利于旅游企业的核心竞争能力的形成。

(2) 人力资源。旅游企业是劳动密集型产业，人才无疑是旅游企业成功的关键。旅游企业既要积极主动地从外部吸纳优秀人才，加强企业人才团队的建设，以帮助本企业发展；同时也要加强内部人员的培训，充分发挥员工的才能，做到人尽其才。

(3) 地域性的政策资源。地域性的政策资源，是指当地政府对本地或异地旅游企业在政策取向方面的倾向性。多数旅游企业的进入壁垒较低，而政策性因素往往是影响旅游企业竞争的重要因素。地区经济发展的不均衡，使一些地区政府部门在门票价格、服务等级、税收政策等方面对本地企业实行保护政策，对于本地旅游企业而言就具有了地域性的政策资源，政策资源是可遇而不可求的企业资源，也是影响旅游企业核心竞争能力的重要因素。

从企业的差异化因素来看，旅游企业核心竞争能力的影响因素如下。

(1) 规模差异。尽管大的旅游企业不一定都具有核心竞争能力，但是具有核心竞争能力的旅游企业一定是规模较大的大企业。旅游企业只有拥有一定的规模，才能拥有一定的人力、物力和财力构建和维持自身的核心竞争能力。

(2) 企业能力差异。标准化的消费时代已经过时，差异化的服务与产品成为旅游企业盈利、占领市场的关键。旅游产品的无形性的特质，迫使旅游企业只能通过企业个性化的服务及服务的环境要素来赢得差异化优势。企业能力在某种意义上就是指企业获得差异化竞争优势的能力，企业能力的差异决定了企业的差异化优势。

(3) 企业自身历史差异。旅游企业之间自身历史条件存在着很大的差异性，一些企业之所以优秀或者不优秀是历史原因造成的，企业历史的差异也是影响旅游企业核心竞争能力的重要因素。例如，饭店企业硬件设施、规模、管理体制等方面的差异性，特别是企业发展中长期积累的弊病或体制上的不利条件是企业自身很难在短期内跨越的屏障。由于旅游企业历史原因造成的差异性往往也是企业核心竞争能力存在差异的重要原因之一。

(4) 无形资产差异。旅游企业差异性影响因素还包括企业无形资产之间的差异。旅游企业的无形资产主要包括文化、品牌和企业信誉与顾客忠诚，这些都是其他企业无法复制和比拟的重要资源，是导致旅游企业竞争能力差异的重要因素。

从相关性产业因素来看，旅游产业是一个综合性的产业，涉及吃、住、行、游、购、娱等多方面，其发展也必然离不开相关产业的发展状况和水平，如基础设施建设、交通运输、通信等产业的发展水平，它们也影响着旅游企业的核心竞争能力。所以说相关性产业因素也是影响旅游企业核心竞争能力构成的重要因素。

从成本优势因素来看，成本优势是任何一个企业成功的必要条件，旅游企业也不例外。当一个旅游企业拥有了成本优势，它就能比竞争对手创造出更大的顾客价值，就能在激烈的市场竞争中立于不败之地，所以说成本优势也是影响旅游企业核心竞争能力的重要因素。

(三) 旅游企业核心竞争能力的形成与培育

1. 旅游企业核心竞争能力形成机制的模型

围绕着顾客体验价值的实现，旅游企业核心竞争能力形成了一个完整的动态系统模型，如图 9-11 所示。

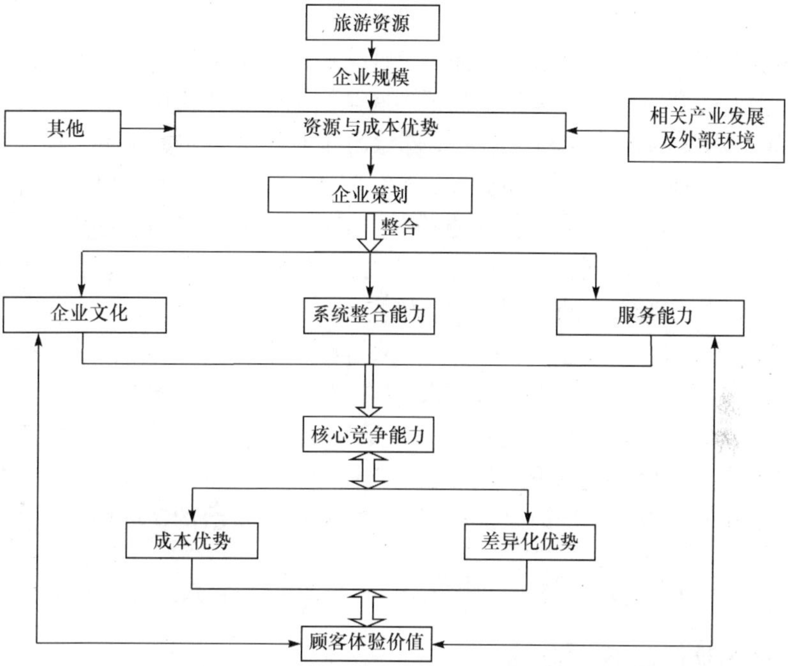

图 9-11 旅游企业核心竞争能力形成机制模型(邵金萍，2012)

旅游资源是旅游企业形成核心竞争能力的基础，旅游资源的规模和差异化影响着旅游企业的规模，与其他生产要素的投入和相关产业的发展一起决定了企业的资源与成本优势；通过策划将企业的资源与成本优势进一步转化为企业文化、系统整合能力和服务能力；经过企业内部的再整合，将企业拥有的各种资源和要素凝结成旅游企业的核心竞争能力；企业的核心竞争能力使企业进一步获得成本优势和差异化优势，促成了顾客的优异体验价值；而顾客的优异体验价值又会增进顾客对企业文化、服务能力的认同和满意，实现顾客忠诚，为企业的持续发展提供保障。

2. 旅游企业核心竞争能力培育

旅游企业的核心竞争能力是旅游企业生存成长的动力源，核心竞争能力的强弱决定了一个企业在市场竞争中的地位和未来的发展命运。旅游企业应该从以下几个方面多角度和多层面地进行核心竞争能力的培育。

(1) 加深对策划能力的认识和理解，提升旅游企业策划能力。旅游企业管理者必须加深对策划能力的认识和理解，注重企业策划能力的培育。旅游企业通过策划可以准确把握市场发展情况，指导企业发展方向并及时地调整经营策略，因而旅游企业有必要建立或强化旅游企业策划部门。

(2) 提升产品和服务的创新能力，培育旅游企业核心产品。核心产品是企业核心竞争能力的重要体现，是企业核心资源与核心竞争能力的结合。旅游企业服务的创新主要体现在服务理念的创新和服务内容的创新两个方面。核心产品的开发必须围绕顾客价值深度挖掘市场需要，提供个性化、新颖独特的旅游产品，提高产品服务质量，做好配套服务。市场竞争归根到底是产品和服务的竞争。

(3) 建立科学的人才管理机制，培养旅游企业核心人才。旅游企业要建立完善的培训机制，全面提高管理者和员工的综合素质；完善人才管理机制，建立与市场经济相适应的人才招聘、考核、激励机制；完善人才使用机制，形成科学、规范、公平的晋升和奖励机制，提高员工积极性，为优秀人才的成长营造良好的内部环境，同时，为企业培养强有力的策划人才队伍。

(4) 建立行之有效的运作机制，提升旅游企业系统整合能力。旅游企业的系统整合能力不仅是指将企业内外部各种人、财、物、信息、技术等资源有机结合，而且是企业在良好的管理和运作机制下，对资本运营能力、扩张能力、创新能力及其他能力进行有效整合，进而形成旅游企业自己独特的、不可替代的战略性资源，在提高各种资源运营效率的同时，保证了旅游企业竞争优势的持久性。

第三节　旅游企业管理效率提升

一、旅游企业管理效率概述

(一) 旅游企业管理效率内涵

效率问题一直是组织管理工作的中心议题。广义的管理效率是指管理活动中投入和产出的比例关系。广义管理效率与企业效率在量上保持一致，在企业财务上难以严格区分。狭义的管理效率是指管理活动本身所耗费的成本与所带来的收益的比例关系。广义管理效率和狭义管理效率的划分只有在数量分析中才有意义，在理论分析中往往混合使用。旅游企业管理效率应包括组织效率、管理机制效率和管理体制效率三个方面。

1. 旅游企业组织效率

旅游企业组织效率是通过自我改造与发展或是外因造成组织变革而提高的。旅游企业组织效率可以通过以下几个方面反映出来：适应能力、融洽的文化气氛、决策的理性与分权化、高的效能。影响企业组织效率的因素有领导因素、组织结构、人际关系、组织绩效、经济关系等。

2. 旅游企业管理机制效率

管理机制是管理系统运行的机理，管理者就是在管理机制的支持下使得被管理者向着一定的状态发展或运动的。这种机制应该包括约束机制、激励机制、用人机制等内容。制定管理机制的是企业管理者，因而管理机制效率与管理者素质和能力有着十分重要的关系。

3. 旅游企业管理体制效率

管理体制是根据企业管理系统的结构和组成方式来规定企业的管理范围、权限职责、利益及其相互关系的准则，它的核心是管理机构的设置、各管理机构职权的分配，以及各机构间的相互协调。它的强弱直接影响到管理的效率和效能，在整个企业管理中起着决定性作用。

效率需要解决的问题是企业如何获得系统能力，系统能力是企业实现五项管理内容协同作用的能力。这五项内容包括计划管理、流程管理、组织管理、战略管理、文化管理。效率使企业组织中的各个要素很好地协同起来，获得更高的产出。而管理的基本功能也正是提升管理的效率，因此，提升管理效率是企业必需的选择。

(二) 旅游企业管理效率特征

随着管理劳动及其相应管理决策、管理组织、管理监督、管理信息、管理工具的现代化，现代管理效率呈现出如下新的特征。

1. 多重化

现代管理效率的多重化特征主要表现在管理效率的构成因素、形成条件和社会作用等方面。现代管理效率强调为实现企业多重目标，各构成因素要协调发展。管理效率的形成条件也呈现复杂化的趋势，不仅与管理者本身的素质和能力有关，也与管理环境密切相关，一般来说，良好的主客观环境往往能促进管理效率的提高。

2. 集约化

集约化是现代管理效率的一大特征，它是最能反映效率问题的，从粗放到集约就是提高效率的过程。在现代化进程中，集约化最突出的表现是在智力、科技和信息方面。企业运用科学技术管理组织、管理监督、管理信息、管理工具，极大地提高了企业的管理效率。

3. 综合化

管理本身就是一个综合活动，提高管理效率也是一种综合过程。管理效率的综合化特征主要表现在效率责任、效率关系和效能上。管理效率体现的是全局的共同利益，而不是某个人、某个团体的局部利益。另外管理效率在效率关系上反映出多方位、多条件的综合性。管理效率的提升必须充分协调组织内部的相关关系，把各种关系综合起来考虑。

(三) 旅游企业管理效率的影响因素

管理效率是以一定的管理成本可以取得的管理收益。影响旅游企业管理效率的因素有很多，主要有产权制度、管理过程、管理方式与管理者素质和能力等。

1. 产权制度

产权制度缺陷导致的政企不分、多头领导是管理效率低下的深层次原因。由于产权划分不清，经营者在企业运营中的权限无法获得来自法律的保障，成为制约旅游企业核心竞争力形成的根本原因。产权特别是收益权是否得到明确界定与有效实施，对管理中激励功能的影响是决定性的。

2. 管理过程

管理过程包括计划、组织、领导、激励和控制等职能，在这些活动中涉及旅游企业的资金、技术、设备、信息和人员等管理要素，影响着企业的管理效率。企业应该通过计划的制定、实施，把组织成员的不同需求，合理而有效地转化为现实的工作热情；通过对激励的程序化处理，使得管理者对激励方法的运用更为有效；通过指挥、激励和信息沟通影响组织成员，促使组织的工作顺利进行，使组织取得成功，提高管理效率；激励贯穿管理活动始终，与其他要素相互作用，从某种程度上讲，激励直接影响着管理效率；管理者除了对预算、财务和生产进行控制外，对组织成员的行为也必须加以控制，使他们的生产活动始终保持高水平、高效率。

3. 管理方式

只有有效的管理，才能实现企业资源的优化配置，保证现有技术水平得到充分发挥，才能最大限度地提高企业的经济效益。因此，先进有效的内部管理机制、管理手段和方法对于企业管理效率的提高也同等重要。

4. 管理者素质和能力

旅游企业的经营管理者的素质和能力是影响管理效率的重要因素。一般来说，一个优秀的管理者能够降低管理成本，而管理者的素质则直接影响管理的效果，管理者优良的综合素质和卓越的领导能力也是企业稳定成长的关键因素。管理者能够适应形势变化趋势、把握市场目标、适当制定组织战略、开发员工的创造力、开发现有市场和创造新需求等，由此可以降低企业外部交易成本，减少内部组织成本，降低代理成本，从而降低管理成本，最终会体现在管理效率的提高上。

5. 信息技术

对于旅游企业而言，积极探索网上咨询、网上预定、网上支付等旅游电子商务技术，能够提升企业品牌，降低旅游企业的经营成本和交易成本。信息技术的应用可以增强企业协调区域性、全国性和全球性活动的能力，成为企业拓展客源、扩大其产品市场份额、实现利润最大化、增加经济效益的重要途径。

二、旅游企业效率管理过程

(一) 状况分析

效率管理的首要程序是确定效率标准，分析当前的管理状况，将当前的管理状况和效率标准进行比较。

1. 确定效率标准

状况分析的首要任务就是设置效率标准，它是衡量实际管理工作的依据。通常效率标准的设置以组织在计划阶段的目标为准，但是笼统的将组织目标作为标准是不行的，必须进一步根据具体的任务特点设置标准。确定的效率标准应该是定量的，对于如工作态度、人际关系等难以定量的标准，仍需提出一些定性的标准。

2. 分析当前的管理状况

确定了效率标准后，接下来就要分析当前的管理状况，具体来说，就是衡量绩效，对企业的运营效果进行定性和定量分析，以此评估企业的实际工作水平。衡量绩效是管理过程的重要关节，是进行管理改进、提高管理效率的基础。

3. 进行效率对比

状况分析的第三步是进行效率对比。将管理实际成效与预期目标进行比较，如果两者完全吻合，则不需要调整目标或改变工作状态；如两者存在偏差，则需要调整目标，消除偏差，改进工作。

(二) 方案的制订

科学的方案制订的过程，需要有健全的方案制订程序和相应的方案制订技术来加以保证。不同类型的方案制订，可以有不同的过程要求。一般而言，方案制订程序主要包括方案拟订、方案评价、方案选优、方案补救这四个步骤。

1. 方案拟订

“多方案选择”是科学决策的保证，只有通过比较才能确定最优决策。因此，只有从不同的角度，运用不同的方法拟订出一定数量的备选方案，才有可能经过缜密的评价与对比，以最少的花费从中选择最佳或最满意的方案。

2. 方案评价

在方案评价过程中要从定性与定量两个方面对所拟定的各个方案的优缺点进行分析评价，权衡各备选方案实现所要求目标的有效程度。需要注意的是，所有方案的设计都不是一次成型的，需要在初步设计后不断完善和修改。

3. 方案选优

方案选优就是从各种可供选择的方案中权衡利弊做出决断的过程。要进行选择，就要有选择的标准，一旦确定了评价方案优劣的标准，就可以对备用方案进行选择。

不同性质的方案有不同的评价标准，但又存在着某些共同的评价标准。一般来说，这样几个标准对于任何类型的方案选择都是适用的：第一，能保证决策目标的实现；第二，在保证决策目标实现的前提下，成本最少。

4. 方案补救

方案补救是方案制定过程中不可或缺的一部分。企业在选定方案的基础上，还需对方案可能会出现的问题进行考虑，并且准备相应的防范措施和应变措施，尽可能降低问题出现的可能性和危害性，确保问题出现时能够及时补救。

(三) 方案的执行

方案的执行是指将决策和方案付诸行动的过程，它是决策的具体化与延续。在方案执行时要注意过程管理，确保方案能达到预期目标，同时也能在执行过程中及时发现问题、解决问题，保证方案执行的效果。一个合格的管理者必定是既善于决策，又善于抓好执行工作的。

(四) 监督与反馈

在效率管理的流程中，监督和反馈是必不可少的。监督是根据计划目标和各种效率标准监察管理活动中的行为与结果是否偏离管理目标，并督导人们按标准办事的控制过程。对管理执行的整个过程，整个过程中的各个环节、各个方面，包括对执行人员的配置、要求、管理实施的方案等进行监督，可以使各项管理活动能在既定的轨道上正常运行，方案能够完整地执行，保证方案执行与决策指令的一致性，保证管理的执行不偏离目标，组织目标能顺利实现。

三、提高旅游企业管理效率的途径

现阶段我国旅游企业基础管理薄弱、领导体制不健全、政出多门等现象仍然直接或间接地制约着企业管理效率的提高，成为旅游企业走向市场、增强竞争力、提高经济效益的薄弱环节。应从以下几方面采取措施来提高旅游企业的管理效率。

(一) 完善科学的管理体制

科学合理的管理体制是提高管理效率与管理绩效的体制保障，是保障管理活动高效运行的基本条件和基本原则。这要求旅游企业不断完善治理结构，合理设置管理机构、协调各管理机构职权的分配，使管理体制保持活力并有效运作。

(二) 建立科学而有活力的企业管理文化

科学有活力的企业管理文化与管理效率密切相关。融洽的企业文化是旅游企业重要的内部管理因素，是对员工的思维方式、工作态度、人生观的有效引导，能够调动员工的工作积极性，使之与企业理念相吻合，从而实现企业效率的最大化。

(三) 培育高素质的管理团队和企业家阶层

企业家阶层是提高企业管理科学性与效率的关键因素，是企业实施科学管理的基础和前提。优秀的管理团队或企业家能够凭借其良好的综合素质和非凡的领导能力降低管理成本，进而提高旅游企业的管理效率。

(四) 提升旅游企业技术创新能力

当今时代企业之间的竞争实际是人才与技术之间的竞争，旅游企业技术的创新能提高旅游企业的差异化，如旅游企业的电子商务和企业内部的管理信息系统等，已成为旅游企业拓展客源、实现经济效益的重要途径。

第十章 全域旅游背景下的游客安全管理

在全域旅游迅速发展的同时，旅游安全问题得到了广泛的关注和重视。安全是继生理需求之后的人类的第二基本需求，旅游安全也日渐成为影响旅游决策和旅游发展的重要因素之一。它是一个崭新的、综合性的、交叉的研究领域，在全域旅游背景下更需要关注多地域、多人群、多活动的安全问题。

第一节 全域旅游概述

一、全域旅游的研究背景及必要性

(一) 全域旅游的内涵

目前,国内关于全域旅游的概念百家争鸣,可以说全域旅游自 2012 年提出至今，一点没有衰减的趋势。但由于全域旅游本身尚处于实践性探索阶段，其概念和理论尚无统一的结论，因而，全域旅游概念和内涵的界定也是因人而异的。

2013 年厉新建等对全域旅游的内涵进行解读，他认为全域旅游是指：各行业积极融入，各部门共同管理，居民游客共同享有，充分挖掘目的地的吸引物，创造全过程与全时空的旅游产品，从而满足游客与居民全方位的体验需求。该概念不仅突出旅游业重要的产业地位，而且强调全域旅游提升人们生活品质的价值和功能。

吕俊芳(2013)解析全域旅游的三个发展条件：社会条件——全民休闲时代的到来；人口条件——非农人口比重增加；资源条件——旅游资源的全域化。全域旅游的核心是重新整合旅游资源，在空间板块形成特色各异的旅游产品或业态集群。

孟秋莉和邓爱民(2016)提出全域旅游是指以旅游业为主导和依托，统筹规划整个旅游目的地，实现旅游地多规合一，旅游资源统筹整合，旅游产品联动开发，旅游产业规模集聚，旅游服务优质升级，旅游体验全程优化，旅游消费合理满意，旅游企业效益多元，社区居民共建共享，旅游氛围无处不在，实现游客文明旅游，依法治旅，党政统筹，打破景区门票经济，发展全域产业经济，促进旅游目的地经济社会协调发展，构建全域、全业、全民旅游发展大格局。

(二) 全域旅游的研究背景

1. “互联网+”与“旅游+”

“互联网+”代表一种新的经济形态，即充分发挥互联网在生产要素配置中的优化和集成作用，将互联网的创新成果深度融合于经济社会各领域之中，提升实体经济的创新力和生产力，形成更广泛的以互联网为基础设施和实现工具的经济发展新形态。

“旅游+”是指充分发挥旅游业的拉动力、融合能力，以及催化、集成作用，为相关产业和领域发展提供旅游平台，插上“旅游”翅膀，形成新业态，提升其发展水平和综合价值。“旅游+”是多方位、多层次的，加的方式也是多种多样的。其中就包括与国家重大战略进行融合，通过有效对接国家政策，加速自身发展；改变原有生活方式，将旅游活动常态化；借力重大领域技术突破，实现旅游发展的质变等。

2. 高速路网与全面旅游休闲

“经济发展，交通先行”的理念已经深入旅游发展的决策和政策的制定。经过60多年的重点建设和加快发展，我国交通运输业已取得了举世瞩目的成就，由公交、铁路、航空、水路及特种旅游交通等现代化运输方式组成的区域范围乃至全国范围的综合运输网络体系已初具规模。互联网信息的互通，无疑将在很大程度上推动旅游业的发展。人们掌握的外部信息越多，就越渴望去体验异域的文明，而如今便捷的交通工具可以将旅游者迅速运送到任何旅游目的地。

3. 旅游外交与供给侧改革

“旅游外交”成为近年来外交场合的热门词汇，众多的国内外实践表明，旅游外交更有弹性、更加灵活、更根植于民众。在双边关系良好时，旅游外交可以成为发展国家关系的加速器；在双边关系不畅时，旅游外交可以成为改善国家关系的润滑剂；在双边尚无正式外交关系时，可以先行开展旅游外交，使民众交往成为国家关系正常化的“导航器”。

供给侧管理和需求侧管理，实质上是政府面对经济失衡状态时的一种有意识、有目的的经济调整行为。供给侧改革具体是指从提高供给质量出发，用改革的办法推进结构调整，矫正要素配置扭曲，扩大有效供给，提高供给结构对需求变化的适应性和灵活性，提高全要素生产率，更好地满足广大人民群众的需求，促进经济社会持续健康发展。

4. 新常态与低碳降耗

新常态，就是经过一段不正常状态后重新恢复正常状态。人类社会就是在从常态到非常态再到新常态的否定之否定中发展，人对社会的认识就是在从常态到非常态再到新常态的否定之否定中上升。在低碳降耗的这个过程中，旅游的优势充分凸显，低碳降耗的持续发展也会带来中国旅游发展的长期重大机遇。首先，旅游业作为服务产业的重要组成部分，占用资源少，而且很多资源可以永续利用，由此自然形成碳排放少的突出优势。其次，多年的实践证明，旅游发展与环境密切相关，而且会促进环境的改善，这就有助于承担碳责任，减少碳债务。此外，旅游产品的核心是环境和文化，保护环境、挖掘文化是旅游发展的内在动力，通过发展旅游，能进一步促进环境的提升和改善。甚至，可能会形成新型碳机制，即通过旅游发展，对其他产业产生良性替代，形成产业补偿，从而达到既节能减排又促进发展的双重目标。

(三) 发展全域旅游的必要性

1. 发展全域旅游是旅游业贯彻落实新发展理念的重要体现

创新发展方面，全域旅游是发展理念和发展模式的创新，也是旅游业转型升级的方向。发展全域旅游，就是要提升旅游业发展能力，拓展区域旅游发展空间，培育区域旅游增长极，构建旅游产业新体系，培育旅游市场新主体和消费新热点。协调发展方面，发展全域旅游有利于统筹实施供给侧结构性改革，促进供需协调；有利于推动区域特色化发展，促进景点景区内外协调；有利于推进乡村旅游提质增效，促进城乡协调；有利于完善产业配套要素，促进软硬件协调；有利于提升整体服务水平，促进规模质量协调。绿色发展方面，发展全域旅游能把生态和旅游结合起来，把资源和产品对接起来，把保护和发展统一起来，将生态环境优势转化为旅游发展优势，将绿水青山变成“金山银山”，创造更多的绿色财富和生态福利。开放发展方面，全域旅游更加注重拓展开放发展空间，打破地域分割、行政分割，打破各种制约，走全方位开放之路，形成开放发展的大格局。共享发展方面，实施全域旅游、促进城乡旅游互动和城乡发展一体化，不仅能带动广大乡村的基础设施投资，提高农业人口的福祉，还能提升城市人口的生活质量，形成统一高效、平等有序的城乡旅游大市场。这是全面建成小康社会的重要内容和重要标志。

2. 发展全域旅游是促进旅游业转型升级和可持续发展的必然选择

2015 年，国内游达 40 亿人次，人均出游接近 3 次，旅游已成为居民日常生活的必要组成部分。出游方式上，自助游超过 85%，自驾游超过 60%。一个区域的旅游质量，不单单取决于旅行社、酒店、景区的服务质量，而是由整个区域的综合环境决定的。这就要求从全域整体优化旅游环境、优化旅游全过程，配套旅游基础设施、公共服务体系和旅游服务要素。当前，一些地方旅游市场秩序混乱与人民群众“更加满意”的目标不相适应，旅游产品和以厕所为代表的公共服务及交通等基础设施供给与爆发式、井喷式增长的旅游市场需求不相适应，企业对门票经济的过度依赖与广大游客的承受能力和期待不相适应等问题，都需要通过发展全域旅游来解决。

3. 发展全域旅游是推进我国新型城镇化和新农村建设的有效载体

发展全域旅游可以加快城镇化建设，有效改善城镇和农村基础设施，促进大城市人口向星罗棋布的特色旅游小城镇有序转移；可以聚集人气商机，带动现代生态农业和农副产业加工、商贸物流、交通运输、餐饮酒店等行业联动发展，为城镇化提供有力的产业支撑；发展乡村旅游、观光农业、休闲农业，能使农民实现就地、就近就业，就地市民化。发展全域旅游，能改善农村生态环境，建设美丽乡村，实现城市文明和农村文明的直接相融，有助于农民在家就能开阔视野、提升文明素质，加快从传统生活方式向现代生活方式转变。

4. 发展全域旅游有助于全面提升我国旅游业的国际竞争力

旅游业对世界经济发展和就业的贡献都超过了 10%，早已成为世界重要产业，美国、西班牙、德国、英国、俄罗斯、日本、韩国、巴西、印度、南非等国家纷纷实施旅游国家战略。我国旅游业发展之初，主要是对自然遗产和文化遗产的游览，与当地居民接触很少，现在游客更加希望在当地进行深入的交流、交往，更重视对一个地方风土人情、居民素质等整体环境的评价。发展全域旅游是顺应旅游业发展新趋势的有效途径，有助于全面提升我国旅游业的国际竞争力。

二、全域旅游现状及发展战略

(一) 发展现状

2017 年 8 月，国家旅游局发布了《2017 全域旅游发展报告》，对全域旅游发展进行了阶段性总结。《2017 全域旅游发展报告》阐述了全域旅游从提出到试点，从实践到提升，从创新到突破取得的七方面的阶段性成果：从发展战略上，全域旅游开创了旅游发展的新路子；从发展定位上，全域旅游上升为国家战略；从空间布局上，全域旅游由点到线、由线到面，得到广泛实践；从体制创新上，全域旅游创造性地探索了“1+3+N”旅游管理新体制，有力推动了现代旅游治理体系建设取得新突破；从旅游供给上，全域旅游丰富和提升了旅游产品体系，极大地满足了人民群众对旅游产品的新需求；从公共服务上，全域旅游在“补短板抓提升”上取得明显成效，进一步健全了综合目的地服务体系；从市场促进上，全域旅游整体营销创新推进，成效显著。

(二) 全域旅游发展战略

全域旅游发展的基本理念是从小旅游格局向大旅游格局转变，基本模式是从景点模式走向全域旅游模式。全域旅游发展理念与模式的指导意义主要表现在它总体上反映了现阶段我国旅游业发展的基本特点与要求。

1. 全域景区化模式

(1) “精品景点+精品线路”模式，适合于观光型的区域旅游，在区域内选择若干个精品景区进行重点打造，并将连接精品景区的线路进行精细化打造。精品景区包括自然生态型景区、文化型景区、商业城镇型景区及人造景区等类型。

(2) 全域无景区化模式，表面上与全域景区化自相矛盾，实则是实现全域景区化的另一条途径，适合于不以观光为目的的区域旅游。在旅游对象较为广泛的前提下，强调打破门票经济，采用开放式的经营方式，使旅游更加自由。全域无景区化崇尚到处都是滞留点，随时都能成行。因此，对区域的景观打造、基础设施建设、旅游服务设施建设有着更高的要求。

2. 新型城镇化与美丽乡村建设模式

新型城镇化与美丽乡村建设是全域旅游开发的重头戏，强调用旅游产业引导城镇和乡村实现就地城镇化。具体的打造方式是在区域内选择若干具有代表性的城镇和乡村，作为全域旅游在新型城镇化方面的突破口和切入点，按照“城乡一体、区域协调、城乡均衡、基本服务均等化”的原则，构建“向心发展、组团布局、统筹融合”的城镇发展体系，从全域产业布局、综合交通、公共服务、基础设施、生态环境、信息与社会管理等方面构建全域城镇化发展的支撑体系，着力打造集现代新城、活力新区、特色新街、优美新居于一体的新型城镇化结构，加快城乡一体化发展。

3. “全域旅游+”模式

随着经济社会和旅游业的不断发展，“旅游+”的内容会越来越多，各地“旅游+”的内容也各有侧重、各有特色，需要因地制宜、因时制宜地选择“旅游+”的优先领域重点突破。所谓“+”，可以是共同技术与市场基础的融合，如工业、农业等大产业，还可细化到创客、教育、文化、养生、养老、休闲运动等具体产业，也可以是路径依赖的融合方式，如互联网、交通、购物等关联性产业。任何一个所加的产业，都可以单独支撑起全域旅游的特色，也可以相互叠加，起到更好的支撑作用。

第二节　游客安全的概念与特点

安全需求作为人的基本需求，在很大程度上决定了旅游者对目的地的形象感知。旅游作为一种高消费的活动，只有在游客最基本的需求得到满足之后才会产生。游客安全作为游客旅游过程中的一项基本需求，对潜在游客的旅游决策产生重要影响。为了满足游客基本的安全需求而形成的市场群体应该是一个稳定的市场，而安全需要经常得不到满足的目的地，会严重影响游客的基本需求的满足。全域旅游刚刚起步，全域旅游中的安全问题、安全事件对地方政府和决策者带来了前所未有的挑战。

一、游客安全概述

(一) 游客安全的内涵

旅游安全就是在旅游活动过程中，不受任何外来的威胁和风险，各相关主体，特别是旅游者免受社会中不安全因素的侵扰和损害。旅游安全在传统概念中，主要将安全事故发生的原因归咎于景区管理或技术问题，从而出现损害游客个体生命的现象。张进福等(2006)学者却认为，旅游安全的范围应该界定得更宽泛些，游客精神层次的安全需求和财物方面的安全需求也应包含在旅游安全的范围之内。

旅游安全的内涵体现在很多方面，从不同的角度，对旅游安全的含义可以产生不同的理解。从旅游的参与者来看，旅游安全包括了旅游者的安全、旅游从业人员的安全、景区居民的安全及旅游资源的安全等；从旅游的六要素来看，旅游安全即旅游饮食安全、旅游住宿安全、旅游交通安全、旅游游览安全、旅游购物安全和旅游娱乐场所安全。旅游安全问题就是旅游活动中，出现的一切不安全的现象及矛盾冲突，包括旅游主体自身的安全意识问题和旅游过程中发生的涉及安全的事件。

为进一步把握游客安全的内涵，可以从旅游活动的环节、旅游学的角度、安全本义加以理解，也可以从旅游安全学的学科角度加以理解。详见图 10-1。

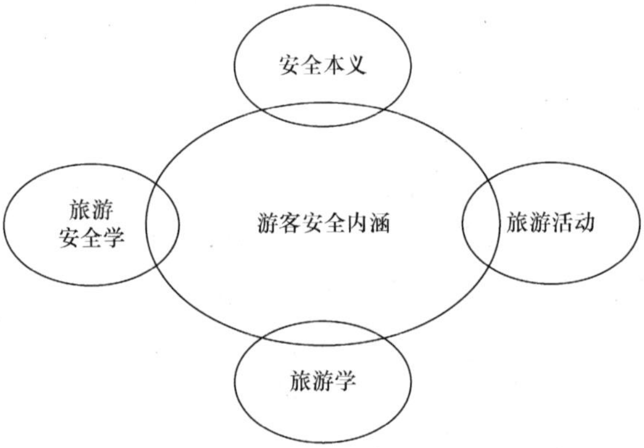

图 10-1　游客安全的内涵

从安全的本义理解，安全即平安、无危险、不受威胁、不出事故。因此，从安全的类型角度，安全可相应地分为人身安全、财产安全、名誉安全、隐私安全等。

从旅游业运行的环节和旅游活动特点看，旅游安全贯穿于旅游活动的六大环节，可相应地分为饮食安全、住宿安全、交通安全、游览安全、购物安全、娱乐安全六大类。

从旅游学研究对象看，旅游安全可分为旅游主体安全、旅游媒体安全和旅游客体安全。旅游主体安全即旅游者安全；旅游媒体安全集中表现为交通安全和旅游从业者安全；旅游客体安全即旅游资源的安全，涉及资源的保护、环境容量与可持续发展等方面的问题。

从旅游安全学的学科角度理解，旅游安全包含了旅游安全的现象(本质、特征与发生规律)、旅游安全的基础理论和旅游安全认知，也包括旅游安全管理与旅游安全保障等方面的内容。

(二) 游客安全的本质

游客安全的本质具有客观存在的两面性。一方面，它以旅游本质为基础，并建立在旅游本质上，旅游安全问题始终依附和伴随在旅游活动之中，没有旅游活动，就没有游客安全问题。另一方面，游客安全的本质又决定了旅游本质，游客安全存在与否决定了旅游的审美、愉悦本质是否能体现。

此外，游客安全及其特征与旅游安全的关系也产生了关于旅游本质与游客安全的悖论：首先，旅游的流动性、异地性、暂时性使得旅游者在旅游活动中置于一种完全陌生的环境中，从而产生不安全感，对安全的需求必然上升。其次，旅游本质决定旅游者追求精神愉悦与放松的特征与目的使旅游者放松安全防范，导致安全问题的增加，而旅游者消费攀高、道德弱化、文化干涉、物质摄取等行为特征又直接导致旅游安全问题必然存在。旅游者既需要游客安全，又放松旅游安全防范，使安全问题客观存在，而安全问题的存在又会刺激新的游客安全需要的产生。游客安全就是在这样的悖论下和循环中始终贯穿于旅游活动的始末。只要旅游本质不变，旅游现象存在，那么，游客安全也必将伴随着旅游现象而存在。

二、游客安全问题的原因分析

安全在游客的旅游过程中至关重要，因为旅游业包括食、住、行、游、购、娱等众多产业要素，牵扯环节复杂，监管困难，每个环节都潜藏着安全隐患。旅游业快速的发展使旅游业各方面的基础设施及安全保障系统提升不够，出现了一些影响到游客安全的事故。例如，2011 年 8 月，台湾一旅游团在珲乌高速九台境内发生车祸，致使车内 4 名游客死亡，15 人受伤；2017 年 1 月，浙江雅戈尔动物园发生了老虎咬人致死；2018 年 7 月，张家界大峡谷景区发生坠石事故，造成 2 人死亡，4 人受伤。游客遭受的安全事故数不胜数，归根结底可能是以下原因造成的。

(一) 政府相关部门监管还应加强

政府对旅游业的监管力度，直接关系到游客的安全。从目前来看，对旅游景区日常工作的监管涉及多个政府职能机构，包括城建、旅游、工商、林业、公安、卫生等诸多部门。但是这些部门、机构大多没有完全理顺彼此的行政关系，管理体制与运作机制尚不健全，由此导致多头领导、各自为政的现象较为普遍，形成人为的部门分割和地方割据，这种局面直接影响景区安全管理工作的正常进行及其办事效率的提高，经常会出现游客安全管理的“三不管”地带。

(二) 旅游目的地缺陷

(1) 基础设施不完善。一些地方旅游业发展较快，但很多景区的旅游基础设施不健全，如景区动物散养区护栏缺失、游乐设施老化、护绳老化、游道过窄、防护设施不完善、危险处缺乏安全警示标志、漂流区救援基础设施缺乏等。

(2) 过度接待。每逢节假日，游客会大量涌入知名度较高的景区，这会导致景区游客过多，拥挤不堪，基础设施超负荷接待，各种娱乐设施难以及时维修。同时，不法分子冒充游客进入景区，扒窃、抢劫、诈骗等都对游客的旅游安全造成一定程度的影响。

(3) 景区从业人员安全意识差。景区安全管理意识、细节管理方面还不够，从业人员思想麻痹大意、对娱乐设施操作不当、对安全隐患重视不够等都容易引起安全事故。

(三) 游客自身安全意识较差

游客的旅游安全防范意识不强，游客进入景区以后往往忽略了对自身行为进行必要的约束和权利行使的必要限制。例如，无视景区的提示，擅自进入、攀爬景区明确禁止的区域，导致自身受到伤害；在娱乐场所，无视游览须知，进入娱乐设施之后不按要求操作，娱乐设施未停止擅自上下等给自身带来较大的安全隐患；游客本身无安全意识的行为，如乱扔烟头、野炊、烧烤等引发的森林火灾等。

(四) 自然灾害导致的安全事故

我国各省市自然景点较多，多数自然景点缺乏天气预报系统，容易导致自然灾害引发的突发事件，如夏季常见的暴雨、洪水等灾害，冬季常见的暴雪、路面结冰等灾害，春秋时节常见的火灾等。

三、游客安全问题的特征

旅游安全问题是旅游系统中表现出来的与旅游安全相矛盾或冲突的各种现象，包括旅游系统中各相关主体的安全思想、安全意识问题，也包括发生在旅游系统各环节或旅游活动中各相关主体间的安全事故事件，还包括传统的旅游安全问题和非传统的旅游安全问题。传统的旅游安全问题指的是那些经常会发生的、比较好解决的旅游安全事件，旅游六大环节的安全问题就属于传统的旅游安全问题；非传统的旅游安全问题就是结果影响比较大的、不容易控制的旅游安全事件，包括旅游危机事件和旅游风险事件等。旅游安全问题具有以下的特征。

(一) 广泛性

旅游活动涉及诸多方面，各种安全问题广泛存在于旅游活动的各个环节。旅游安全涉及人员众多，在全域旅游开展过程中，除旅游者外，还与旅游地居民、旅游从业者、旅游管理部门，以及包括公安部门、医院等在内的旅游地各种社会机构相联系，影响广泛。

(二) 突发性

旅游系统中的各种安全问题，往往不期而至，常常在意想不到、毫无防备的状态下突然发生，发生前基本没有明显预兆，令人猝不及防。2016 年 7 月 29 日，陕西省渭南市华州区少华山景区发生坠石伤人事件，造成一死一伤。这就要求有关旅游部门、旅游景区及旅游者，必须具备及时做出反应、处理突发事故的能力和一定的自我安全保护意识，尽量减少和避免旅游安全事故。

(三) 隐蔽性

事故往往有一定的隐蔽性，发生前的征兆一般不是很明显，难以做出准确的预测，而一旦爆发，对整个旅游区域的影响具有连锁效应，难以控制。事故的隐蔽性造成了事故防范的困难，因此，旅游地应建立安全预警系统，不断监测安全状况，尤其是在人群密集的区域，不能因为处处皆景点而疏于管理，要收集资料并及时汇报可能威胁旅游地安全的信息，以便及时采取措施，将风险消灭在萌芽状态。同时，还应提前决策，制定好与发展全域旅游相配套的应急事故反应计划，以便在事故来临时从容面对。

(四) 复杂性

旅游活动是一种开放性的活动，而旅游企业正是为开放性活动提供各种服务的企业。例如，旅游饭店作为一个公共场所，每天有大量的人流，鱼龙混杂，同时也是“藏污纳垢”的地方，饭店安全管理涉及的环节和人员复杂而众多。因此，旅游安全工作表现出极大的复杂性。

(五) 扩散性

扩散性是指随着旅游的发展，旅游带来的经济效应、社会效益逐步凸显出来，旅游地事故影响的范围也不断扩大，甚至影响到与旅游相关联的产业。事故的发生和发展具有动态性，开始发生的时候其影响范围和程度有限，随着事故“涟漪效应”的出现，其影响和危害逐步扩散，一些初始事故可能会引发更大的事故，并可能衍生出新的危机。例如，发生火灾时，拥挤的人群在逃跑过程中往往会引发踩踏事故。

(六) 特殊性

旅游活动中，旅游者为了追求精神的愉悦与放松，常常对安全防范有所松懈，因此，旅游过程中发生的各类案件与事故不同于一般的民事、刑事案件，也不同于其他行业的安全问题，有其自身的规律性和特殊性。

第三节　游客安全体系的构建

一、游客安全调查与评估

(一) 游客安全事故分级

根据《旅游安全管理暂行办法》，游客安全事故按事故性质、损失情况、可控性和影响范围，可分为四个等级：轻微事故、一般事故、重大事故和特大事故，如表 10-1 所示。

表 10-1　游客安全事故分级及分级标准

事故等级	分级标准	
	旅游者伤害	经济损失程度
轻微事故	旅游者轻伤	1 万元及以下
一般事故	旅游者重伤	1 万元至 10 万元(含 10 万元)
重大事故	旅游者死亡或重伤致残	10 万元至 100 万元(含 100 万元)
特大事故	旅游者死亡多名	100 万元以上，或性质特别严重，产生重大影响者

(二) 游客安全事故调查

1. 成立调查组

按事故严重程度等级，组成相应的事故调查组，对事故进行调查和分析。事故调查组的组成应当遵循精简、效能的原则。旅游安全事故发生后，旅游企业应在政府部门的安排下，配合旅游主管部门、安全生产监督管理部门、公安部门、监察部门、卫生部门、工会等有关部门的人员及相关专家组成事故调查组，对事故进行调查。

2. 物质准备

在事故调查准备工作中，首先就是要做好事故调查的物质准备。没有好的装备和工具，事故调查人员的素质再高，也难以保证调查工作的质量。调查工具会根据调查对象的性质不同而各异，通常来说，调查人员必备的调查工具有相机，纸，笔，手套，标签，防护设备，噪声、辐射、气体等的采样或测量设备及与调查对象直接相关的测量仪器等。

3. 调查取证

安全事故发生后，在进行事故调查的过程中，事故调查取证是完成事故调查的重要环节。事故调查取证应从现场勘查、调查询问入手，收集人证、物证材料，进行必要的技术鉴定和模拟实验，寻求事故原因及责任者，并提出防范措施。

1) 现场处理

为保证事故调查、取证的客观公正，在发生伤亡事故后，要划定伤亡事故现场的保护范围，在现场布置警戒，维持秩序，对事故现场进行良好的保护。在事故调查人员到达之前，任何人不得进入伤亡事故现场。对于特别重大的伤亡事故，要立即通知当地公安部门，由公安部门派人赴伤亡事故现场，负责伤亡事故现场的保护。伤亡事故一旦发生，企业领导应立即指挥有关人员停止工作。在抢救伤员、采取措施制止事故蔓延扩大和向有关领导报告的同时，要派专人保护事故现场，凡是与事故有关的物体、痕迹、状态都要尽量保持原状。

2) 现场勘查

事故现场勘查是事故现场调查的中心环节，其主要目的是查明当事各方在事故之前和事发之时的情节、过程及造成的后果。通过对现场痕迹、物证的收集和检验分析，可以判明发生事故的主、客观原因，为正确处理事故提供客观依据。

3) 收集人证材料

在事故调查中，证人的询问工作相当重要，证人往往能提供所有事故信息的一半以上，甚至更多。因此，在事故调查取证时，应尽可能与每一位受害人及证人进行交谈，尽量与事故发生前的现场人员及在事故发生以后立即赶到事故现场的人员进行交谈。事故信息中大约有 50%能够起到作用，为了使证人信息更翔实、更准确，信息收集应迅速、果断，这样就会最大限度地保证信息的完整性。询访见证人、目击者和当班人员时，应采用交流的方式，不应采用审问的方式。

4) 收集事故有关物证

收集事故有关物证是旅游地发生安全事故后调查取证的重要环节。其中现场物证包括破损部件、碎片、残留物、致害物及其位置等，同时应对现场收集到的物证采取不损害原始证据的安全防护措施。

5) 收集事故现场影像

采集影像也是现场勘查的重要组成部分，是收集物证的重要手段，其主要目的是获取和固定证据，为事故分析和处理提供可视性证据。影像采集应按照现场勘查的规定及调查和审理工作的要求，拍摄事故发生现场上与事故有关的人与物、遗留的痕迹、物证及其他现象，真实准确、客观实际、完整全面、鲜明突出、系统连贯地表达现场的全部状况。现场影像应包括记录事故发生的时间、空间及各自的特点，事故活动现场的客观情况及造成事故事实的客观条件和产生的结果，形成事故现场主体的各种迹象。

(三) 游客安全事故评估

游客安全评估是指发生在安全调查后开展的评估活动，主要目的在于确定突发事件对游客造成的人身、财产安全损失，并针对评价结果，给予游客相应的赔偿。它可评价旅游事故应对及管理措施的效果，检验防范；应对事故的各项措施或方案是否得当，分析造成损失的原因及各类影响因素。旅游安全事故评估是事故恢复政策制定、事故恢复措施选取、应急资源分配、安全管理效率确认和安全战略修正的依据，为旅游业的恢复和安全管理的有效运行提供支持，是事故恢复阶段的基础性工作，是旅游事故恢复工作的起点。其中，损失主要可分为直接损失和间接损失，见表 10-2。

表 10-2　游客安全事故损失

损失类别	损失表现	损失后果	影响因素	评估方法
间接损失 旅游形象的损失 旅游可持续发展能力的损失	满意度降低 消极认知 相关利益者警告 竞争优势减弱 产业规模缩小 旅游人才流失	旅游需求减少 游客不安 消极认知加重 目的地恢复能力减弱 恢复时间增加	事故类型 影响范围及强度 旅游产品类型和特征 旅游发展阶段 目的地区域位置 旅游安全管理策略 安全信息传播	特尔菲法 市场抽样调查法 统计分析法 层次分析法
直接损失 经济损失	人身伤亡处理费 财产损失 善后处理费用 事故罚款和赔偿	无安全感 影响游客体验 产生畏惧出游心理		统计分析法 公式法

二、游客安全管理体系的构建

(一) 游客安全管理体系内涵及功能

1. 游客安全管理体系内涵

游客安全管理体系是指景区组建专门的组织机构，为达到游客旅游过程中的安全目的，用相应的安全管理方式来组织和调控景区发展的全过程，使之保持或恢复正常经营状态的一个系统。这个体系主要在对景区游客安全进行日常监测、游客现状及安全信息数据资料收集等的基础上，分析景区游客安全隐患及安全事故发生的可能性，制定出相应的游客安全防范措施，对相关游客安全信息进行发布，使景区内管理人员、居民和游客了解景区内的安全状态，提高相关人员的安全防范意识，同时针对已经发生的游客安全事故，采取一定的控制措施，防止事故再次发生或扩大。

2. 游客安全管理体系的功能

1) 保障功能

它是为景区游客安全管理提供保障和前提的一种功能，通过对景区内游客安全管理的组织、制度等进行建立和实施，加强完善景区游客安全管理的功能。其核心是建立景区的游客安全管理机构，赋予其相应管理职责，对安全管理制度、教育培训和旅游保险等进行相关的规定，有效保障景区各个区域游客安全管理的建立和落实。

2) 预警功能

绝大部分景区发生的安全事故是预防措施不充分造成的，引起的后果都较为严重，因此，景区游客安全事故预警的工作应摆在首位。它是景区通过预警进行的一种管理功能，对可能导致游客安全隐患的重点环节和区域进行监控，对各种可能出现的事故成因进行积极地识别和预警，降低游客事故的可能性或事故损失，保证景区游客处于安全与有效管理的状况。

3) 控制功能

控制功能即对景区游客安全中的不安全状态或不安全行为进行控制的一种功能，也是对景区可能造成游客安全事故的成因或已经发生的游客安全事故进行处理和控制的一种功能。它能对景区安全管理中出现的一些问题进行及时的矫正，准确预测其发展趋势并及时提出相应的解决办法。同时，针对景区已经发生的安全事故，采取措施进行救援或处理，阻止事故的扩大化。总之，建立景区游客安全管理体系的目的，就是对景区旅游系统中针对游客的不安全因素进行前期的预防、控制和管理，使景区游客的旅游活动都处于正常的运营状态，让事故发生的概率降到最低，达到预防或控制景区游客事故发生，从而有效实现景区游客安全管理的目标。

(二) 游客安全管理体系构建的原则

1. 系统性原则

系统性原则是构建全域旅游景区游客安全管理体系的一个重要原则。由于旅游景区的安全管理往往涉及许多层面，不仅需要景区内部各个部门的相互作用，同时也需要借助外界的力量进行配合。

2. 灵活性原则

一个管理体系的构建一定要根据特定的、具体的对象进行操作，其本身并没有一定的规律性。全域旅游景区游客安全管理体系是以进行全域旅游的游客为对象，在特定的环境与条件下，其安全管理体系的构建一定要具有灵活性的特点，能够应对多方面可预知和不可预知的危机与风险，灵活处理各种棘手的安全问题。固定的安全管理模式和结构不能适应全域旅游安全管理的需要，其体系的运作一定要与该旅游景区的实际情况结合，灵活变通，在不同安全问题出现时及时调整对策，有效地应对各种安全问题。

3. 可操作性原则

可操作性即适用性，安全管理体系的构建是为了解决实际的安全问题。因此，全域旅游景区游客安全管理体系的构建需要以理论与政策为指导，以市场为导向，以游客为出发点，结合实际情况，给全域旅游景区提供一个系统有效的安全保障工具。全域旅游安全管理体系的构建不宜太过宽泛或局限，一定要结合现有的全域旅游景区的管理模式。

4. 可持续性原则

由于各种局限性与多种制约因素影响，全域旅游景区游客安全管理体系的构建不可能非常完善，它应该是在原有的基础上逐步完善、逐步发展的。因而全域旅游景区游客安全管理体系的构建必须遵循可持续性发展的原则。在管理体系构建中，应充分考虑到社会认识的发展与科学技术、管理方法的不断进步与创新，用发展的眼光看问题，构建出的安全管理体系应与时俱进，在传统的管理模式的基础上进行创新，最大限度地满足全域旅游的发展空间与安全管理体系的日益完善。

(三) 游客安全管理体系的构建

游客安全管理作为景区管理的重要组成部分，其建设可以有效提高景区管理的效果，减少游客安全事故造成的损失和影响。景区游客安全管理体系从功能上分为三个系统：游客安全保障系统、预警系统和控制系统。在这三个系统中保障系统是景区游客安全管理的前提和基础，为整个安全管理工作提供制度、人员及物质等基本保障；预警系统是对景区内的各种现象进行预警分析，为景区控制系统或决策部门提供信息依据；控制系统是整个游客安全管理工作的关键环节，是控制和管理景区的游客安全，在整个管理体系中处于重要地位。其体系结构如图 10-2 所示。

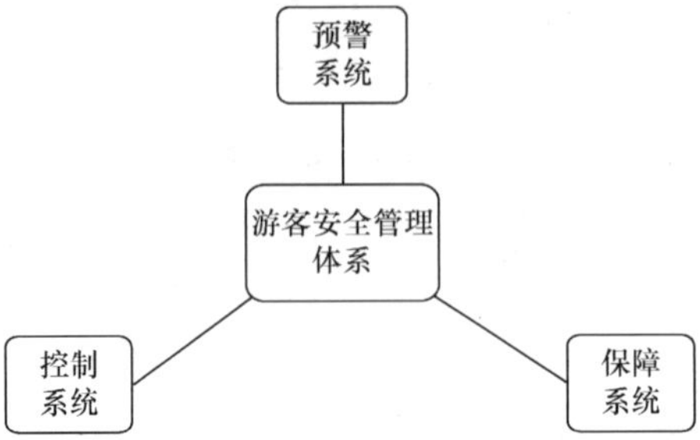

图 10-2　游客安全管理体系结构图

1. 游客安全保障系统

1) 安全政策及制度

景区健全的游客安全管理政策及制度，能够保证景区在开展游客安全管理工作时有章可依、有法可循，并且有效地限制游客的不安全行为。因此，景区在游客安全管理现状的基础上，应建立完善的游客安全管理规章制度，包括游客安全行为制度、安全管理培训制度及操作规程等，还应包括景区的卫生环境、社会治安、旅游接待和交通等方面的管理制度。

2) 教育培训

游客安全宣传教育能够提高景区内人员的安全意识和素质，创造安全的旅游环境，是管理工作的重点。主要是对游客、管理人员和社区居民进行安全教育和培训。在游客方面，主要是通过旅游宣传手册、指南、多媒体宣传、游客安全培训等方式，建立游客安全标牌系统等措施，来加强游客的安全意识；景区管理人员方面，主要是有针对性地开展一些游客安全教育和培训，使他们掌握景区内的安全知识，提高游客安全管理的水平；社区居民方面，景区应成立专门的小组来管理社区安全工作，通过宣传教育，让社区民众参与到游客安全管理中。

3) 旅游保险

旅游保险是用经济的手段来转移风险的做法，可以有效地使景区游客安全事故的影响最小化。近年来，由于景区出现的自然灾害、人为事故等，加上游客风险意识不强，用旅游保险的方式来加强对景区的管理显得越来越重要。因此，景区需要明确规定安全保险制度，进入景区的游客必须购买保险，或是包括在门票中，或是单独购买，加大旅游意外伤害保险的投保。同时引进特种旅游保险险种，不断丰富和完善景区旅游保险。

2. 游客安全预警系统

1) 信息收集

信息收集是景区游客安全管理的重点环节，对景区管理起着非常重要的作用。

景区游客安全预警管理首先需收集景区内的游客接待量，巡查信息，投诉信息以及地质、气象等环境信息再对这些信息进行整理分析，根据分析结果找出游客在旅游过程中可能会引起安全事件的因素，进而采取有效的措施来回避和控制安全事故的发生。同时，建立游客安全管理信息库，将这些收集到的安全信息进行归类整理，并定期加入信息库。

2) 日常监测

日常监测是景区游客安全预警管理活动的前提，景区游客安全管理活动必须对游客旅游环境的各个方面进行监测。景区管理局通过报警电话，投诉信息、巡查人员、气象和水文等系统进行动态监测，以及巡查人员或其他监测工具对景区内人的不安全行为或物的不安全状态等方面进行监测，将监测信息及时准确地传送到景区游客安全管理系统，为体系的各种决策提供依据。

3) 危险识别

危险识别就是对景区安全信息进行预测分析。通过对景区日常监测到的信息进行系统分析，可以了解导致景区内游客旅游活动中可能发生安全事故的潜在成因，进而确定景区内游客活动中安全隐患的发展趋势。因此，预警管理机构应设立专门的专家分析部门，在安全信息收集和监测的基础上，运用各种预测模型或理论，分析研究景区环境中存在的安全风险。

4) 事故预警

事故预警就是对危险识别的结果或预测信息进行诊断和评价，确定各区域的安全状况，然后对不可预见性事故进行预报和警示，主要包括对自然灾害和突出性的游客安全事故进行预警。对于景区而言，完备的游客安全事故预警管理能够有效地降低发生事故的可能性，为控制管理和决策提供详细、可靠的信息依据，是控制开展活动的前提。

3. 游客安全控制系统

1) 安全行为控制

景区管理安全行为控制主要表现在：对游客、景区管理人员和社区居民进行安全行为的控制。在游客安全行为控制方面，景区管理通过巡查、电子技术监测等，发现游客的不安全行为，进行阻止或控制事故发展，特别是在一些事故多发地段，同时还需要导游人员的提醒和引导，减少各种安全事故的发生。

2) 环境控制

景区对环境的控制主要体现在两个方面：景区设施设备和资源环境的安全管理。对设施设备安全性的控制，一方面在景区建设时期，要保证景区旅游设施设备的完备性和安全性；另一方面，在使用过程中，为保障旅游设施设备的安全性，应成立专门的检查小组，对其进行定期或不定期的检查、维护，用工程技术手段减少因设施原因引起的游客安全事故；资源环境的控制指的是要对景区内的安全隐患进行排查，包括可能会对游客人身安全造成危险的位置，这是安全管理中最重要的一环。因为灾害的发生具有突发性和复杂性，所以对资源环境的检查十分有必要。

3) 事故过程控制

事故过程控制是对景区游客安全问题进行处理的能力。景区安全管理机构，应把整个事故看成一个过程，制定可控的游客安全管理程序，确保游客安全管理计划的有力实施。因此，景区在建立相应游客安全管理行动系统的基础上，制定有效的操作流程或程序。当发生游客安全事故时，可以按程序调节景区的人、设备、环境和管理等方面的情况，有效地对安全事故进行处理。

三、游客安全管理措施

(一) 全域旅游安全风险控制措施

全域旅游安全风险控制，指在旅游开发之前及经营过程中对可能引发旅游安全事故的影响因素加以控制和管理，以减少可能发生的风险。

1. 设立专门的管理机构

各省为了响应全域旅游，并促进其发展，相继成立了省旅游发展委员会。但在日常操作中，要继续将工作细化，做到上传下达，这就需要建立地方管理机构，即市、县级的旅游发展委员会。在管理机构运营过程中要贯彻风险管理的思想，针对景区实际情况提出防灾预案，以备在相应的危机出现时进行防范。

2. 完善相应的规章制度

景区管理规章制度包括对景区内各项事务的管理制度，涉及服务规范、员工培训、相关行业规范、资源保护、环境保护、游客投诉等多方面。健全管理体制，有利于对景区的日常管理和经营发展。

3. 标识系统的构建

在相对人迹罕至的游览区段和岔路口设立安全标识，发挥标识的指引作用，为游客指引方向，避免迷失。在易发地质灾害、野生动物出没、极限运动项目等处设立警示牌，警示游客小心戒备，避免出现意外。

(二) 游客安全监测与预警

1. 安全培训

安全培训的内容主要包括两个方面：一是安全防护知识的培训；二是简单救援技能的培训。安全培训主要针对景区工作人员进行，同时也要对景区内居住的居民进行简单的常识培训。

2. 丰富旅游保险险种

可以开发针对全景区的旅游险种，尤其是一些危险的路线，由于路途相对较险，可以有针对性地开发新险种。游客订购旅游线路时，除购买人身意外险外，还可以购买旅游救助险，有助于提供有效的救助，改变传统的事后理赔方式，更有效地规避风险。

(三) 游客安全宣传与景区修复

1. 网络宣传措施

通过网络进行营销，进行旅游形象塑造。地方旅游网站信息较为全面，包含景区的介绍、游览、体验、服务、分享等多方面信息，是了解全域景区的重要窗口。综合网络平台信息及时更新，能够使游客方便、快捷地了解信息，进行出行决策。一旦出现旅游安全方面的不良传言，应根据实际情况采取措施，如果已经部分地引起不安情绪，可以在网络上发布信息，稳定公众情绪。

2. 景区修复与重建

山地型景区最主要的自然灾害为泥石流、暴雨等，灾害过后可能出现林木倒落、道路坍塌、碎石溅落等后果，需要相关人员在事后及时清理道路，运走碎石泥沙和倒木，整修旅游资源，保持山地景区旅游资源吸引力及景区设备设施运转正常。除了景区内部出现安全事故造成游客伤害外，景区周边地区出现灾害或事故也会影响到景区的经营及景区形象。

主要参考文献

安应民. 2011. 旅游产业生态管理系统构建研究. 北京: 人民出版社.

蔡礼彬, 吴楠. 2017. 旅游网站创意对旅游者行为意向的影响——基于效果层次模式. 旅游学刊, 32(8): 25-37.

蔡萌, 汪宇明. 2010. 低碳旅游: 一种新的旅游发展方式. 旅游学刊, 25(1): 13-16.

曹宁, 郭舒. 2015. 大数据时代旅游产业链的重构、产业趋势与对策. 渤海大学学报(哲学社会科学版), (4): 64-67.

岑乔. 2011. 山地旅游安全保障体系的建立——以高山和极高山为例. 安徽农业科学, 9(21): 12971-12973.

陈春花. 2012. 管理效率之梏. 中小企业管理与科技(中旬刊), (7): 88-89.

陈荣, 梁昌勇, 陆文星, 等. 2017. 面向旅游突发事件的客流量混合预测方法研究. 中国管理科学, 25(5): 167-174.

陈晓红, 彭佳, 吴小瑾. 2004. 基于突变级数法的中小企业成长性评价模型研究. 财经研究, 30(11): 5-15.

陈晓红, 邹湘娟, 佘坚. 2005. 中小企业成长性评价方法有效性研究——来自沪深股市的实证. 当代经济科学, 27(5): 70-75, 111.

陈绪敖. 2014. 基于旅游产业链整合视角的旅游资源非优区开发研究. 广西社会科学, (3): 75-78.

陈雪. 2012. 基于可持续发展的旅游投资决策分析. 商场现代化, (5): 242-243.

成娅. 2011. 试论人力资本价值提升与旅游业可持续发展——以贵州红色旅游为例. 商业时代, (3): 129-130.

程海峰, 吕道明. 2005. 基于层次分析的企业成长性评价模型. 统计与决策, (17): 16-17.

程子彪, 蒲小梅, 陈国柱, 等. 2013. 移动互联时代旅游产业链优化研究. 内江师范学院学报, 28(2): 61-65.

代雨东. 2010. 应加快构建我国区域旅游产业链. 中国发展观察, (2): 39-40.

戴斌, 黄璜. 2016. 区域旅游一体化的理论建构与战略设计——以京津冀为例. 人文地理, 31(3): 128-135.

戴维·帕门特. 2012. 关键绩效指标：KPI 的开发、实施和应用. 2 版. 王世权, 秦锐, 张丹译. 北京: 机械工业出版社.

邓建平, 曾勇. 2009. 政治关联能改善民营企业的经营绩效吗? 中国工业经济, (2): 98-108.

邓小海, 曾亮, 肖洪磊. 2015. 我国扶贫旅游产业链优化研究. 世界地理研究, (3): 167-175.

丁是针. 2015-11-24. 管理好你的时间账本. 中国企业报, (11).

董观志. 2000. 旅游主题公园管理原理与实务. 广州: 广东旅游出版社.

董观志, 梁增贤. 2009. 旅游管理原理与方法. 2 版. 北京: 中国旅游出版社.

董观志, 张巧玲. 2008. 旅游学基础教程. 北京: 清华大学出版社.

杜江. 2012-7-13. 当前旅游市场存在的主要问题、成因与对策研究. 中国旅游报, (3).

段德罡, 曹力尹. 2009. 西部地区可持续——体验式旅游发展前景研究. 西安建筑科技大学学报, 28(3): 43-47.

段莉琼, 宫辉力, 刘少俊, 等. 2017. 基于客源地的聚类-ARIMA 模型的短期旅游需求预测——以天津欢乐谷主题公园为例. 地域研究与开发, 36(3): 108-112.

樊文斌. 2015. “全域旅游”视角下大连旅游专项规划探析. 规划师, (2): 107-113.
盖玉妍. 2008. 基于顾客价值的旅游产业价值链整合研究. 黑龙江社会科学, (3): 73-76.
高良谋, 高静美. 2011. 管理学的价值性困境：回顾、争鸣与评论. 管理世界, (1): 145-167.
高玲, 郑向敏. 2009. 利益相关者视角下的旅游资源安全问题研究. 中国安全科学学报, (1): 99-105.
高艳. 2011. 企业人力资本经营研究. 北京: 中国经济出版社.
宫玉振. 2010. 取胜之道：孙子兵法与竞争原理. 北京: 北京大学出版社.
郭舒. 2014. 旅游产业链纵向关系的经济学解释. 经济与管理研究, (7): 91-93.
郭舒. 2015. 基于产业链视角的旅游扶贫效应研究方法. 旅游学刊, 30(11): 31-39.
哈罗德·孔茨. 1993. 管理学. 2 版. 黄砥石译. 北京：经济科学出版社.
韩其彬, 史香云. 2011. 试论企业人力资本及人力资本的经营. 科技信息, (36): 393.
韩千兵. 2011. 浅析项目管理的发展历史与工作过程. 农业装备与车辆工程, 241(8): 51.
何承金. 2000. 人力资本管理. 成都: 四川大学出版社.
侯景新. 2009. 传统文化与现代管理. 北京: 光明日报出版社.
黄常锋, 孙慧, 何伦志. 2011. 中国旅游产业链的识别研究. 旅游学刊, 26(1): 18-24.
黄文胜. 2009. 论低碳旅游与低碳旅游景区的创建. 生态经济（中文版）, (11): 100-102.
黄雯, 陈国海. 2013. 西方人力资本管理研究综述. 湖北文理学院学报, 34(4): 47-51.
黄先开, 张丽峰, 丁于思. 2013 百度指数与旅游景区游客量的关系及预测研究——以北京故宫为例. 旅游学刊, 28(11): 93-100.
蒋艳霞. 2013-11-8. 世界旅游市场发展现状及趋势. 中国旅游报, (6).
蒋依依. 2012-09-03. 各国旅游救市初显成效. 中国旅游报, (2).
焦禹萃, 史姗姗. 2015. 试论我国旅游管理模式选择. 商场现代化, (21): 93.
金惠红. 2010. 基于 BP 神经网络的旅游服务诚信的评价模型. 统计与决策, (13)：66-68.
金振江, 宗凯, 严臻，等. 2014. 智慧旅游. 2 版. 北京: 清华大学出版社.
雷光勇, 李书锋, 王秀娟. 2009. 政治关联、审计师选择与公司价值. 管理世界, (7): 145-155.
雷平，施祖麟. 2008. 我国入境旅游人次月度指数预测模型比较研究. 旅游学刊, (3): 24-28.
李柏洲, 孙立梅. 2006. 基于 β 调和系数法的中小型高科技企业成长性评价研究. 哈尔滨工程大学学报, 27(6): 908-913.
李兵, 陈国华. 2009. 主成分在企业成长性分析中的应用. 湖南人文科技学院学报, (4): 3-5.
李东和, 孟影, 李经龙. 2011. 旅游目的地救援系统构建的初步研究——以黄山市为例. 旅游学刊, 9: 29-36.
李栋, 李海霞. 2017-07-13. 天价“意外”或催热旅行保险. 南方日报, (16).
李金早. 2016-03-04. 全域旅游的价值和途径. 人民日报, (7).
李劲松. 2008. 浅析旅游业在 30 年中的定位与功能. 当代经济, (12): 92-93.
李驹. 2009. 关于发展和谐旅游的思考. 民族论坛, (3): 38-39.
李黎. 2017. 顾客价值理论研究现状与未来发展趋势——基于 CNKI 的文献计量分析. 消费经济, (3): 85-90.
李沐纯, 徐施. 2008. e 时代下旅游企业战略联盟的形态、动因与绩效分析. 管理观察, (15): 68-70.
李鹏. 2009. 基于人力资本投资的酒店业劳动力迁移研究——珠海、澳门酒店业实证分析. 旅游学刊, 24(5): 80-84.
李珊. 2017. 《孙子兵法》在人力资源管理中的应用——以阳光保险公司为例. 卷宗, (9): 30-31.
李天元. 2009. 旅游学概论. 天津: 南开大学出版社.

李晓丹, 吕敏. 2009. 优化旅游企业人力资本管理的建议. 老区建设, (8): 12-13.
李昕. 2012. 旅游管理学. 3 版. 北京: 中国旅游出版社.
李欣, 闵杰, 侯智超, 等. 2014. 国有企业人力资本管理体系构建研究. 中国电力教育, (30): 91-92.
厉新建, 张凌云, 崔莉. 2013. 全域旅游: 建设世界一流旅游目的地的理念创新——以北京为例. 人文地理, 28(3): 130-134.
梁强, 杨学儒. 2011. 中外家族企业研究: 评述与比较. 学术研究, (10): 87-91, 159-160.
林莉. 2009. 基于主成分投影法的科技型中小企业成长性评价实证研究: 以大连市为例. 科技管理研究, 29(7): 176-178.
刘博. 2017-11-10. 北京低碳雕塑园正式开园. 经济参考报, (3).
刘娟. 2010. 现代旅游饭店的人力资本与人力资本投资. 中小企业管理与科技, (5): 54-55.
刘荣. 2008. 《老子》思想的矛盾分析. 江苏社会科学, (S1): 28-31.
刘希玲. 2015. 中外旅游管理模式比较分析. 北京: 中国旅游出版社.
刘毅庭, 段明铿. 2010. 基于 BSC 的快速成长型企业成长性评价指标体系研究. 经营管理者, (1): 194.
柳红波. 2016. 人工智能技术在智慧旅游中的应用. 自动化与仪器仪表, (2): 147-148.
卢杰. 2010. 中国旅游业创新系统构建——基于反经济周期视角的研究. 特区经济, (8): 157-159.
卢晶. 2011. 旅游产业链的构建与整合优化创新研究——基于品牌延伸与结构分析的新视角. 中国商论, (20): 132-133.
罗兰·T 拉斯特, 凯瑟琳·N 莱蒙, 达斯·纳拉扬达斯. 2009. 顾客资产管理. 汪涛译. 北京：北京大学出版社.
吕俊芳. 2013. 辽宁沿海经济带“全域旅游”发展研究. 经济研究参考, (29): 52-56, 64.
马锐. 2010. 人工神经网络原理. 北京：机械工业出版社.
孟秋莉, 邓爱民. 2016. 全域旅游视阈下乡村旅游产品体系构建. 社会科学家, (10): 85-89.
潘红波, 夏新平, 余明桂. 2008. 政府干预、政治关联与地方国有企业并购. 经济研究, (4): 41-52.
乔银. 2014. 中国旅游产业链存在的问题及发展对策研究. 商业经济, (9): 63-64.
覃峭, 张林, 李丹枫. 2009. 利用品牌延伸整合旅游产业链的模式研究. 人文地理, (1): 98-101.
任鑫. 2012. 我是如何让今夜酒店特价的. 商界(评论), (3): 138-141.
尚志海, 欧先交, 曾兰华. 2013. 城市社区公共安全风险评估——以东莞市虎门镇赤岗社区为例. 热带地理, (2): 195-199.
邵金萍. 2008. 企业策划能力——旅游企业核心竞争力的新视角. 西北大学学报(哲学社会科学版), 38(2): 175-176.
邵金萍. 2012. 旅游企业核心竞争力: 创新与提升. 北京: 中国经济出版社.
邵景波, 崔文慧, 唐桂. 2009. 基于四维驱动测量模型的顾客资产提升——在移动通信领域的应用. 科学决策, (1): 25-34.
申光龙. 2008. 中国传统文化与现代管理理论. 中国集体经济, (3): 46-47.
师守祥, 耿庆汇, 尹改双. 2013. 旅游项目管理. 天津: 南开大学出版社.
史蒂芬·L J 史密斯. 2006. 旅游决策分析方法. 李天元, 徐虹, 黄晶译. 天津：南开大学出版社.
斯蒂芬·P 罗宾斯, 玛丽·库尔特. 2012. 管理学. 11 版 . 李原, 孙建敏, 黄小勇译. 北京: 中国人民大学出版社.
孙俊华, 陈传明. 2009. 企业家社会资本与公司绩效关系研究——基于中国制造业上市公司的实证研究. 南开管理评论, 12(2): 28-36.

孙烨, 张宏磊, 刘培学, 等. 2017. 基于旅游者网络关注度的旅游景区日游客量预测研究——以不同客户端百度指数为例. 人文地理, (3): 152-160.
孙毅, 吕本富. 2011. 网络搜索与经济行为相关性研究. 管理评论, 23(7): 72-77.
孙宗虎, 肖书民. 2008. 旅行社管理流程设计与工作标准. 北京: 人民邮电出版社.
汤捷. 2008. 基于 GEP 的知识型企业成长性的评价模型. 统计与决策, (21): 153-154.
唐成努. 2008. 浅论旅游业的性质和特点. 企业家天地, (5): 126.
陶伟, 倪明. 2010. 中西方旅游需求预测对比研究: 理论基础与模型. 旅游学刊, 5(8): 12-17.
田里. 2015. 旅游管理学. 大连: 东北财经大学出版社.
王红彦. 2017-09-18. 为世界旅游发展提供中国样本. 中国旅游报, (3).
王克岭, 刘佳, 张扬楣. 2012. 文化旅游产业链治理模式研究. 企业经济, (12): 124-127.
王起静. 2005. 旅游产业链的两种模式及未来趋势. 经济管理, (22): 75-80.
王钦安, 马耀峰, 王丽芳. 2008. 21 世纪初期我国旅游发展新趋势探讨. 社会科学家, (6): 92-94, 98.
王赛兰, 杨振之. 2017. 基于旅游微观数据平台的旅游消费类型预测模型研究. 四川师范大学学报(社会科学版), 44(1): 67-74.
王向前. 2009-7-21 “中国式管理之父”曾仕强纵论国学与管理. 经理日报, (2).
王晓易. 2010-11-3. 定制游市场拓展如何破题?四川在线—四川日报, (7).
王晓易. 2014-6-12. 旅游消费不断升级，“私人定制”正在火起来. 人民网, (7).
王岩, 方创琳, 张蔷. 2013. 城市脆弱性研究评述与展望. 地理科学进展, 32(5): 755-768.
王迎军, 陆岚, 崔连广. 2015. 实践视角下的管理学学科属性. 管理学报, 12(12): 1733-1740.
王永贵, 常建坤, 张吨军. 2008. 顾客资产管理与顾客资产管理能力平台及其构成研究. 管理世界, (9): 184-185.
王玉峰. 2012. 我国人力资本管理与控制的探讨. 中国商论, (12): 84-85.
危亮. 2017. 先秦儒家管理人性论思想探究. 经营管理者, (23): 364-365.
韦福雷, 鞠晓峰. 2016. 如何构建新型企业家社会资本. 开放导报, (3): 105-108.
魏敏. 2010. 世界旅游业发展趋势与胶东半岛旅游业发展战略定位. 山东社会科学, (4): 138-141.
魏鹏, 侯杨方. 2017. 旅游者空间分布模型及其预测应用——以甘肃省县(区)为例. 旅游学刊, 32(5): 106-115.
魏小安, 魏诗华. 2012. 全产业链视阈下的旅游发展. 天津: 南开大学出版社.
温倩. 2017. 论儒家管理思想的现代价值——从组织行为学的视角进行探讨. 科技展望, 27(23): 297.
温泉. 2008. 论我国旅游行业管理中的政府行为与旅游管理体制. 黑龙江对外经贸, (5): 83-85.
文静. 2011. 从“五事”、“七计”中看《孙子兵法》的管理艺术. 岁月(下半月), (3): 7-10.
文丽贵, 高慧. 2017-11-15. 全域旅游看中国——乐游南岳 共享全域旅游. 中国旅游报, (3).
翁钢民, 王婷. 2012. 基于 DEA 的秦皇岛市旅游资本利用效率研究. 企业经济, (2): 136-139.
吴兆春, 吴勇. 2011. 走出管理理论的丛林——基于管理哲学的视角. 科技管理研究, 31(5): 229-232.
武晓莉. 2017-07-27. 发展人工智能旅游需要更多思考. 中国消费网, (2).
肖元真, 刘丛生, 刘真亚. 2008. 论我国人力资本的管理创新和模式再造. 探索, (3): 86-90.
谢朝武. 2010. 我国旅游安全预警体系的构建研究. 中国安全科学学报, (8): 170-176.
解启扬. 2008. 墨家管理思想的现代意蕴. 经济与社会发展, 6(10): 70-72.
邢以群, 郑心怡. 2003. 流程导向型企业组织结构模式初探. 科学管理研究, 21(3): 48-51.

徐成龙, 程钰, 任建兰. 2014. 黄河三角洲地区生态安全预警测度及时空格局. 经济地理, (3): 149-155.
徐国祥. 2012. 统计预测和决策. 4 版. 上海: 上海财经大学出版社.
徐伟青. 2008, 顾客资产的最新研究进展和未来研究展望. 科研管理, 29(2): 172-178.
徐勇明, 张瑞. 2014. 顾客资产管理研究述评. 商业经济, (12): 28-30.
许春晓, 莫莉萍, 陈海波. 2011. 旅行社顾客资产驱动模型研究. 北京第二外国语学院学报, (11): 14-22.
许雪琴. 2014. 战略管理视角下的人力资本管理研究. 中外企业家, (19): 186-189.
薛淑珍. 2008. 管理效率: 聚焦企业管理与组织发展的难题. 北京: 中国物资出版社.
颜蔚兰, 石蕾. 2016. 旅游产业链整合研究文献综述. 全国商情, (23): 58-60.
杨立勋, 殷书炉. 2008. 人工智能方法在旅游预测中的应用及评析. 旅游学刊, 23(9): 17-22.
叶玉洁. 2009. 体验经济时代的观念更新的几个问题. 综合管理, (5): 168-169.
易丽蓉. 2009. 区域旅游产业经济研究. 南京: 南京大学出版社.
于世刚. 2011. 确定感、安全感、控制感——人的安全需要的三个层次. 社会心理科学, 26(2): 3-8.
原毅军. 2014. 企业人力资本的价值评估与管理. 北京: 科学出版社.
曾博伟. 2012-04-26. 旅游体制：怎么改？谁来改？南方周末, (31).
曾博伟. 2016-09-14. 全域旅游让游客更有安全感. 中国旅游报, (3).
曾国军. 2010. 旅游企业战略管理. 北京: 旅游教育出版社.
张春娥. 2008. 中国旅游产业链存在的问题及发展对策探析. 消费导刊, (8): 10-11.
张春娥. 2010. 旅游产业链的特征研究. 财经视点, (5): 135-136.
张春晖, 张红. 2010. 基于突变级数法的我国旅游上市公司成长性评价研究. 旅游学刊, 25(7): 19-27.
张功让, 王伟伟. 2010. 论旅游产业链的构建与整合. 商业时代, (20): 115-116.
张红. 2012. 定制旅游的特征及其在旅游企业中的应用研究. 旅游研究, 4(2): 58-61.
张红. 2015. 中国旅游上市公司成长性研究. 北京: 科学出版社.
张进福. 2006. 建立旅游安全救援系统的构想. 旅游学刊, (6): 39-43.
张俊瑞, 李彬. 2009. 基于财务信息视角的高新技术上市公司成长性评价研究. 科技进步与对策, (1): 127-130.
张玲. 2009. 浅析企业人力资本的转型及其关键因素. 宁夏电力, (S1): 278-279.
张满林, 周广鹏, 赵恒德. 2009. 旅游企业人力资源管理. 北京: 中国旅游出版社.
张晓晓. 2015. 定制旅游的运作难点及策略探讨. 旅游管理研究, (1): 73-74.
张宇, 张慧敏. 2015. 顾客资产管理研究述评. 财会通讯, (5): 52-55.
赵爱之. 2017. 儒家文化与现代管理. 企业界, (8): 82-84.
赵磊, 夏鑫, 全华. 2011. 基于旅游产业链延伸视角的县域旅游地演化研究. 经济地理, 31(5): 874-880.
赵秋菊. 2009. 对于企业诚信经营的研究. 中国商界, (7): 255.
赵小芸. 2010. 旅游产业的特殊性与旅游产业链的基本形态研究. 上海经济研究, (6): 42-47.
赵志萍. 2010. 浅析老子无为而治的思想对现代管理的启示. 魅力中国, (19): 60.
郑晟. 2011. 项目管理在旅游业的创新运用. 中国商贸, (2): 178.
中国企业管理百科全书编辑委员会, 中国企业管理百科全书编辑部. 1984. 中国企业管理百科全书(上). 北京: 企业管理出版社.

周桂芳. 2008. 旅游企业财务管理. 北京: 北京大学出版社.
周三多, 陈传明. 2012. 管理学. 3 版. 北京: 中国人民大学出版社.
周永博, 沙润. 2010. 论我国低碳旅游中的意向战略. 江苏商论, (5): 115-116.
朱世蓉. 2015. 以“全域乡村旅游”理念整合农村产业结构的构想. 农业经济, (6): 79-81.
朱雅彦, 徐碧琳. 2010. 超强竞争环境下网络组织竞争优势的发挥——以 Dell 公司网络组织结构分析为例. 现代管理科学, (2): 23-25, 38.
诸葛俊. 2009. 旅行社定制化营销的运用研究. 江苏商论, (11): 114-115.
祝喜, 王静, 吴郭泉. 2010. 旅游安全预警指标构建及应用研究. 技术经济与管理研究, (1): 133-136.
邹永广, 郑向敏. 2011. 旅游景区安全评价模型及实证研究. 中国安全科学学报, (3): 156-162.
Adler P S, Kwon S W. 2002. Social capital: Prospects for a new concept. Academy of Management Review, 27(1): 17-40.
Adrianan F, Rosa M. 2017. Tourism coopetition: An introduction to the subject and a research agenda. International Business Review, 26(6): 1208-1217.
Ángeles M, García O. 2016. Tourism research quality: Reviewing and assessing interdisciplinarity. Tourism Management, (52): 586-592.
Bao Z T. 2017. Research progress and revelation of tourism supply chain at home and abroad. Journal of Anhui University of Technology, 34(2): 112-125.
Blattberg, Getz G, Jacquelyn S T. 2001. Customer Equity:Building and Managing Relationships as Valuable Asset. Cambridge: Harvard Business School Press.
Bliss M A, Gul F A. 2012. Political connection and cost of debt: Some Malaysian evidence. Journal of Banking & Finance, 36(5): 1520-1527.
Boakye K A. 2011. Tourists' views on safety and vulnerability: A study of some selected towns in Ghana. Tourism Management, 29(3): 1-7.
Boukas N, Ziakas V. 2014. A chaos theory perspective of destination crisis and sustainable tourism development in islands: the case of Cyprus. Tourism Planning & Development, 11(2): 191-209.
Budeanu A. 2016. Sustain tourism, progress, challenges and opportunities. Journal of Cleaner Production, (111): 285-286.
Carnicelli S, Boluk K. 2017. The promotion of social justice: Service learning for transformative education. Journal of Hospitality, Leisure, Sport & Tourism Education (Online Paper), 10. 1016/j. jhlste. 2017. 01. 003.
Catts R. 2011. Mature adult learning and employment. Springer Netherlands, (13): 217-228.
Chahal H, Bala R. 2017. Role of customer retention equity in creating and developing brand value. Journal of Relationship Marketing, 16(2): 250-262.
Chaojun L I, Shanshan L I. 2017. Application of landscape gene information chain in tourism development of traditional human settlements: A case study of daqitou village in sanshui district, Foshan city. Journal of Landscape Research, (2): 226-229.
Chen J B. 2010. Countermeasures for establishing and developing the successful modern enterprise system. Developmental Cell, 18(1): 39-51.
Chen Y, Tang G, Cooke F L, et al. 2016. How does executive strategic human resource management link to organizational ambidexterity? An empirical examination of manufacturing firms in China. Human

Resource Management, 55(5): 919-943.

Cho I, Jang Y S, Cho I, et al. 2017. Cultural difference of customer equity drivers on customer loyalty: A cross-national comparison between South Korea and United States. Quality Innovation Prosperity, 21(2): 1-19.

Chudoba T. 2010. Theory of Tourism and Tourism Management. Warszawa: CeDeWu.

Cui G, Luo J, Wang X. 2017. Personalized travel route recommendation using collaborative filtering based on GPS trajectories. International Journal of Digital Earth, (12): 1-24.

Dans E P, González P A. 2017. The Altamira controversy: Assessing the economic impact of a world heritage site for planning and tourism management. Journal of Cultural Heritage, (30): 180-189.

Dodds R, Butler R. 2010. Barriers to implementing sustainable tourism policy in mass tourism destinations. Tourismos, 5(1): 35-53.

Donohoe H M, Lu X L. 2009. Universal tenets or diametrical differences? An analysis of ecotourism definitions from China and aboard. International Journal of Tourism Research, 11(4): 357-372.

Evanschitzky H, Eiting A, Woisetschläger D M, et al. 2017. How customer equity drivers affect behavioral intentions and behavior over time: An empirical assessment. The Customer is not Always Right? Marketing Orientation in a Dynamic Business World, (2): 308-330.

Fuchs G, Reichel A. 2011. An exploratory inquiry into destination risk perceptions and risk reduction strategies of first time vs repeat visitors to a highly volatile destination. Tourism Management, 32(2): 266-276.

Gao J, Zhong R N, Hong W U, et al. 2017. Scheme design of personalized service of tourism mobile E-commerce. Commercial Research, (2): 166-171.

George R. 2010. Visitor perceptions of crime-safety and attitudes towards risk: The case of Table Mountain National Park, Cape Town. Tourism Management, 31(6): 806-815.

Getz B G, Jacquelyn S T. 2001. Customer Equity: Building and Managing Relationships as Valuable Asset. Cambridge：Harvard Business School Press.

Gstaettner A M, Rodger K, Lee D. 2017. Visitor perspectives of risk management in a natural tourism setting: An application of the Theory of Planned Behaviour. Journal of Outdoor Recreation & Tourism, (19): 1-10.

Hao B, Luo S, Huang Y. 2017. Research on evaluation system for scientific research and innovation ability of the tourism management graduates. Education & Teaching Research, 31(3): 31-37.

Hsu Y, Nguyen T S. 2017. Customer lifetime value and customer equity of the machine tool industry in Vietnam. International Review of Management & Business Research, (11): 6-22.

Hua E. 2017. Construction of tourism management mode based on project management theory. International Conference on Economics, Social Science, Arts, Education and Management Engineering.

Inkpen A C, Tsang E W K. 2005. Social capital, networks, and knowledge transfer. Academy of Management Review, 30(1): 146-165.

Jena S K, Jog D. 2017. Price competition in a tourism supply chain. Tourism Economics the Business & Finance of Tourism & Recreation, (23): 1235-1254.

Jiang D. 2017. A study on the development of tourism in the west of China from the perspective of industry chain. Reformation & Strategy, 33(9): 142-144.

Karayun I, Akyildirim O O, Degirmenci I T, et al. 2017. Cold chain logistics for frozen food at tourism destinations. Journal of Management Marketing and Logistics, 4(2): 159-167.

Koen J, Klehe U C, Vianen A E M V. 2010. Job-search strategies and reemployment quality: The impact of career adaptability. Journal of Vocational Behavior, 77(1): 126-139.

Koosha H, Albadvi A. 2017. Allocation of marketing budgets to maximize customer equity. Operational Research, (4): 1-23.

Kung J K, Ma C. 2018. Friends with benefits: How political connections help to sustain private enterprise growth in China. Economica, 85(337): 41-74.

Lado A A, Wilson M C. 1994. Human resource systems and sustained competitive advantage: A competency-based perspective. Academy of Management Review, 19(4): 699-727.

Lan X, Deborah K, Carter H. 2017. Tourism development and changing rural identity in China. Annals of Tourism Research, (66): 170-182.

Li X, Li Y, Wei H, et al. 2017. A literature review of organized human capital and prospects: A perspective of strategic management. Foreign Economics & Management, 39(101): 42-55.

Long P. 2017. The parallel worlds of tourism destination management and the creative industries: Exchanging knowledge, theory and practice. Journal of Policy Research in Tourism Leisure & Events, (1): 1-10.

Nahapiet J, Ghoshal S. 1998. Social capital, intellectual capital, and the organizational advantage. Academy of Management Review , 23(2): 242-266.

Park K, Phillips W J. 2011. Hospitality and tourism research rankings by author, university, and county using six major journals: The first decade of the new millennium. Journal of Hospitality and Tourism Research, 35(3): 381-416.

Pongsathornwiwat N, Huynh V N, Jeenanunta C. 2017. Developing evaluation criteria for partner selection in tourism supply chain networks. International Journal of Knowledge & Systems Science, 8(1): 39-52.

Prahalad C K, Hamel G. 2010. The core competence of the corporation. Harvard Business Review, 68(3): 275-292.

Ren J. 2016. Measure method of enterprise management efficiency based on EAHP and D-S evidence theory. Management Review, 28(10): 229-238.

Rhodi T, Neil O. 2017. The (almost) imperceptible impact of tourism research on policy and practice. Tourism Management, (62): 379-389.

Rideg A. 2015. Role of core competencies and competitive advantages in evaluation of competitiveness of small and medium sized enterprises: Empirical study based on competitiveness data of hungarian firms. Enterprise Theory & Practice Doctoral School Working Papers, 11(1): 158-171.

Rust T R, Valarie A Z, Kay L. 2000. Driving Customer Equity: How Customer Lifetime Value is Reshaping Corporate Strategy. New York: Free Press.

Sdrali D. 2015. Residents' perception of tourism development as a vital step for participatory tourism plan: A research in a Greek protected area. Environ Dev Sustain, (17): 923-924.

Siguencia L O, Gomez-Ullate M, Kamara A I. 2016. Cultural Management and Tourism in European Cultural Routes: from Theory to Practice. Czestochowa: Publishing House of the Research and Innovation in Education Institute.

Sullivan S E, Baruch Y. 2009. Advances in career theory and research: A critical review and agenda for future exploration. Journal of Management, 35(6): 1542-1571.

Tavakoli M M, Shirouyehzad H, Dabestani R. 2016. Proposing a hybrid method based on DEA and ANP for ranking organizational units and prioritizing human capital management drivers. Journal of Modelling in Management, 11(1): 213-239.

Taylor D W, Jones O, Boles K. 2008. Building social capital through action learning: an insight into the entrepreneur. Education & Training, 46(5): 226-235.

Todd L, Leask A, Ensor J. 2017. Understanding primary stakeholders' multiple roles in hallmark event tourism management. Tourism Management, (59): 494-509.

Wang D, Sangwon P, Fesenmaier D R. 2012. The role of smartphone in mediating the touristic experience. Journal of Travel Research, 51(4): 371-387.

Wang X, Li X, Zhen F, et al. 2016. How smart is your tourist attraction? Measuring tourist preferences of smart tourism attractions via a FCEM-AHP and IPA approach. Tourism Management, (54): 309-320.

Weaver D. Lawton L. 2010. Tourism Management. 4th Ed. Melbourne: John Wiley & Sons.

Wright P M, Snell S A. 1998. Toward a unifying framework for exploring fit and flexibility in strategic human resource management. Academy of Management Review, 23(4): 756-772.

Yamei L I, Wang C. 2017. Tag-based personalized travel recommendation. Journal of University of Science & Technology of China, 47(7): 547-555.

Yu Y, Wang Y, Gao S, et al. 2017. Statistical modeling and prediction for tourism economy using dendritic neural network. Computational Intelligence and Neuroscience, (2): 74-89.

Zheng W, Huang X, Li Y. 2017. Understanding the tourist mobility using GPS: Where is the next place? Tourism Management, (59): 267-280.